Du sollst nicht töten

Regula Venske (Hg.)

Du sollst nicht töten

Zwölf Verbrechen aus der Bibel

Scherz

Besuchen Sie uns im Internet:
www.scherzverlag.de

Sonderausgabe 2003
Copyright © 2003 an dieser Auswahl
beim Scherz Verlag, Bern
Die Rechte an den einzelnen Beiträgen liegen bei den AutorInnen.
Dieses Werk wurde vermittelt durch die
Literarische Agentur Thomas Schlück GmbH, D-30827 Garbsen.
Alle Rechte der Verbreitung, auch durch Funk, Fernsehen,
fotomechanische Wiedergabe, Tonträger jeder Art und
auszugsweisen Nachdruck, sind vorbehalten.
ISBN 3-502-51931-5
Umschlaggestaltung: ja DESIGN, Bern: Julie Ting & Andreas Rufer
Umschlagbild: Photonica, Hamburg
Gesamtherstellung: Ebner & Spiegel, Ulm

Inhalt

Regula Venske

Zum Geleit

Was haben Abraham, Moses, Jesus und Mohammed mit Mord und Totschlag in St. Pauli zu schaffen, und welche Leichen liegen bei Familie Davidson im Keller? Wie wehrt sich die moderne Judith gegen ein feindliches Übernahmeangebot, und warum ist Kemal alias Moses im Gefängnis gelandet? Wie kommen vier arme Brüder an Dicky Goliaths getunte Banane heran, und was widerfährt dem Profikiller Billy Bileak, wenn seine Schrottkarre plötzlich zu sprechen beginnt? Was passiert neun Monate, nachdem der breitschultrige Engel Jehovas seine himmlische Botschaft an «Eine Von Uns» übermittelt hat, und was wird aus dem Kind mit der Löwenmähne? Wie fest glaubt der katholische Priester an Zölibat und Eheversprechen, und warum muss sich der protestantische Pfarrer unter der Bettdecke verstecken? Könnte es sein, dass Johanna die Tänzerin gar nicht so uneigennützig ist, wie sie tut? Hat Judas der Verräter womöglich auch ein Gran Anstand im Leib und auf seiner Waagschale? Und welchen Preis zahlt, wer den Gutmenschen folgt?

Diesen und anderen Fragen wird im vorliegenden Buch nachgegangen. Zwölf international renommierte Krimiautorinnen und -autoren erzählen biblische Kriminalfälle, in heutiger Zeit spielend, neu. Denn schon am Anfang war – der Mord!

«Gewalttaten kennen wir seit vielen Generationen, denn

sie reichen zurück bis in biblische Zeiten, als Kain Abel erschoss.»

Offenbar hatte der Chef der FBI-Spezialeinheit für Serienverbrechen, Alan Burgess, bei seinem ersten Fernsehinterview kein Problem damit, den «garstigen Graben der Geschichte» (Lessing) zu überspringen, und auch den Fernsehreportern fiel die implizite Modernisierung der ersten Mordwaffe anscheinend nicht auf. Aber oft geht es den modernen Zeitgenossen doch anders, scheinen die Geschichten aus der Bibel, die handelnden Figuren, ihre Konflikte und ihre Moral weit entrückt. Sogar ein evangelischer Pfarrer, Ulrich Knellwolf, der selbst Krimis schreibt, will «bei Georges Simenon . . . mehr über die Sünde gelernt haben als im Alten Testament!»

Vielleicht zeugt diese so provokativ formulierte und völlig unnötig (wenn auch vielleicht nicht ohne Not) konstruierte Konkurrenz ja auch von jenem Dilemma, das Lessing so treffend beschrieb?

«Das ist: zufällige Geschichtswahrheiten können der Beweis von nothwendigen Vernunftswahrheiten nie werden . . . Das, das ist der garstige breite Graben, über den ich nicht kommen kann, so oft und ernstlich ich auch den Sprung versucht habe. Kann mir jemand hinüber helfen, der thu es; ich bitte ihn, ich beschwöre ihn. Er verdienet ein Gotteslohn an mir . . .»

Es war Steffen Hunder, Pfarrer an der Kreuzeskirche in der Essener Altstadt, der mir an einem schönen Sonntagmorgen im Mai 2001 den guten alten Lessing zitierte. Wir saßen nach gemeinsamem Gottesdienstbesuch in einem Kaffeegarten im württembergischen Mosbach. Soeben war dort die «Criminale», das Jahrestreffen der deutschsprachigen Krimiszene, zu Ende gegangen. Zum Abschluss der Krimitage hatte Dekan Dirk Keller zu einem Gottesdienst in die

Mosbacher Stiftskirche eingeladen und eine interessant inszenierte Predigt unter der Überschrift «Mord vor Gottes Angesicht» zum biblischen Krimi um Kain und Abel gehalten. (Nicht viele Krimikollegen hatten – nach Tagen und Nächten intensiven Austausches bei Lesungen, Vorträgen, Podiumsdiskussionen, Preisverleihungen, Exkursionen, Weinproben und, nicht zu vergessen, dem berühmt-berüchtigten Abschlussfest ‹Tango Criminale› am Vorabend – den Weg in die Kirche gefunden; doch dies sei – und wen wundert's? – nur am Rande bemerkt.)

Nun erzählte mir Steffen Hunder von einer Predigt, die er selbst in Form eines «Briefes an Kain, der seinen Hass nicht bezwingen konnte», gehalten hatte; sie beschließt statt eines Nachwortes den vorliegenden Band. Und er trug mir die Idee zu einem Buch – zu diesem Buch – vor und an: Kriminalfälle aus der Bibel neu zu erzählen und sie so zu erzählen, dass dem modernen Leser geholfen werde, den «garstigen Graben der Geschichte» zu überwinden.

Ein Gottesdienst mit Folgen also: die Geburtsstunde unserer «Bibelkiller», wie wir das im Entstehen begriffene Werk augenzwinkernd nannten. Ein wenig mag es ja verwundern, dass aus einer derart friedlichen Sonntagvormittagstimmung zu guter Letzt so viel Mord und Totschlag, Lug und Betrug und andere kriminelle Verwicklungen und Verstrickungen entstanden – aber das ist wohl nur einer der subtilen Widersprüche, die einem im Krimigenre begegnen. Für seine Idee und Inspiration und für die gute und vertrauensvolle Zusammenarbeit sei Steffen Hunder noch einmal herzlich gedankt. Ohne ihn hätte es dieses Buch niemals gegeben! Auch allen anderen Beteiligten möchte ich an dieser Stelle noch einmal «Danke schön!» zurufen. Nachdem ich bereits zwei andere Bücher herausgegeben habe und mich beide Male über die anregende Kommunikation mit Kolleginnen und Kollegen freute, traf ich diesmal auf ein ganz besonderes Engagement; fast möchte ich von Enthusiasmus sprechen. Vielleicht hat es mit dem Thema zu tun: So viel im Buch der Bücher studiert und geschmökert wie im vergangenen Jahr haben wohl viele von uns seit langem nicht mehr – oder überhaupt noch nie in ihrem Leben!

«. . . Thou shalt not sit / With statisticians nor commit / A social science. / Thou shalt not be on friendly terms / With guys in advertising firms, / Nor speak with such / As read the Bible for its prose . . .» –

So dichtete W. H. Auden in leicht ironischer Anlehnung an die Zehn Gebote wie auch an den Ersten Psalm. Nun, die Autorinnen und Autoren dieses Bandes haben die Bibel nicht nur «um der Prosa willen» gelesen. Sie haben ihre je eigene Aussage, sie haben Kraft und Bewegung aus den ursprünglichen Texten geschöpft. Das Ergebnis sind witzige, spannende, originelle und kraftvolle Geschichten aus jüdischer, christlicher, muslimischer und buddhistischer Perspektive, und zwar aus tief gläubiger Sicht genauso wie aus der Haltung des Nicht-Wissens oder Nicht-Glaubens. Jede Geschichte ist als Kriminalstory *sui generis* lesbar; die vorangestellten Bibelzitate mögen neugierig auf den jeweils zugrunde liegenden biblischen Kriminalfall machen.

Und vielleicht darf in diesem Zusammenhang doch bezweifelt werden, ob sich ein Georges Simenon durch das Lob Ulrich Knellwolfs geschmeichelt gefühlt hätte. Simenon, der nach eigenem Bekunden von Zeit zu Zeit seine gesammelten Bibliotheksbestände wegwarf, verkaufte oder verschenkte, hat die «Bibel und die Evangelien, das Bürgerliche Gesetzbuch und das Strafgesetzbuch . . . immer wiedergelesen. Ich lese sie auch heute noch in kleinen Auszügen», so notierte er, siebenundfünfzigjährig, in ein Heft.

Mit den (Kriminal-)Geschichten der Bibel wird, wer sich

darauf einlässt, so schnell nicht «fertig» werden. In diesem Sinne laden die in diesem Buch erzählten Geschichten zum Lesen und Nachlesen und Nachdenken herzlich ein.

Regula Venske   Hamburg, im September 2002

Bileams Auftrag

*Und Bileam machte sich auf am Morgen, und sattelte seine
Eselin, und ging mit den Fürsten Moab's.*

*Da erglühete der Zorn Gottes, dass er ging; und ein Engel
des Ewigen stellte sich in den Weg, ihn zu hindern, und er ritt
auf seiner Eselin und seine beiden Knaben waren mit ihm.*

*Da sah die Eselin den Engel des Ewigen im Wege stehen,
und sein gezücktes Schwert in seiner Hand, und die Eselin
beugte aus dem Wege und ging in das Feld; da schlug Bileam
die Eselin, um sie in den Weg zu lenken.*

(. . .)

*Da öffnete der Ewige den Mund der Eselin und sie sprach
zu Bileam: Was habe ich dir getan, dass du mich nun dreimal
geschlagen? (. . .)*

*Bin ich nicht deine Eselin, auf der du geritten von jeher bis
auf den heutigen Tag?*

*Vgl. 4. Mose (Numeri) Kap. 22, 21–35; hier zit. n. «Die Hei-
lige Schrift», übersetzt von Leopold Zunz, Victor Gold-
schmidt Verlag, Basel 1980.*

Faye Kellerman

Mr Bartons Spezi

«Es ist geschäftlich», sagte er. «Nichts Persönliches. Na ja, vielleicht doch ein wenig persönlich. Zum Teufel, sehr persönlich! Ich kann den Hurensohn nicht ausstehen! Willst du wissen warum?»

Eigentlich wollte Billy nicht wissen warum. Je weniger er wusste, desto besser. Aber der Mann zahlte ihm gutes Geld, also spielte er mit. «Und warum, Mr Barton?»

«Weil er ein gottverdammter, selbstgerechter Hurensohn ist, darum. Kommt aus dem Nichts... aus weniger als nichts. Kommt aus der Gosse. Und jetzt, seit er eine Marke hat, hält er sich für eine große Nummer...»

«Eine Marke?»

«Ja, eine Marke. Er ist ein Bundes...»

«Moment mal, Mr Barton», protestierte Billy. «Es war keine Rede davon, einen Bundesbullen umzubringen.»

«Was?» Bartons Augen verengten sich zu Schlitzen, verschwanden fast hinter den dicken Lidern. «Denkst du, ich zahl dir all das Geld, um irgendeinen kleinen Wichser fertig zu machen...»

«Sie haben nichts von einem Bundesbullen gesagt, Sir.» Billy fuhr sich mit der Hand an den Knoten seiner Krawatte – einer Stefano Ricci. Hatte seinen Etat mächtig belastet. Aber vom Feinsten. Die glänzend blaue Jacquardseide passte perfekt zu seinem frisch gestärkten, weißen Brionihemd. Sein mokkafarbener Zweireiher war ein Kiton – Kashmirmischgewebe, maßgeschneidert. Sein gewaltiger Brustkorb machte maßgefertigte Kleider zwingend erforderlich. «Bundesbullen stehen unter Schutz, Sir. Für die wird ganz schweres Geschütz aufgefahren. Besonders jetzt in diesem Klima, wo Flugzeuge in Hochhäuser stürzen, will doch niemand einem Bundesbullen zu nahe treten. So, wie ich im Moment gestellt bin, ist mir die Sache zu heiß.»

«So, wie du im Moment gestellt bist!», höhnte Mr Barton. «Nun mach mal halblang, Billy. Wie alt bist du? Fünfunddreißig? Vierzig?»

«Zweiundvierzig.»

«Ein junger Mann . . .»

«Ich habe allerhand hinter mir, Mr Barton. Ich hab es ganz nett zu was gebracht. Und man soll ja aufhören, wenn es am besten ist, oder?»

«Am besten ist das Geld, das ich dir zahle . . .»

«Ich sage ja nicht, dass das Geld nicht gut ist. Es ist gut. Ihr Geld ist immer gut. Aber es gibt noch andere Gesichtspunkte.»

Der alte Boss ließ sich in seinem Ledersessel zurücksinken und verschränkte seine Stummelfinger im Schoß. «Du musst es für mich tun, Billy. Ich lasse dir keine Wahl. Es ist ein Befehl.»

Billy musterte Barton in dessen protziger Valentino-Aufmachung aus Silberlamee. Schwarzes Hemd und Krawatte von gleicher Farbe – von gestern. Dem Mann fehlte es an Originalität, an Klasse. «Sir, bei allem gebotenen Respekt, und ich habe viel Respekt vor Ihnen, weil Sie es verdienen. Aber bei allem Respekt – gebotenem oder sonstigem – bin ich mir nicht sicher, ob mir ganz wohl dabei ist. Und wenn mir nicht ganz wohl ist, dann erhöht das sehr stark die Möglichkeit, dass ich es vermassele. Und was Sie bestimmt nicht wollen, Sir, ist, dass es vermasselt wird. Befehlen Sie mir ruhig, es zu tun. Ich weiß, wer Sie sind und so – also werde ich es machen. Aber denken Sie daran, was ich Ihnen gerade gesagt habe.»

«Willst du es absichtlich vermasseln?»

«Ich vermassele nie etwas mit Absicht . . .»

«Wo liegt dann das Problem?»

Jetzt war Barton verärgert. Es war nicht gut, ihn zu verärgern, dachte Billy, vor allem, da eine Heckler und Koch 9 mm Parabellum in Bartons Schreibtischschublade lag. Wahrscheinlich hatte er auch noch andere Schusswaffen. Ganz zu schweigen von den beiden Gorillas vor der Tür des Büros und den beiden Gorillas am Ende des Flurs. Barton hatte mehr Gorillas als der Zoo von Brooklyn. Billy kam sich nackt vor ohne seine Kanone, aber das gehörte dazu. Wann immer er zu Mr Barton kam, nahmen ihm die Schläger draußen seine Knarre ab.

Billy tat so, als würde er alles durchdenken und beschäftigte sich damit, das Büro näher in Augenschein zu nehmen. Barton hatte es zu etwas gebracht – er war von einem miesen kleinen Schläger bei den Schauerleuten zum Chef einer sehr einträglichen Baufirma aufgestiegen. Er markierte seinen sozialen Aufstieg durch den Erwerb von Statussymbolen – dem großen, wuchtigen Rosenholzschreibtisch, der neuen Hausbar mit den Whiskygläsern von Lalique (der Tölpel hatte die Aufkleber unter den Gläsern gelassen) und einem Werk zeitgenössischer Kunst, wie Billys drei Jahre alte Nichte es mit links hätte fertigbringen können.

«Du antwortest mir nicht, Billy.»

«Sehen Sie, Sir . . .» Billy beugte sich über den Schreibtisch. «Das ist eine erstklassige Gelegenheit für irgendeinen jungen Burschen, sich seine ersten Sporen zu verdienen. Ich werde alt . . . Ja, ja, ich weiß, ich weiß, ich bin erst zweiundvierzig. Aber ich werde mich bald aus dem Geschäft zurückziehen. Vielleicht wäre es das Beste, wenn Sie anfingen, jemanden mit etwas mehr Biss einzuarbeiten.»

«Du bist der Beste. Ich will den Besten!»

Billy erwiderte nichts. Es war sinnlos, dem Offensichtlichen zu widersprechen.

Mr Barton lachte plötzlich los und zeigte dabei seine großen, porzellanüberkronten Zähne. Sie waren einmal weiß gewesen, inzwischen aber gelb vom Tabak. Dieses Grinsen zwischen den dunkel schattierten Wangen erinnerte Billy an eine Bulldogge. Als Barton noch jünger . . . und dünner . . . gewesen war, hatte er Richard Nixon zum Verwechseln ähnlich gesehen, bis hin zu der skipistenartigen Nase. Heute war der Mann ein Verbrecherboss wie aus dem Bilderbuch – maßgeschneiderter Anzug in grellen Farben, geföhntes und gestyltes graues Haar, Krawattennadeln, goldene Rolexuhren und protzige Ringe am kleinen Finger. Aber Billy war klug genug, um zu wissen, dass Barton zwar eine Karikatur, aber keine Witzblattfigur war.

«Es ist das Geld, richtig?»

«Ich habe Ihnen doch schon gesagt, dass das Geld nicht der Punkt ist . . .»

«Geld ist immer der verdammte Punkt», knurrte Barton. «Ich werde dafür sorgen, dass es sich für dich lohnt, Billy.»

«Das haben Sie bereits, Sir.»

«Ich werde dir das Doppelte zahlen.»

Es verschlug Billy hörbar die Sprache. Er mochte seinen Ohren nicht trauen. *«Was?»*

«Du hast es gehört, Junge. Ich zahle dir das Doppelte.»

«Sie müssen diesen Kerl wirklich hassen.»

«Ja, das tue ich. Er kommt mir in die Quere.»

Wieder sah Billy sich im Raum um. Aber in Gedanken war er bereits dabei, das Geld auszugeben. Amber würde einen Anblick bieten wie Dy-na-mit, wenn sie die Karibik unsicher machte mit einem von diesen knappen, kleinen Dingern am Leib . . . praktisch nicht mehr als Tittenpflästerchen und etwas Spitze am Hintern. Sie hatte den Körper dafür, und wo Mutter Natur es hatte fehlen lassen, waren die Chirurgen eingesprungen. «Ja . . .» Billy nickte. «Ja, okay. Wenn Sie so sehr darauf erpicht sind, werde ich mich darum kümmern.»

Barton grinste. «Siehst du, ich habe es doch gesagt, es ist das Geld.»

«Sie haben Recht, Mr Barton. Sie haben definitiv Recht!»

«Jetzt darfst du lächeln, Billy.»

Billy spürte, wie seine Lippen sich hochzogen. Er strahlte. «Sie sind ein Teufelskerl von einem verrückten Schweinehund . . .»

«Hüte deine Zunge!»

«Haben Sie etwas über den Burschen?»

«Ob ich etwas über diesen Burschen habe?» Barton lehnte sich in seinem Sessel zurück. «Pah. Ich habe alles, was du über diesen Kerl wissen willst, rund um die Uhr für die ganze Woche. Ich weiß, wann er morgens aufsteht, um zu pinkeln, ich weiß, wie er seinen Kaffee trinkt, ich weiß, wo er Halt macht, um seinen Lottoschein abzugeben. Ich weiß, in welcher Stellung er seine Alte am liebsten vögelt. Sie ist ganz okay, weißt du. Die Alte. Vielleicht hast du Lust . . .»

«Es hinterlässt Spuren, Sir.»

Barton lachte. «Noch nie von einem Gummi gehört?»

«So verführerisch es auch klingt, ich würde den Job lieber sauber erledigen. Ruck-zuck.»

«Sauber oder schmutzig, das ist mir egal. Hauptsache, es passiert, und es hängt mir nicht nach. Willst du wissen, warum er dran ist, Billy?»

«Wenn Sie es mir sagen wollen, Mr Barton, ich höre.»

«Er ist dran, weil er ein selbstgerechter Hurensohn ist.

Hält sich für was Besseres. Lässt uns hart arbeitende Leute schlecht aussehen.»

Barton wiederholte sich. Billy sagte: «Ich kann selbstgerechte Arschlöcher auch nicht ausstehen.»

«Er kommt aus der Gosse. Ist höher gekommen, als ihm zusteht. So eine Unverschämtheit kann man nicht ungestraft lassen.»

Billy nickte. «Ich nehme das Material mit, wann Sie wollen.»

«Also, Billy, dann sag mir mal, wie du es machen willst.»

«Sobald ich es selbst weiß, lasse ich Sie es wissen.» Billy versuchte es mit seinem besten Lächeln. «Ich muss zuerst das Material durchgehen.»

«Na schön.» Barton beugte sich vor. «Fährst du immer noch diese alte Klapperkiste?»

«Ich brauche nichts besonders Feines.»

«Was Feines ist eine Sache, aber dieser alte Schrotthaufen? Was ist es eigentlich? Ein Honda, ein Hyundai oder ein Daewoo ... irgend so ein kleines, asiatisches Mistding. Brauchst du nichts mit Superbeschleunigung?»

«Die Maschine ist frisiert, Sir.»

«Warum besorgst du dir nicht einen dieser flotten, kleinen Zweisitzer von den Krauts? Die wissen echt, wie man was aus einer Maschine macht.»

«Solche Autos sind auffällig, Mr Barton. Was man für den Job braucht, ist etwas Einfaches und Normales. So wie Sal.»

«Wer zum Teufel ist Sal?»

«Mein Auto, Sir. Sie heißt Sal.»

Barton sah ihn zweifelnd an. «Du hast deinem Auto einen Namen gegeben, Billy?»

«Ja. Wir sind wie ... wie alte Freunde. Sie ist mein Arbeitspferd. Genauer gesagt, ein Maultier. Darum habe ich sie Sal genannt, nach dem Lied über den Erie-Kanal aus der Schule.»

Barton sah ihn argwöhnisch an.

«Wissen Sie, was ich meine?»

«Ich habe keine Ahnung, was du meinst.»

«Das Maultier, das beim Bau des Erie-Kanals geholfen hat . . .» Billy summte ein paar Takte. «Kommt Ihnen das nicht bekannt vor?»

«Kein bisschen. Ich bin auf eine katholische Schule gegangen. Von Musik weiß ich nichts mehr – nur dass man einen erstklassigen Blick auf Katherine O'Neals Brüste hatte, wenn sie im Chor sang.» Mr Barton schüttelte den Kopf. «Pass nur auf, dass es nicht liegen bleibt.»

«Das wird sie garantiert nicht. Wir haben eine Menge zusammen durchgemacht – Sal und ich. Sie ist für mich eine Art . . . Maskottchen.»

«Na, dann gut. Ich will dir nicht vorschreiben, wie du deinen Job zu tun hast. Aber ich bleibe dabei, dass sie einen Termin mit der Schrottpresse vertragen könnte.»

«Irgendwann einmal, aber so weit ist es noch nicht.»

Barton stand auf und gab Billy damit das Zeichen, es ihm gleichzutun. Er übergab Billy eine schwarze Aktentasche. «Da drin ist alles, was du brauchst.»

Billy nickte. Die beiden Männer schüttelten sich die Hände – eine Geste, die mehr dem Abschluss des Geschäfts galt als einem Beweis des Vertrauens oder der Freundschaft. Sie standen einander gegenüber und sahen sich in die Augen – eine Art Zweikampf mit Blicken. Dann gab Billy nach. Schließlich zahlte der Mann ihm eine beträchtliche Summe. Er hatte das Recht, der Leitwolf zu sein. «Vielen Dank, Sir.»

«Keine Ursache, Billy. Es ist wie immer ein Vergnügen, mit dir Geschäfte zu machen.»

«Absolut.»

«Ich hätte da noch eine Frage.»

«Bitte, Sir.»

«Du nennst deinen Rummelhaufen ein Maultier. Und du nennst ihn eine Sie. Sind Maultiere nicht männliche Tiere ohne Eier?»

Billy dachte einen Augenblick nach.

Die Feinheiten der Taxonomie waren an diesen Mann verschwendet.

Er tat, was er immer tat, bevor er sich ans Werk machte. Er gab Sal zu einer Rundum-Inspektion. Harry meldete ihm anschließend, dass sie – für Billy würde Sal immer eine Sie sein – gesund und fit genug sei, um Billy überall hinzubringen. Dann bekam Sal eine Autowäsche. Ihre bronzene Hülle war zu einem Erdnussbutterbraun verblasst, und die Grundierung lugte durch einige der größeren Dellen hervor. Aber diese Unvollkommenheiten machten sie Billy nur umso lieber. Für ihn waren die Schläge und Kratzer Kriegstrophäen, Wahrzeichen treuer Dienste und brav erledigter Aufträge. Das Leder ihrer Innenausstattung war bereits rissig geworden, die Polsterbezüge waren wie von feinen Spinnweben überzogen, aber für ein zehn Jahre altes Schätzchen war sie immer noch weich und geschmeidig.

Als nächstes kam das Essen – ein Stück von einer verdammten Kuh, wie man es sich größer, schlimmer, cholesterinhaltiger nicht wünschen konnte – ausgesucht roh serviert – bläuend nannten sie das –, so dass aus den Adern des Tieres noch das Blut floss.

Geben Sie dem Vieh einfach eins über den Schädel und legen Sie es auf den Teller.

Die Kellner wussten, was er wollte; sie hatten seine Bestellung schon öfter aufgenommen. Trotzdem lachten sie jedes Mal wieder über seinen abgedroschenen Witz. Wofür schob er ihnen schließlich ein gutes Trinkgeld in den Hintern? Die Fressbude, die er am liebsten heimsuchte, servierte ihm die Kuh mit einem Berg von Pommes frites, die vor Öl troffen, oder einer gebackenen Kartoffel so groß wie ganz Idaho. Und mit Salat. Ja, es war auch gut, etwas Grünes zu essen. Er nannte dieses Essen seine Grundfarbenmahlzeit – rot, gelb und grün –, bis Amber ihn darauf hinwies, dass Grün keine Grundfarbe war, sondern Blau, und Grün eigentlich nur eine Mischung aus Blau und Gelb. Da hatte er ihr gesagt, sie solle das Maul halten, sonst hätte sie gleich ihre Crème brûlée im Gesicht kleben. (Er hatte es etwas freundlicher ausgedrückt, aber das war der Kern gewesen.)

Nach dem Essen kam die Schlafzimmergymnastik, einmal für unterwegs und normalerweise schön langsam nach dieser Riesenportion Fleisch. Aber Amber war geduldig und hielt sich dran mit Stöhnen und Quieken, bis es vorbei war. Danach schlief sie immer sofort tief ein, ihr weiches Bein anmutig über seines gelegt. Er döste ein bisschen, wachte aber unweigerlich nach kurzer Zeit wieder auf und ließ sie in ihrer Wohnung zurück, quiekend und schnarchend und mit diesem süßen kleinen Grunzen jedes Mal, wenn sie ausatmete. Er mochte Amber. Sie kostete ihn nicht allzu viel Geld, sie war nicht zu anspruchsvoll, und sie hatte keine quengelnde Stimme. Ihre Stimme war sinnlich – tief und heiser, zweifellos von den Zigaretten, aber trotzdem sexy.

Ja, Amber war in Ordnung, dachte er, als er aus ihrer Wohnung und durch die leeren Straßen der Stadt ging. Aber Sal war noch besser. Sal war seine wahre Busenfreundin, die mit ihm durch dick und dünn ging. Die Nacht war warm und schwül, und Billy hörte das stete Brummen der Klimaanlagen an allen Ecken und Enden. Das Leben war schön und würde noch besser werden, sobald Billy sich um diese Sache gekümmert hatte. Er konnte noch nicht sicher sagen, dass es sein *letzter* Auftrag war, aber er hatte tatsächlich jetzt, da er älter wurde, andere Pläne. Er hatte sein ganzes bisheriges Leben in einem Radius von vier Meilen zugebracht, das ganze Spektrum seiner Erfahrung beschränkte sich auf den ewiggleichen Großstadtrhythmus seiner Jugendjahre. Immer die gleichen Menschen, das gleiche Essen, die gleichen Mädchen, die gleichen Schläger. Er war es müde, sich im Winter den Hintern abzufrieren, war es leid, gegen schimmelnde und feuchte Wände, gegen den ständigen Zug, zufrierende Rohre und fauchende Heizkörper anzukämpfen.

Er wollte Neues ausprobieren: Irgendeinen Ort am Meer, wo es im Winter warm war. Er konnte sich vorstellen, wie er und Sal die Ostküste hinunter bis zu den Florida Keys fuhren, um seine Schwester Fiona zu besuchen, die zwar eine Nervensäge, aber auch die einzige noch lebende Verwandte war, die immer noch mit ihm sprach. Ihr Mann war ein Schwachkopf, spielte aber ganz passabel Golf.

Bestimmt fiel ihm noch was Besseres ein als Fiona.

Wie wär's mit einer Fahrt quer über Land? Ein Ausflug von Küste zu Küste, nur Sal und er und vor ihnen die freie Straße. Vielleicht fanden sie ja ein nettes, kleines Fleckchen in Ma-li-bu!

Seine Absätze klackerten über den Gehsteig, während er von seiner Zukunft träumte.

Das Problem war nur, dass die Mädels von Malibu in diese Ölsardinendosen von Sportwagen vernarrt waren – kleine Zweisitzer mit frisierten Motoren und ohrenbetäubendem, bassverstärktem, urwaldverdächtigem Stereosound. Nein, nein, nein, niemand, der Sal nicht zu schätzen wusste, hatte bei ihm eine Chance.

Er zog sein Jackett aus, legte es sich über den Arm und ließ die Gedanken weiter schweifen. Diese Babys aus Malibu waren feine Miezen. Er hatte sie in einer Sendung über Bademoden im Fernsehen gesehen, alle mit knackigen Ärschen. Na gut, wenn die Mädchen was zum Vorzeigen wollten, würde er sich eine Harley zulegen. Nach diesem Job konnte er sich bestimmt eine leisten, so viel stand fest.

Ein Bundesbulle.

Er wollte eigentlich keinen Bundesbullen fertig machen, weder diesen noch irgendeinen anderen. Bundesbullen standen unter Schutz. Bundesbullen hatten nette Familien, gingen zu Picknicks der Kirchengemeinde und brachten ihren Kindern das Baseballspielen bei... Na gut, nicht alle Bundesbullen. Er wusste nichts über den, den er für Barton aus dem Verkehr ziehen sollte. Vielleicht war dieser Bundesbulle ein Monster. Vielleicht war er genau die Art selbstgerechter Wichser, die sich unter dem Deckmäntelchen eines braven Bürgers verbarg – nach außen gesetzestreu und sittenstreng –, sich aber in Wirklichkeit an kleine Jungs heranmachte.

Darüber dachte er auf dem Weg nach Hause nach. Billy stellte sich diesen Burschen – diesen Bundesbullen – vor, wie er es einem kleinen, sechsjährigen Jungen, der Mord und Brand schrie, von hinten besorgte.

Es war immer hilfreich, den Feind zu dämonisieren.

Der Bundesbulle hatte einen Namen: Benny Jacopetti. Er war mittleren Alters, durchschnittlich groß, durchschnittlich gebaut, hatte ein Durchschnittsgesicht, war eben ein durchschnittlicher Typ, der sich in nichts von allen anderen unterschied, die für ihr Geld schuften mussten. Der Bursche hatte eine Familie, zu der eine Frau und ein Haufen Kinder gehörten. Er wohnte in einer funkelnagelneuen Siedlung mitten im Nichts. Das bedeutete, er hatte die Wahl – entweder in der Stadt oder in den Vororten. In der Stadt war Billy eine bekannte Größe; ständig hatte er die Polizei am Arsch. Außerdem waren die Cops in der Stadt viel cleverer als ihre

Kollegen in den Vorstädten. Allerdings gab es so weit draußen in den Vorstädten, eigentlich schon in der Wildnis, keine Deckung – keine Möglichkeit, sich zu verstecken. Dort geschah nichts, was nicht gesehen, weitergesagt und herumgetratscht wurde.

Das bedeutete, die Stadt war nicht ideal, aber die Vorstadt war keineswegs besser.

Er würde ihn auf dem Weg wegputzen.

Mr Barton hatte nicht gelogen. Er kannte Jacopettis Leben wirklich minutengenau. Nachdem Billy ihn ein paar Tage beobachtet hatte, war der tägliche Rhythmus des Burschen für ihn so sicher vorhersehbar wie der Sonnenaufgang. Jacopetti ging gegen sieben aus dem Haus, um Punkt acht Uhr mit seiner Arbeit zu beginnen, so dass Billy ungefähr eine Stunde Zeit blieb, um den Auftrag auszuführen. Die Fahrroute gliederte sich in folgende Etappen:

Abschnitt eins: Dieser Teil der Fahrt – ungefähr zehn Minuten – brachte Jacopetti von seinem Haus zu einer Umgehungsstraße und führte durch Vorortsiedlungen und einige Geschäftszentren. Alles sehr weit und geräumig, keine Deckung und andere Wagen auf der Straße. Das hieß, ungeeignet für seinen Job.

Abschnitt zwei: Über eine Umgehungsstraße brettern: weitere zwanzig Minuten. Die Route führte an den feineren Häusern der Vorstädte vorbei; zweistöckigen Backsteinbauten auf großen Anwesen. Die meisten dieser Häuser thronten auf grasbewachsenen Anhöhen, verdeckt von hohen Bäumen und dichter Bepflanzung. In dem größten Teil des Gebiets gab es nicht einmal Gehsteige. Keine großen Geschäftszentren, nur süße, kleine viktorianische Häuser, die nebenbei als Büros genutzt wurden: In einem befand sich eine Immobilienagentur, ein anderes war an eine Anwaltskanzlei vermietet, und in einem dritten war ein Friseursalon nebst Fingernagelstudio untergebracht. Außerdem gab es eine Reihe kleiner Cafés und einen Starbucks.

Starbucks gab es überall in Amerika.

Vier Dollar für eine Tasse Kaffee.

Und da zerrten die Bundesbullen die Kredithaie wegen Wucherzinsen vor den Kadi.

Auf dieser Wegstrecke gab es wegen der vielen Bäume bessere Deckung. Aber weil es sich um eine Umgehungsstraße handelte, gab es tonnenweise Berufsverkehr. Außerdem verengte sich die Straße auf zwei Fahrbahnen, sodass eine schnelle Flucht mit dem Auto so gut wie ausgeschlossen war. Zudem würde die gute alte Sal auffallen unter all den Mercedessen und BMWs, die die morgendlichen Pendler zur Arbeit brachten.

Billy strich Abschnitt zwei als Möglichkeit.

Abschnitt vier: Jacopettis Weg zur Arbeit endete mit einer zwanzigminütigen Fahrt über die Autobahn. Billy war versucht, sich ihn auf dieser vielspurigen Fahrbahn zu schnappen, weil Sal dort in dem geballten morgendlichen Verkehr nicht auffallen würde – bloß ein weiterer Klumpen Blech, der über den löchrigen Asphalt tuckerte. Aber das war nur ein Punkt von mehreren. Billy würde schnell verschwinden müssen. Und er musste sicher gehen, dass niemand sah, wie er die Sache durchzog.

Darauf kam es an.

Aber auf der Autobahn herrschte ständig Verkehr, und das hieß, es gab auch immer mögliche Zeugen. Außerdem konnte es passieren, dass ein Unfall einen Fahrzeugstau verursachte. Was dann? Es wäre Mist, wenn er Jacopetti erschoss, nur um direkt danach im Stau stecken zu bleiben.

Nein, die Autobahn war kein Thema.

Abschnitt drei war die Möglichkeit, die noch blieb: Für lediglich zehn Minuten verließ Jacopetti die erste Umgehungsstraße und bog auf eine untergeordnete kleinere Straße ein – *eine Umgehung der Umgehung,* die nach vielen Kurven und Wendungen schließlich zur Autobahnauffahrt führte. Manchmal waren auch ihre Fahrspuren ziemlich belebt. Aber zumindest die halbe Zeit herrschte dort nur leichter Verkehr … Und zeitweilig war es fast leer, vor allem, wenn Jacopetti früh von zu Hause loskam. An diesem schmalen Streifen Asphalt gab es nur zwei Ampeln, und wie die Hauptumgehungsstraße verlief er bis auf eine größere Ausnahme zwischen sehr großen Grundstücken.

Und es gab da eine Stelle, ein Naturschutzgebiet, das mit dichtem Buschwerk und großen Bäumen bestanden war. Ein Parkplatz zu diesem Wald war ebenfalls hinter Blattwerk versteckt. Er lag an der ersten der beiden Ampelkreuzungen, an der keine Wegweiser standen. Man musste einfach wissen, dass es die erste Kreuzung auf der Umgehung der Umgehung war.

Billy hielt das für viel versprechend und überprüfte die Umgebung.

Ungefähr zwanzig Meter vom Parkplatz entfernt – sechs Meter in das Gelände hinein – stand eine hohe, üppige Kiefer, die ihre Äste mit denen einer dicken alten Zeder zu einer grünen Mauer aus Zweigen und Nadeln verschränkte. Beide Bäume reichten bis zur Straße. Beinahe unmittelbar hinter der Zeder und der Kiefer stand eine alte Eiche, die mit ihrem Blattwerk in eine alte Platane hineinreichte und mit ihr zusammen ein Blätterdach bildete. Die Stelle war perfekt geschützt und versteckt, aber mit einem erstklassigen Blick auf die Straße und den Parkplatz. Das Tüpfelchen auf dem I war ein kleiner Wirtschaftsweg, der vom Parkplatz durch das Schutzgebiet führte, um gegenüber einem gewaltigen Backsteinhaus im Kolonialstil an der ersten Umgehungsstraße zu enden.

Damit stand der Plan fest.

Billy würde jeden Morgen gegen halb sieben zu dem Naturschutzgebiet fahren und auf einem Ast der Kiefer versteckt hinter Zweigen, Nadeln und Laub warten. Er würde eine Tasse Kaffee trinken und Kreuzworträtsel lösen, bis es beinahe so weit war. Dann würde er seine Kanone nehmen und durch das Glas schauen, bis Jacopettis Kombi die zweite Umgehungsstraße entlang kam. Meistenteils würde Jacopetti die Ampel bei Grün passieren: Daran war nichts zu ändern, weil die Ampel die Durchgangsstraße bevorzugte, und das hieß eben, dass sie meist auf Grün stand. Aber aller Wahrscheinlichkeit nach musste es irgendwann passieren – ein einziges, klitzekleines Mal –, dass Jacopetti die Ampel bei Rot erreichte. Dann würde er an der Kreuzung warten müssen, auch wenn es vielleicht nur für einen Augenblick war.

Mehr brauchte Billy nicht: Einen einzigen Augenblick, um ihn umzulegen.

Nach dem Schuss würde er einfach von seinem Baumversteck herunterklettern und mit Sal über den Nebenweg rasen. Die Pistole würde er auf dem Weg durch das Schutzgebiet abwerfen. Als nächstes sollte er dann auf die erste Umgehungsstraße einbiegen, die ebenfalls zur Autobahn führte, und schon wäre er aus dem Schneider.

Er würde ein paar Tage warten und dann Mr Barton einen kurzen Besuch abstatten.

Wenn er diese schöne letzte Ernte eingefahren hatte, würde er verschwinden. Sich zur Ruhe setzen, Sonnenbaden in Florida oder Ma-li-bu oder irgendwo anders am Meer.

Los und ledig und mit vollen Taschen.

Das war der Plan.

In der ersten Woche hatte Jacopetti Grün und rauschte mit hoher Geschwindigkeit über die Kreuzung. In der zweiten Woche hatte Jacopetti fünfmal hintereinander Grün. In der dritten Woche das Gleiche.

Billy wurde allmählich sauer.

Als Ausgleich für das Höchstmaß der verschwendeten Zeit, die er in einem Baum mit Nadeln, die ihm in den Hintern stachen, zugebracht hatte, beschloss er, sich am Wochenende ordentlich zu betrinken und sein Pech in Scotch und Soda zu ertränken. Das Erwachen am Montag war teuflisch. Zwar hatte er immer noch den monetären Anreiz als feste Größe im Kopf, aber er war schwer verkatert und übler Stimmung. Er schaffte es gerade, sich schnell zu duschen, zog dann ein Polohemd und eine leichte Baumwollhose an, dazu Sandalen ohne Socken. Er steckte sich die Pistole in den Hosenbund, verschloss die Tür zu seiner Wohnung und fuhr dann in die Tiefgarage, wo Sal auf ihrem Parkplatz wartete.

Von dem Augenblick an, da Billy Sals Zündung einschaltete, lief er auf Autopilot. Er fuhr die Strecke, ohne einen weiteren Gedanken daran zu verschwenden, bis das Unvorhergesehene geschah. Um 6.22 Uhr an diesem schwülen Sommermorgen, acht Minuten, bevor Billy das Naturschutzgebiet hätte erreichen sollen, blieb Sal stehen.

«Mist!», rief Billy. «Das hat mir gerade noch gefehlt!»

Er versuchte, den Motor wieder anzulassen.

Die Maschine sprang an, aber sobald Billy einen Gang einlegte, verreckte sie wieder.

«Verdammter Mist!» Billy löste den Hebel für die Motorhaube und stieg aus. Er starrte auf den Motorblock. Nichts rauchte, und alle Flüssigkeiten schienen in ausreichender Menge vorhanden zu sein. Er überprüfte die Schläuche, dann die Drähte. Alles schien so zu sein, wie es sein sollte.

Was ist also los? Er stieg wieder ein, schlug die Wagentür zu und drehte den Zündschlüssel. Der Motor gab ein hilfloses Husten von sich und erstarb.

«Scheiße!» Billy hämmerte auf das Armaturenbrett.

Sal sagte: «Lass das!»

Billys Herz begann zu rasen, und mit geweiteten Augen setzte er sich auf und riss den Kopf von einer Seite zur anderen.

Was zum Teufel war das?

Beruhig dich, Billy! Du bildest dir das ein.

Okay, okay, lass jetzt nochmal den Motor an.

Er versuchte noch einmal, die Maschine anzulassen.

Sie schwieg, so tot wie sein letzter Job in Jersey.

Diesmal schlug er auf das Steuerrad.

«Au!», protestierte Sal. «Was tust du da, Billy? Warum lässt du deinen Frust an mir aus?»

Diesmal saß Billy wie versteinert da, die Hände zu Fäusten geballt. «Wer hat das gesagt?»

«Was glaubst du denn, wer das gesagt hat?», fragte Sal. «Glaubst du vielleicht, der Baum spricht oder sonst was?»

Billys Augen schossen von einer Seite zur anderen, sonst rührte er sich nicht.

«Wer . . . bist . . . du?»

«Da musst du noch fragen?», sagte Sal. «Wo wir erst seit zehn Jahren oder so Partner sind? Das ist eine Beleidigung. Und da ich schon mal deine Aufmerksamkeit habe, knall nicht immer die Tür zu. Genau wie du bin ich auch nicht mehr so jung, wie ich mal war.»

Billy schluckte. «Sal?»

«Glückwunsch, Volltreffer! Können wir hier weg? Wir werden heute doch nichts zuwege bringen.»

Billy schoss in seinem Sitz hoch. Er schüttelte ein paar Mal den Kopf und klopfte sich auf die Stirn. «Lass mich das jetzt klarstellen. Du bist Sal... mein Auto... und du sprichst mit mir.»

«Ist ja sonst niemand hier.»

Billy warf die Schultern zurück, öffnete den Mund und schloss ihn wieder. Er schaute in den CD-Spieler. Gähnende Leere. Das Radio war abgeschaltet.

Was zum Teufel war hier los?

Wogegen du nicht ankannst, damit verbünde dich. Billy beschloss mitzuspielen. «Autos sprechen nicht.»

«Du darfst noch einmal raten», sagte Sal. «Schau mal, Billy, ich verstehe, dass du durcheinander bist. Normalerweise spreche ich nicht. Aber außergewöhnliche Umstände verlangen außergewöhnliche Maßnahmen. Zunächst einmal vermöbelst du mich. Ich habe nichts getan, womit ich das verdient hätte, also lass es, ja? Ich meine, wir sind jetzt seit zehn Jahren zusammen. Habe ich dich nicht immer ohne zu mucken von Punkt A nach Punkt B gebracht?»

Billy brach der Schweiß aus. «Ja, ja, das hast du.»

«Ich habe dich gut behandelt, richtig?»

«Richtig.»

«Warum also vermöbelst du mich? Ich sage dir, Mann, du drehst langsam durch.»

Das war eine zutreffende Bemerkung. Denn da saß Billy und unterhielt sich mit einem Auto.

Sal sagte: «Du wirst es heute nicht bis zum Schutzgebiet schaffen. Lass uns zusehen, dass wir von hier wegkommen.»

Billys Augen zuckten immer noch in ihren Höhlen. «Und warum?»

«Und warum?» Sal klang frustriert. «Mach mal die Augen auf, Billy. Wir kommen nirgends hin, solange dieser Baum da auf der Straße liegt. Ich kann reden, klar, aber ich kann nicht stabhochspringen. Ich bin ein verdammtes Auto, um

Gottes willen! Wende mich einfach und lass uns heimfahren.»

Billy sah auf die Straße.

Es war unübersehbar. Der umgestürzte Baum musste wenigstens zwanzig Meter hoch gewesen sein; der Stamm von anderthalb Meter Durchmesser lag quer über dem Asphalt und versperrte beide Fahrbahnen der Umgehungsstraße vollständig.

«Verdammter Sch . . . Warum habe ich den nicht vorher gesehen?»

«Weißt du, Billy, du bist ein guter Kerl, aber manchmal verlässt du dich zu wenig auf dich selbst. Als du sagtest, du wolltest keinen Bundesbullen umblasen, weil die Bundesbullen unter Schutz stehen, hättest du vielleicht dabei bleiben sollen. Vielleicht will dir der Große Bursche da oben auf diese Weise mitteilen, dass du deinen Gefühlen folgen sollst.»

Kopfschüttelnd starrte Billy weiterhin den Baum an. «Ich verstehe nicht, warum ich ihn vorher nicht gesehen habe.»

«Billy, hast du gehört, was ich dir gesagt habe?»

«Ja, ja.»

«Ja ja selber. Geh hin und sag Mr Barton, dass es mit dem Bundesbullen nicht laufen wird.»

«Das kann ich nicht. Er hat mir bereits die Hälfte als Anzahlung gegeben.»

«Dann gib ihm das Geld zurück. Das Geld aufzugeben ist besser, als in Sing Sing zu sitzen.»

In diesem Augenblick wurde ihm langsam die Absurdität der Situation bewusst. Er war in eine Unterhaltung mit seinem Wagen verstrickt. Nein, nicht nur in eine Unterhaltung. In eine Diskussion! In einen Streit! Und soweit Billy es beurteilen konnte, gewann der Wagen die Oberhand.

«Sieh mal!», sagte Sal. «Es hat keinen Sinn, hier darüber

zu diskutieren. Es werden Leute kommen und der Verkehr wird mörderisch sein. Du wirst heute nichts ausrichten können, solange diese Mama Baumstamm die Straße blockiert. Also fahr heim, tu mir den Gefallen, ja? Und sag Mr Barton ab. Ich meine, ich habe dir zehn Jahre beigestanden – immer alles nach deinen Wünschen – also schuldest du mir so viel, wenigstens einmal darüber *nachzudenken*, was ich gesagt habe, okay?»

«Okay», antwortete Billy. «Okay, lass uns heimfahren.»

Er steckte den Schlüssel in die Zündung, drehte ihn, und die Maschine sprang an, so gesund und stark wie je. Billy atmete tief aus, wendete und fuhr nach Hause.

Was Sal sagte, war vollkommen vernünftig.

Vernünftiger als das, was jede andere Frau gesagt hatte, mit der er je geredet hatte.

Billy benötigte drei volle Tage, um die ganze Absurdität der Situation zu begreifen. Er hörte nicht nur auf ein Auto – nein – er ließ auf den Rat eines sprechenden *Autos* hin einen lukrativen Job sausen! Aber da er wusste, dass er nicht verrückt war und dass er nicht einmal zu akustischen Halluzinationen neigte, wenn er sturzbetrunken war, akzeptierte er schließlich das lächerliche Dilemma als real. Trotzdem beschäftigte er sich immer noch damit, seine Optionen neu zu überdenken. Er hatte tatsächlich nur die Wahl zwischen zweierlei – es zu tun oder es nicht zu tun. Es nicht zu tun bedeutete, mit Mr Barton zu sprechen und ihm zu erklären, *warum* er es nicht mehr machen wollte. Wenn Billy daran dachte, erübrigte sich diese Option schon restlos. Obwohl er nicht verrückt war, konnte Billy sich nicht vorstellen, wie er Mr Barton die Existenz eines redseligen Fahrzeugs erklären konnte.

Also gab es keine Wahl. Er *musste* es tun. Und auch wenn

er ganz bestimmt an Sal hing – sie hatten eine Menge zusammen durchgemacht –, eher würde es in der Hölle kalt werden, als dass er sich von irgendjemandem oder *irgendetwas* vorschreiben ließ, wen er wegzuputzen hatte. Die Leute redeten immer irgendetwas, und Billy richtete sich nie danach. Er würde sich doch nicht von einem Auto vorschreiben lassen, was er zu tun hatte.

In diesem Punkt war er empfindlich.

«Ich sage dir, das ist keine gute Idee . . .»

«Halt's Maul!»

«Jetzt wirst du richtig hässlich», sagte Sal. «Siehst du, du fängst schon wieder an.»

«Gibt es bei dir eigentlich keinen Knopf zum Stummschalten?»

«Zehn Jahre lang haben wir nicht *eine* Meinungsverschiedenheit. Und ein einziges verdammtes Mal sage ich etwas zu deinem Besten, und das ist der *Dank*, den ich dafür bekomme!»

«Sal, ich liebe dich, aber du klingst wie eine Frau.»

«Ich bin eine Frau. Du hast mich zu einer Frau *gemacht*!»

«Ich meine, eine menschliche Frau.»

Sal ließ ein angewidertes Röcheln der Maschine hören. «Billy, ich habe Angst. Ich habe Angst, dass es nicht klappt und dass sie mich von dir trennen werden. Weißt du, was passiert, wenn mich jemand anders in die Hände bekommt?»

«Niemand wird dich mir wegnehmen . . .»

«Dann geht es ab in die Schrottpresse . . .»

«Nichts wird passieren, okay?» Billy wurde langsam sauer. Sal klang jeden Augenblick mehr wie eine Frau. Dann überlegte er sich, dass er sie vielleicht zum Schweigen bringen konnte, wenn er ein wenig Weiberpsychologie anwendete. «Schau mal, Sal. Ich verspreche dir, dass es klappt. Nichts wird passieren. Wir haben noch viele Meilen in dieser Beziehung vor uns, okay? Vertrau mir, Liebling. Ich verspreche dir, dass alles gut werden wird.»

Wieder hustete Sals Maschine. «Ich hoffe, du weißt, was du tust, Billy. Denn ich würde mich eher von dir in Einzelteile zerlegen lassen als . . . als in die Schrottpresse . . .»

«Du gehst nirgendwo hin, und niemand wird dich in deine Einzelteile zerlegen. Rede nicht so.»

Sal war still.

Billy sagte: «Hey, Liebling, bring mich einfach zu dem Naturpark und lass mich dort sehen, was los ist. In Ordnung? Was ist denn dabei? Jacopetti wird wahrscheinlich wieder bei Grün durchfahren, so wie er es drei Wochen lang getan hat, und unsere ganze Diskussion war für die Katz.»

«Ich weiß nicht, Billy. Ich glaube, es wird sich heute entscheiden.»

«Bring mich einfach hin.»

Sal brachte ihn hin.

«Warte hier», flüsterte Billy seinem Wagen zu.

«Wo werde ich hinkommen, Billy?»

«Pssst . . .»

«Pass auf dich auf, Billy. Ich liebe dich.»

«Ich liebe dich auch, Baby.» Sanft und leise schloss Billy die Tür. Geübt, wie er mittlerweile war, kletterte er in die Kiefer und bezog Stellung auf seinem Lieblingsast, der inzwischen keine Nadeln mehr hatte. Es war ein warmer Tag mit klarem Himmel und perfekter Sicht. Alles, was er brauchte, war Fortuna, die ein letztes Mal ihre schönen Augen auf ihn richtete, und er hätte es geschafft! Vielleicht würde Sal schließlich Ruhe geben und ihn in Frieden lassen. Wenn sie es nämlich nicht tat – wenn sie weiterhin unerwünschte Ratschläge ausspuckte –, würde er sie auf jeden Fall abservieren. Billy würde sich bestimmt nicht damit abfinden, dass Sal ihn ankeifte, wenn er noch nicht einmal ein bisschen Sex dafür bekam.

Billy holte seine Pistole heraus und legte den Lauf in eine Astgabel, um ihr Gewicht besser auszubalancieren. Er zielte auf die Straße.

«Das ist keine gute Idee», erklärte ihm die Pistole.

Billy fiel der Unterkiefer herunter.

Die Sekunden vergingen. Die Pistole sagte: «Hast du gehört?»

«Auch du, mein Sohn Brutus?»

Die Pistole seufzte. «Wenn dein Wagen dir sagt, dass es nicht hinhauen wird, und ich sage dir, dass es nicht hinhauen wird, solltest du dann nicht vielleicht langsam zuhören?»

«Das darf doch nicht wahr sein!»

«Geh zu Mr Barton . . .»

«Verdammte Scheiße, das ist nicht wahr!» Billy ließ die Pistole los. «Ich werde verrückt!»

«Nein, du bist einfach nur stur wie ein Maultier.»

«Verrückt, zum Teufel nochmal! Ich muss hier weg!»

Billy machte sich an den Abstieg. Wie es das Glück gerade wollte, sprang die Ampel auf Rot. Jacopettis Kombi bremste und hielt an.

«Und was ist mit mir?», fragte die Pistole, während Billy den Stamm der Kiefer herabkletterte. «Du wirst mich doch nicht einfach hier zurücklassen, oder?»

«Leck mich!», rief Billy.

«Sprich nicht auf diese Weise mit mir! Was habe ich je getan, als dir gute Dienste . . .»

«Leck mich! Leck mich! Leck mich!», schrie Billy seine Waffe an, während seine Füße den Boden erreichten.

«Hey, was geht da vor?», wollte Sal wissen.

«Leck du mich auch!», kreischte Billy.

Jacopetti kurbelte sein Fenster herunter und streckte den Kopf heraus. «Hey, Kumpel, brauchen Sie Hilfe?»

Billy stand der Schaum vorm Mund. Als er sah, dass es Jacopetti war, weiteten sich seine Augen. Keuchend und schwitzend lief er zu ihm hinüber. «Sie müssen weg von hier, Mister. Sie sind hinter ihnen her.»

«Ist schon gut, Kumpel . . .»

«Nein, es *ist nicht gut*, Mister. Ich sage Ihnen, sie sind wirklich hinter Ihnen her. Er hat mich geschickt, um es zu erledigen, aber dann haben der Wagen und die Pistole . . . Sie haben mir gesagt, dass ich es nicht tun soll. Sie beide sagten mir: ‹Tu's nicht, Billy, tu's nicht.› Und wenn ein Auto *und* eine Pistole anfangen, mit einem zu sprechen, dann weiß man, dass man besser zuhören soll . . .»

«Kumpel, ich werde jemanden für Sie kommen lassen», stellte Jacopetti fest. «Ich warte, bis jemand herkommt . . .»

«Nein, Sie dürfen nicht warten. Sie müssen verschwinden. Dass ich es nicht gemacht habe, bedeutet nicht, dass es nicht erledigt wird. Er wird jemand anderen für die Sache anheuern. Ich sage Ihnen, Sie müssen hier weg!»

«Sobald jemand hier ist, um Ihnen zu helfen!»

Hinter ihnen wurde gehupt. Jacopetti fuhr seinen Wagen an die Seite. «Bleiben Sie einfach hier. Ich werde mit Ihnen warten.»

«Nein, Sie müssen hier weg!» Billy trommelte auf die Motorhaube von Jacopettis Wagen. «Weg!» Es folgte eine weitere Reihe scharfer Schläge. «Weg, WEG, **WEG**!»

So fand ihn der Rettungswagen vor . . . Er hämmerte auf die Motorhaube von Jacopettis Wagen, warnte ihn vor Gefahr und Mord und faselte etwas von sprechenden Autos und Pistolen.

Es war ein schöner Tag – klarer Himmel und eine leicht würzige Brise. Der Rasen war außergewöhnlich grün und funkelte noch, weil er schon früh mit einem Schlauch bewässert worden war. Fast alle waren draußen und genossen das wunderbare Wetter. Selbst Fionas Stimmung besserte sich, während sie mit einem Löffel die Schale auskratzte und ihren Inhalt dem in einem Schaukelstuhl zusammengekauerten Mann anbot. Als sich der Löffel seinem Mund näherte, öffneten sich die Lippen wie die automatischen Türen eines Supermarkts.

Fiona lächelte und zog ihrem Bruder den Löffel wieder aus dem Mund. «Billy, du isst heute sehr gut.»

Keine Antwort.

«Ach Billy, es ist so ein schöner Tag. Die Blumen blühen, die Vögel singen. Der Himmel ist blau ... genau der richtige Tag, um einfach bloß rumzuhängen. Vielleicht sollten wir ein bisschen in der Hängematte schaukeln. Hängematten hast du doch immer gemocht. Weißt du noch, bei Großmutter, da waren wir immer in der Hängematte. Und dann hat Daddy einen Draht daran befestigt, und du hast mich bis hoch in den Himmel geschaukelt?»

Billy blieb stumm.

«So hoch», erzählte Fiona weiter. «Es war ein Gefühl, als würde ich fliegen. Ich fühlte mich so leicht an wie ein Vogel. Du warst so ein guter großer Bruder.»

Nichts.

Fiona seufzte. «Oh, Billy! Wenn du doch nur einmal nicken könntest oder so ... Das wäre gut. Es wäre ...» Tränen füllten ihre Augen. «Du musst nur reden, Billy! Wenn du wieder anfängst zu reden, sagen die Ärzte, ist das der Durchbruch. Dann ... dann stehen die Chancen nicht schlecht, dass wir dich hier rausholen können. Das hättest du doch gern, oder? Zu mir zurückzukommen. Ich habe ein

Zimmer hinten im Haus fertig gemacht mit Fernseher und einer Tretmühle.»

Sie boxte ihren Bruder auf den Arm. «Nur für den Fall, dass du dich in Form halten willst.»

Billy starrte weiterhin ins Leere.

«Komm schon, Billy. Nicke oder grunze oder furze oder tu irgendwas anderes. Du willst doch nicht den Rest deines Lebens hier verbringen, oder?»

Aber Billy antwortete nicht.

Fiona atmete hörbar aus. «Billy, ich bin gleich zurück. Ich muss mal zur Toilette. Bleib du einfach . . .» Sie tätschelte seine Knie. «Lass du es dir nur gut gehen. Ich bin gleich zurück.»

Die Sonne schien Billy warm auf den Rücken. In der Stille des sommerlichen Vormittags konnte er, wenn er sich richtig anstrengte, hören, wie die Wellen in der Ferne an die Küste brandeten.

Ein feines Lächeln kitzelte seine Lippen.

Er würde nirgendwo hingehen.

Warum sollte er auch?

Er hatte jetzt endlich seinen Platz am Meer.

Aus dem Englischen von Hans Link

Abrahams Opfer

Er sprach: Ich geh zu meinem Herrn,
Er wird mich leiten.
Herr, gib mir eine Stelle bei den Guten!
Darauf verkündigten wir ihm
Einen wackeren Knaben,
Als er mit ihm den Lauf vollbracht,
Sprach er: Mein Sohn, ich seh im Traume,
Dass ich dich opfern soll;
Sieh zu nun, was dir dünket.
Er sprach: Mein Vater, thu was du geheißen bist;
Mich finden wirst du, so Gott will, geduldig.
Als sie sich nun ergeben hatten,
Und er ihn hinstreckt' auf die Stirne;
Und da riefen wir: O Abraham!
Du hast entsprochen der Erscheinung.
Wir, also lohnen wir den Frommen.
Nun dieses war die klare Prüfung.
Wir kaufeten ihn los mit großem Opfer.
Und hinterließen über ihn der Nachwelt:
Gruß über Abraham!
So lohnen wir den Frommen.

Vgl. Der Koran, 37. Sure, Verse 97–110; hier zit. in der Übersetzung von Friedrich Rückert, hrsg. v. Hartmut Bobzin, Er-
gon Verlag, Würzburg 1995.

Hamid Skif

Propheten in St. Pauli

Der Auszubildende Hans Detmann wusste nicht, was er dem heruntergekommenen Alten antworten sollte, der ihm über den Tresen hinweg zurief:

«Kippen wir uns einen hinter die Binde, mein Süßer?»

Er war es nicht gewohnt, als Süßer behandelt zu werden, und schon gar nicht von einem stinkenden Penner. Kaum hatte er seinen Hintern aus dem Stuhl erhoben, als die Schulter von Kommissar Wolfgang Günther, den alle nur Wolf nannten, hinter dem Alten auftauchte. Er gab Detmann ein Zeichen, ruhig zu bleiben und stützte sich mit dem Ellbogen neben dem Penner auf.

«Na, Adam, besuchen wir die Bullen?»

«Ach, du bist's Kommissar! Ich habe diesem Jungspund gerade vorgeschlagen, einen zu zwitschern, aber er hat mich mit Blicken getötet. Gehört er zu den Anonymen Alkoholikern? Eure Burschen sind ganz schön nervös in letzter Zeit. Ist es der Vollmond, der sie so in Wallung bringt?»

«Vielleicht, mag sein . . . Sagen wir lieber, deine Kumpels bringen uns auf die Palme. Sie haben ein Schlachthaus aus St. Pauli gemacht.»

«Was erzählst du mir da, Kommissar? Das sind nicht meine Kumpels. Ich mag keine Mörder. Ich bring ab und zu ein bisschen Schnee in Umlauf, aber alles andere ist nicht mein Ding. Anstatt hier Müll zu verzapfen, könntest du mir besser einen ausgeben.»

«Lass uns dazu ins Büro gehen.»

Der Kommissar zwinkerte Detmann zu, um ihm zu bedeuten, er brauche sich keine Sorgen zu machen. Adam folgte ihm in den Flur. Er zog ein Bein nach und seine mit Trödel beladene Karre. Detmann wollte gerade auf seinem Handy weiterspielen, als Adam sich plötzlich mit der Geste «du kannst mich mal» umdrehte. Es machte Detmann noch wütender. Wie konnte Wolf nur mit diesem erbärmlichen Typen verkehren?

Der Kommissar bat Adam ins Büro der Ermittlungsbeamten, einen Raum mit kahlen Wänden. Nur ein Stadtplan verlieh ihm einige Farbtupfer. Die Tür schloss sich hinter ihnen, und damit hatten die Überlegungen des Azubis ein Ende.

Der Kommissar zog eine Bierflasche aus dem Kühlschrank, auf dem gerade eine Geranie das Zeitliche gesegnet hatte. Er nahm sich selbst ein Sodawasser und reichte Adam das Bier. Der lehnte es mit einer abrupten Geste ab.

«Das soll keine Zurückweisung sein, Kommissar, aber ich trinke nicht mit Deserteuren.»

«Hast du sie noch alle, Adam! Fang nicht schon wieder damit an. Ich rühre keinen Tropfen mehr an, liegt an meinem Magen.»

«Magen, Magen . . . du warst auch schon tapferer. Apropos Weiber, kein Gewäsch, bitte. Ich hab dich gesehen, neulich, im U., mit Martha, dieser dummen Gans. Gibt sie dir Rabatt?»

«Red kein dummes Zeug! Das war nur ein Kontakt – sagen wir beruflicher Art.»

«Das ist nicht Mutter Theresa! Sei auf der Hut, sie arbeitet für die Albaner. Ihr Zuhälter ist Syphilis-Mustafa, der Schiebereien mit Knarren am Laufen hat. Ich weiß nicht, wie sie es angestellt haben, aber seit einigen Monaten schafft sie für sie an.»

«Da erzählst du mir nichts Neues. Lass uns mal über uns reden. Was führt dich her? Doch sicher nicht der Durst. Komm, setz dich und erzähl.»

Der Kommissar setzte sich auf den Stuhl Adam gegenüber und schob ihm die Bierdose hin. Der schnappte sich die Dose, öffnete sie mit einer für sein Alter erstaunlich flotten Geste, nahm einen großen Schluck, grunzte vor Behagen, wischte sich mit der Zungenspitze den Schaum vom Schnurrbart, zog eine Kippe aus der Tasche und begann, seine Streichhölzer zu suchen. Er beförderte eine Schnur zu Tage, eine gebrauchte Telefonkarte, einen Schlüsselbund und eine Plastiktüte mit einer Nadel und rotem Faden.

Wolf holte sein Feuerzeug heraus. Der Alte ließ sich Zeit und zog an seiner Kippe.

«Also gut, mein Sohn, ich bin gekommen, um dich auf dem Laufenden zu halten. Da ist ein großer Coup im Gange. Ich finde, du solltest auf der Hut sein. Weil ich nämlich nicht will, dass dir irgendwas passiert, von wegen alter Freundschaft und so.»

«Was redest du da für einen Mist?»

«Das ist kein Mist, was ich dir gerade verrate, Kleiner. Abrahams Bande läuft in einigen Tagen hier auf. Nach dem Gerede zu urteilen, wird's tierisch Rabatz geben.»

«Wer sind die Typen?»

«Wer sind die Typen? Wer sind die Typen? Da fragst du noch? Bist du bekloppt oder was? Kennst du die schweren Jungs auf diesem Erdboden etwa nicht? Da hast du studiert und weißt nichts von diesen Kerlen?»

«Hör mal, Adam, wenn ich über alle Irren auf dieser Welt Bescheid wissen müsste, würden 20 Leben nicht reichen. Ich hab schon genug damit zu tun, über die in meinem Viertel auf dem Laufenden zu bleiben. Der Rest ist mir scheißegal.»

«Wenn das so ist, kann ich ja gehen. So wichtig bist du

auch wieder nicht. Dann verkauf ich meine Infos halt jemand anderem . . .»

Wolf juckte es in den Fingern. Er hätte diesem hässlichen Kerl gern eine gescheuert, aber er legte keinen Wert darauf, ihn sich zum Feind zu machen. Er wusste so einiges, der alte Affe, und die Vorstellung, dass er Stephan, seinem Erzfeind, etwas stecken könnte, gefiel ihm gar nicht. Er rang sich ein Lächeln ab und holte sein Portemonnaie heraus. Der Alte zog ein Gesicht.

«Nein, bloß nicht, kein Geld. Ich bin doch nicht gekommen, um dich anzupumpen . . .»

Wolf drückte ihm einen 20-Euro-Schein in die Hand.

«Was denkst du jetzt schon wieder? Ich zahle meine Schulden zurück. Letztesmal hattest du dein Portemonnaie hier vergessen. Ich sagte mir, eines Tages wird der gute Adam vorbeischauen, um seine Habe zu holen. Das war's. Wo waren wir stehen geblieben?»

«Wenn das so ist, nehme ich es», sagte Adam und zog die Nase hoch.

Er steckte den Schein in die Innentasche seiner Jacke, die schon seit Urzeiten kein Waschpulver mehr gesehen hatte, und murmelte:

«Findest du nicht auch, dass es in diesem Laden ganz schön heiß ist? . . . Ein Bier wäre nicht schlecht.»

Jetzt fängt er wieder von vorne an, dachte Wolf. Er wusste, dass er ihm nichts entlocken würde, solange er nicht sein Quantum Bier intus hatte.

«Hör zu, mein Sohn, ich werde dir die Geschichte vom perfekten Verbrechen erzählen. Hör mir gut zu, das ist eine wahre Geschichte, wie es sie nicht noch einmal gibt. Es liegt schon lange zurück, und es war weit weg von hier. Stell dir vor: ein Hirtenpaar, Schafzüchter in der trockenen Steppe. Eines schönen Wintertages beschloss der Kerl, nennen wir ihn S., einige Tiere auf dem Markt in der Stadt zu verkaufen. Er war noch vor Tagesanbruch aufgebrochen und marschierte den ganzen Vormittag. Verbissen trieb er seine Herde vor sich her, trotz der dunklen Vorzeichen, die sich am Horizont auftürmten. Ein heftiger Wind war aufgekommen. Er begriff ein bisschen zu spät, dass er dem Sturm ohne Hilfe und Unterschlupf nicht trotzen könnte. Also beschloss er umzukehren, bevor der Schnee den Heimweg noch schwieriger machen würde.

Gegen Mitternacht liegt das Lager vor ihm. Erstaunt stellte er fest, dass sein Zelt noch erleuchtet war. Er schlich sich heran und konnte durch einen Riss beobachten, was drinnen geschah. Seine Frau, nennen wir sie M., lag in den Armen ihres Liebhabers.

S. schlich sich genauso heimlich davon, wie er gekommen war, setzte sich in den Schnee und biss die Zähne zusammen. Einige Stunden später kehrte er zum Zelt zurück und warf seinen Umhang auf das schlafende Liebespaar. Dann kehrte er in den Schnee und die Dunkelheit zurück.

Seine Frau ist erstaunt, dass er im Verlauf des Vormittags zurückkommt und seine Herde vor sich hertreibt.

‹Was!›, sagt sie, ‹Du hast kein einziges Tier verkauft?›

‹Wie denn?›, antwortete S. und setzte sich. ‹Ich habe die Nacht im Sturm verbracht. Alle Wege waren abgeschnitten. Gott wollte es so. Ohne seine Barmherzigkeit wärst du jetzt Witwe. Obwohl ich es dir ausdrücklich gesagt hatte, hast du nämlich vergessen, meinen Umhang zum Proviant zu packen.›

M. erinnerte sich, dass sie den Umhang sehr wohl in den Beutel gelegt hatte. Ihr Mann zeigte ihn ihr daraufhin, er lag ausgebreitet mitten im Zelt! Sie entschuldigte sich für ihre Vergesslichkeit und eilte zur Feuerstelle, um ihre Verlegenheit zu verbergen.

Als sie ihm das Essen brachte, wies ihr Mann mit dem Zeigefinger auf den gut sichtbaren Riss in der Zeltwand. ‹Ich habe dir doch gesagt, du sollst ihn stopfen . . . Dieses Zelt wird in Fetzen zerfleddern, aber zuerst werden wir noch zum Gespött des ganzen Stammes . . .›

Von der Anspielung getroffen, warf M. sich vor S. auf die Knie und bat ihn, sie zu verschonen.

‹Ich verdiene dich nicht›, sagt sie. ‹Ja, ich habe einen großen Fehler begangen und es reut mich. Verzeih mir, verzeih mir. Verzeih mir, oder ich bringe mich sofort um!›

‹Steh auf›, sagt S. ‹Ich will nur, dass du mir eine Frage beantwortest.›

‹Ich beantworte dir alles, was du wissen willst.›

‹Liebst du ihn wirklich?›

‹Ich liebe ihn von Kindesbeinen an.›

‹Dann heirate ihn und seid glücklich. Damit ich in die Scheidung einwillige, stelle ich allerdings eine Bedingung . . .›

‹Alle Bedingungen, die du willst.›

‹Also: Während eures Hochzeitsfestes werden wir vorgehen, wie es Brauch ist und Tauben auflassen. Ich werde die erste abschießen. Du musst sie dann holen und deinem Gatten vor die Füße werfen. Danach brauchst du nur noch zu mir rennen und die Zügel meines Pferdes zu küssen.›

Da M. wusste, wie geschickt S. beim Schießen war, gab sie ihm ihr Versprechen und zog sich zurück. Einige Tage später waren sie geschieden.

Im Frühling beschlossen M. und ihr Geliebter, sich im Laufe des Sommers zu vermählen.

Als es so weit war, drängten sich Hunderte von Reitern auf der Ebene. Jeder hatte Wert darauf gelegt, sein schönstes Reittier zu nehmen. Nur S. war gekleidet wie immer und kam auf einer alten Stute angeritten. Er entschuldigte sich, dass er keine Zeit gehabt hatte, sich umzukleiden.

Das Auflassen der Tauben wurde angekündigt. Jeder Reiter machte sich bereit, seinem Gastgeber Ehre zu erweisen, indem er sein Geschick beim Schießen unter Beweis stellte und ihm als erstem eine Taube zum Geschenk reichte, als Zeichen für Glück und als Treuepfand.

Die Frauen standen neben den Pferden ihrer Männer, damit sie gegebenenfalls das Geschenk holen konnten, um es dem Brautpaar zu Füßen zu werfen.

Die Tauben wurden aufgelassen. S. schoss ungeheuer schnell eine ab. M. erfüllte die Bedingung ihres Vertrages, stürzte sich auf den Vogel und rannte, um ihn ihrem neuen Gatten zu Füßen zu werfen.

Sie rannte weiter und hielt exakt vor der Stute von S., deren Zügel sie dreimal küsste, bevor sie einen Freudenschrei ausstieß.

Ihr Mann, gedemütigt und blind vor Zorn, lud sein Gewehr und schoss. Die Kugel durchbohrte M.s Brust. Ein Krampf durchzuckte sie, und sie fiel tot um.

Ihr Vater schrie auf vor Schmerz, warf sich schluchzend auf seine Tochter und dann, ganz plötzlich, wie von der Tarantel gestochen, sprang er mit einem Satz auf, lud sein Gewehr und zielte auf seinen Schwiegersohn, der von seinem völlig verschreckten Reittier zu Tode getrampelt wurde.

Ohne Regung, so als ob das, was gerade geschehen war, ihn nichts anginge, wandte S. den Kopf ab und ritt in aller Ruhe auf die Hügel zu, die die Ebene säumten. So, das war's.

Ist das nicht schön? Ist sie nicht schön, meine Geschichte? Jetzt ist es an dir, den Schuldigen zu finden, mein lieber Wolf. Du musst nun sagen, wer der Mörder ist.»

Wolf blieb nachdenklich. Er wusste nicht, was er denken sollte und fragte sich, warum der alte Adam gekommen war und ihm diese Geschichte haarklein erzählt hatte.

Adam verließ das Büro der Ermittlungsbeamten. Als er an Detmann vorbeikam, sagte er zu ihm:

«He, Kleiner, hör auf, mit diesem Ding zu spielen und komm mit. Was hältst du von einem Bummel bei den Puppen gegenüber? Ich kenne eine, die bringt dich in den siebten Himmel.»

Detmann zuckte mit den Achseln und brüllte:

«Hau ab, du altes Ekel!»

Adam ging die Treppen der Davidwache hinunter und lachte.

Zwei Tage später fand man zwei Frauen mit aufgeschlitzter Kehle im Innenhof von Haus Nr. 20 in der Talstraße. Es handelte sich um Tania Lankrut und Gertrude Sternbock, zwei alte Dirnen, die auf eigene Rechnung arbeiteten. Es gab eine Akte über sie, weil sie in ihrer Jugend an Raubüberfällen beteiligt waren, die kein gutes Ende genommen hatten.

Seit Ewigkeiten hatten sie sich davon zurückgezogen, nun betrieben sie ihre Geschäfte ohne Aufsehen und interessierten sich nur für eine Klientel von Rentnern, denen sie diverse Spezialitäten anboten, die sie sich selbst ausgedacht hatten. Von erklärten Feinden war nichts bekannt.

Das Viertel stand Kopf nach den Morden. In der Davidwache ging eine Flut von irren Anrufen ein. Überall wurden Mörder gesichtet.

Am aufgeregtesten waren die Bewohner der fraglichen Straße, die die Journalisten ständig mit erfundenen Hinweisen überhäuften. Auch eine Pressekonferenz konnte die durch die Schlagzeilen und das Blitzlichtgewitter der Reporter erhitzten Gemüter nicht beruhigen.

Die Experten erklärten, es handle sich um einen Ritualmord. Ihnen zufolge trugen die durchgeschnittenen Kehlen der Opfer die Handschrift von Fundamentalisten, die St. Pauli entschieden von den Prostituierten befreien wollten.

Der Bürgermeister war erschüttert und rief mehrfach in der Davidwache an. Die Politiker begannen plötzlich mit Slogans über Unsicherheit auf und ab zu gehen. Die Wahlen standen vor der Tür.

«Ich brauche Ergebnisse und zwar schnell», blaffte Hauptkommissar Jürgen April. «Ich verlange Ergebnisse, haben Sie verstanden?»

Seit er seine Frau bei einem schweren Unfall verloren hatte, schlief er nicht mehr. Und dass er kurz vor der Pensionierung stand, machte das Ganze auch nicht besser.

Mitunter wurde er schwierig. Der Druck, der auf seinen Schultern lastete, verlieh ihm den Ausdruck eines begossenen Pudels. Wolf, der seine gesamte Ausbildung bei ihm gemacht hatte, erkannte ihn kaum wieder.

Im Milieu wurden Razzien durchgeführt, aber sie brachten nichts. Zwei Tage später fand man am unteren Ende der Treppe zur U-Bahn eine weitere Frau mit aufgeschlitzter Kehle und vom Rumpf getrennten Kopf. Sie stammte aus der Ukraine und nannte sich Ulla, aber ihr richtiger Name war Roxanna.

Die Anspannung erreichte ihren Höhepunkt, als eine Hausfrau in einem Schmierblatt mit hoher Auflage erklärte, sie habe vier merkwürdig herausgeputzte Bärtige unter ihrem Fenster herumlungern sehen. «Sie schienen gradewegs aus einem Horrorfilm entsprungen», erklärte sie zitternd.

Wolf warf die Zeitung in den Mülleimer und beschloss, nach Hause zu gehen. Er hatte die Nase voll, den ganzen Tag diesen Unsinn zu hören und zu lesen. Er musste sich ausklinken, um sich über die Lage klar zu werden. Die irritierende Atmosphäre in diesem Laden ging ihm auf die Nerven.

Seit mehreren Tagen hatte er wenig geschlafen, er trieb

sich in Spelunken herum und befragte Verdächtige, dabei aß er schlechte Sandwichs und stürzte becherweise Kaffee hinunter, wovon er Sodbrennen bekam.

Sein Magengeschwür meldete sich wieder. Er hatte das Bedürfnis, Irene zu treffen, vor allem aber die Drohung zu vergessen, die über der Davidwache schwebte, seit einige Typen von der Kripo gekommen waren und ihnen deutlich zu verstehen gegeben hatten, dass sie ganz unten in der Reihe seien.

Bis dahin hatte der Alte sie auf Distanz gehalten. Wenn ihn nicht bald ein Ergebnis aus dem Morast ziehen würde, wäre er reif für die Klapse. Wolf verließ die Wache und stieg in sein Auto, das er in der Nähe geparkt hatte.

Er sagte sich, es wäre gut, Irene Rosen zu schenken und hielt exakt vor dem Schaufenster der alten Floristin Sandra Strauss, die ihm jedes Mal spitzbübisch zuzwinkerte und ihm die Blumen gab, die sie für ihn hergerichtet hatte.

Sie bot ihm einen Strauß Fidelio-Gladiolen an.

«Die Gladiole», sagte sie ihm, «verdankt ihren Namen ihren Blättern, die die Form eines Schwertes haben. Bei den Semiten war sie eine Inspirationsquelle für die Gestaltung von Schmuck, Teppichen oder Stoffen. Sie kam im 19. Jahrhundert nach Europa. Ich mache Ihnen einen sehr guten Preis für den Strauß. Ich weiß ja, dass man bei der Polizei keine Unmengen verdient.»

Wolf lächelte über diese herzliche Geste, lehnte das Angebot jedoch ab.

Er wollte rote Rosen, um Irene zu sagen, wie sehr er sie liebte. Die Floristin zuckte mit den Achseln.

«Sie können ganz schön stur sein, Herr Kommissar, Sie werden sich nie ändern.»

«Eines Tages vielleicht doch», antwortete Wolf und lachte.

Er zahlte, bedankte sich bei der alten Dame und verließ den Laden beinahe tanzend. Die Vorstellung, dass er gleich Irene treffen würde, verlieh ihm Flügel. Er ging leichten Schrittes und klingelte an ihrer Tür.

Sobald sie öffnete, fiel er über sie her. Sie gurrte leise. Er küsste sie überall und dann riss er ihr die Kleider vom Leib. Ihr betörendes Parfüm stieg ihm zu Kopf. Vor Verlangen überwältigt sanken sie auf die kalten Fliesen des Zimmers.

Mit einem heftigen Stoß seiner Lenden ergriff er Besitz von ihrem Geschlecht. Sie stieß stöhnende Schreie aus, die vermutlich im Hausflur zu hören waren, und begann, ihr teuflisches kleines Becken zu bewegen. Dabei hob sie ihren Hintern gut fünf Zentimeter vom Boden, um seinem Glied entgegenzukommen.

Nach etwa zehn Minuten dieser stürmischen Umklammerung, die von Explosionen der Lust begleitet war, wurde Irenes Körper von einem Zucken erfasst, und sie begann zu zittern. Wolf beruhigte sie sanft, indem er an ihren Ohrläppchen und Schultern knabberte.

Völlig gesättigt küsste sie ihn lang und warf ihm vor, dass er sie so lange hatte warten lassen. Den Rest des Nachmittags verbrachten sie im Bett.

Wolf stürzte ins Büro der Ermittlungsbeamten. Ein Spitzel hatte gerade gemeldet, dass vier merkwürdig ausstaffierte Bärtige seit einigen Tagen in einer Art Lager hinter dem Schlachthof kampierten, das von Obdachlosen besetzt war, die sich gegen die Konsumgesellschaft auflehnten.

Er kannte den Ort, weil er dort schon öfters Lokaltermine hatte. Diese endeten immer mit Schlägereien und blauen Flecken.

Alle Ermittlungsbeamten stürzten sich auf den Ausgang, aber Wolf bat sie, sich zu beruhigen. Er ließ den Häuserblock umstellen und verteilte seine Männer an den äußersten Enden der Straße. Man musste verhindern, dass die Verdächtigen sich aus dem Staub machten. Das Lager war in heller Aufregung, als er sich am Eingang mit zwei Polizisten postierte.

Ein Hüne versperrte ihnen den Weg und überschüttete sie mit Beschimpfungen. Wolf gab seinen Kollegen ein Zeichen, den Grobian aus seinem Blickfeld zu schaffen. Sie erledigten das auf recht zivilisierte Art und Weise. Kaum hatte der Flegel die Faust erhoben, als er auch schon grölend am Boden kniete.

Zwei Polizisten legten ihm Handschellen an und bugsierten den Tobenden in die grüne Minna.

Die Kurse im Nahkampf bringen also doch etwas, sagte sich Wolf, als er der feindlichen Gruppe entgegenging, die in einigen Metern Entfernung zusammengerückt war.

«Friede sei mit euch», sagte er. «Wir wollen überhaupt nichts Böses. Wir suchen vier Kerle, mit denen wir uns gern ein bisschen unterhalten würden.»

«Verpi...», kreischte eine große Zahnlose mit einem seltsamen Hut. «Wir empfangen hier, wen wir wollen. Wir mögen keine Schlangen.»

«Halt's Maul!», brüllte Lastrada, ein kleiner verhutzelter Alter, der bei der Polizei dafür bekannt war, wie er seine Geliebten zurichtete. «Was wollen Sie, Kommissar? Wenn Sie die vier Bauern suchen, dort sind sie. Wir haben sie in der U-Bahn gefunden. Sie wussten nicht, wohin, und wir, die Leute ohne Dach überm Kopf, wir kennen uns schließlich aus.»

«Können wir sie sehen?»

«Sind Sie etwa deswegen gekommen?»

Er machte eine Handbewegung. Die von den Bewohnern gebildete Schranke ging auf, um je zwei alte Männer durchzulassen. Wolf sah, wie vier zerlumpte Menschen mit zerfurchten Gesichtern auf ihn zu kamen. Ahnen aus grauer Vorzeit. Ihr Aufzug war merkwürdig.

«Ihre Papiere, haben Sie Papiere?»

Die Bewohner des Lagers brachen in irres Gelächter aus.

«Geben Sie sich keine Mühe, Kommissar, sie verstehen nichts von dem, was Sie erzählen», sagte Lastrada.

«Aber wo kommen sie her?»

«Keine Ahnung. Alles, was sie können, ist beten. Die sind meschugge. Sie waren auf der Treppe der U-Bahn und wollten mit den Leuten reden. Keiner hat sie beachtet. Wir hielten sie für Bettler, aber wir haben uns getäuscht. Sie glauben, sie hätten eine Mission auf der Erde. Sehen Sie sich das an!»

Der Älteste der Gruppe reichte Wolf die Hand. Als Wolf sie schütteln wollte, näherten sich die drei anderen, um ihm zu bedeuten, dass er sie küssen müsse.

«Tun Sie, was sie von Ihnen verlangen», sagte Lastrada, «vielleicht gelingt es Ihnen, etwas herauszufinden.» Wolf fügte sich.

Er sah, wie seine Geste auf die Fremden wirkte. Sie umringten ihn, schlossen ihn in ihre Arme und begannen, ein Kauderwelsch zu sprechen, dessen Klangbild dem Hebräischen und Arabischen ähnelte. Wolf befreite sich aus ihrer Umarmung und gab den Polizisten ein Zeichen, sie mitzunehmen.

Eine Meute Journalisten erwartete das Gefolge am Eingang der Davidwache. Wolf musste ihnen goldene Berge versprechen, damit sie sich beruhigten. Der Auflauf der Journalisten hatte zur Folge, dass zahlreiche Neugierige dazustießen.

Offensichtlich gefiel den alten Männern dieser Auflauf. Sie begannen, zusammenhanglose Reden zu halten, grüßten die Menge, warfen Handküsse und machten seltsame Zeichen.

«Sie glauben, sie seien in Hollywood», lachte Detmann, der Auszubildende, höhnisch. Er konnte es nicht fassen.

Wolf ließ die Verdächtigen in das Zimmer der Ermittlungsbeamten bringen und bat die Kripo, ihm dringend Hebräisch-, Arabisch- und Aramäischübersetzer zu schicken. Er hatte eine Idee.

Als die Übersetzer ankamen, diskutierte Wolf wild gestikulierend mit den alten Männern, die auf dem Boden saßen.

Wolf hatte es ihnen einfach nachgemacht. Die Kommissare bildeten einen Kreis um das improvisierte orientalische Lager.

Wolf erklärte den Übersetzern, sie sollten die Sprache und Identität der Fremden bestimmen und herausfinden, wie sie hierher gekommen seien.

«Die anderen Fragen stellen wir danach», sagte er.

Die Anfänge waren mühsam.

«Das sind Irre oder Simulanten», erklärte ein Übersetzer nach einer leidlich angeregten Diskussion mit den alten Männern. «Sie sprechen ein unmögliches Hebräisch und Arabisch und sagen, sie seien Abraham, Moses, Jesus und Mohammed, in dieser Reihenfolge. Wir haben es mit einer Bande Durchgeknallter zu tun.»

«Fragen Sie sie, warum sie hier sind», sagte Wolf.

«Sie behaupten, sie hätten den Auftrag erhalten, die Ordnung auf der Erde wiederherzustellen. Da sie unzertrennlich sind, verlangten sie, zusammen zu gehen. Allerdings haben sie nicht damit gerechnet, solch heruntergekommene Zustände vorzufinden. Also beschlossen sie, wieder zu gehen, aber sie haben die falsche U-Bahn genommen. Ein paar wohlwollende Seelen halfen ihnen. Dank dieser Gläubigen haben Sie von ihrer Ankunft erfahren. Nun bitten sie uns, ihnen ein Gotteshaus zu zeigen, damit sie ihre Gebete verrichten können.»

«Wir werden sehen, später, antwortete Wolf perplex.
«Fragen Sie sie, was sie von den Morden wissen, die gerade
hier im Viertel begangen wurden.»

«Sie sagen, sie wüssten nichts und dass jedes Verbrechen
bestraft werden müsse.»

«Wie, sie wissen nichts? Man hat sie gesehen.»

«Sie antworten Ihnen, dass jeder einmal Halluzinationen
haben kann. Deswegen muss er aber noch lange kein Pro-
phet sein.»

«Das reicht für heute. Sperren Sie diese falschen Propheten ein und geben Sie ihnen zu essen. Rufen Sie einen Psy-
chiater. Er wird herausfinden, worum es hier geht.»

Er war übermüdet und wusste nicht mehr, wie er die An-
gelegenheit anpacken sollte. Bald würde er zum Gespött der
Kollegen.

Er nahm seine Jacke und verließ das Zimmer. Er wusste,
dass er die Davidwache nicht verlassen konnte, ohne die
Meute der Journalisten am Hals zu haben. Er beschloss, sich
in das Kabuff im zweiten Stock zurückzuziehen.

Hierher kam er gerne, um ungestört ein Gläschen zu trinken oder ein Nickerchen zu machen. Er würde später versuchen, sich über die Lage klar zu werden. Diese Angelegen-
heit musste wirklich geklärt werden.

Kaum hatte er die Augen geschlossen, als es an die Tür
trommelte. Es war Detmann, der den Auftrag hatte, ihm einen Leichenfund am Hintereingang des Wachsfigurenkabi-
netts zu melden. Das Opfer war eine junge Frau. Ihr war genau wie den anderen die Kehle durchgeschnitten worden.
Wolf eilte zum Panoptikum.

«Wir haben nichts angerührt, Herr Oberkommissar», erklärte ein Wärter.

«Ich bin noch nicht Oberkommissar», antwortete Wolf
barsch.

Die Tote hatte einen blassen Teint, aschblondes Haar, eine lange feine Nase, ihre Augen waren offen und ausdruckslos. Sie trug eine weiße Hemdbluse und eine schwarze Hose. Ihre roten Schuhe lagen etwa einen Meter entfernt.

Der Gerichtsmediziner durchsuchte ihre Taschen und fand ein Stück Papier mit einer Telefonnummer. Er schob es in eine Plastiktüte, die fürs Labor bestimmt war.

Nachdem Wolf am nächsten Tag die Ergebnisse der Autopsie bekommen hatte, wählte er die Nummer, die man in der Tasche der Toten gefunden hatte. Nach dreimaligem Klingeln antwortete eine Stimme:

«Dr. Samuel Lübecker, guten Tag . . .»

«Guten Tag, Kommissar Wolf, Davidwache.»

«Was kann ich für Sie tun?»

«Ich rufe an wegen eines Mordes. Das Opfer hatte Ihre Telefonnummer in der Tasche. Könnten Sie auf die Wache in St. Pauli kommen, ich würde Ihnen gern einige Fragen stellen.»

«Selbstverständlich. Passt es Ihnen so gegen 14 Uhr?»

«Sehr gut.»

Zufrieden legte Wolf auf und vertiefte sich wieder in den Bericht des Gerichtsmediziners. Ihm zufolge müsste der Körper bewegt worden sein. Um 14 Uhr kam ein Beamter und teilte Wolf die Ankunft des Arztes mit.

Der Mann musste um die Vierzig sein. Er hatte braunes Haar, in das sich die ersten grauen Strähnen mischten, ein langes Gesicht mit feiner Nase und schmalen Lippen. Er trug eine gutgeschnittene beige Baumwolljacke. Auf der Nase saß eine randlose Brille.

Wolf bat ihn, Platz zu nehmen und entschuldigte sich für die Störung.

«Sie sind Arzt für Allgemeinmedizin, Dr. Lübecker, das stimmt doch?»

«Nein, Arzt für psychische Erkrankungen», antwortete er mit einem verstohlenen Lächeln.

«Gut, gut . . . Gestern haben wir den Körper einer jungen Frau gefunden, der die Kehle aufgeschlitzt wurde. Der einzige Hinweis, der unsere Untersuchung voranbringen kann, ist Ihre Telefonnummer. Sie befand sich in ihrer Tasche. Wenn es Ihnen recht ist, werde ich Ihnen Fotos von der Toten zeigen. Sagen Sie mir bitte, ob Sie sie kennen.»

Zitternd studierte Doktor Lübecker die Bilder, die Wolf ihm gab.

«Diese Frau war eine Patientin von mir», sagte er schließlich nach einer Minute, die eine Ewigkeit zu dauern schien. «Ja, das ist sie. Gestern ist sie gestorben, sagen Sie?»

«Ich denke nicht, dass sie gestern gestorben ist, aber sie wurde gestern gefunden, ja, in der Tat.»

«Deswegen ist sie nicht zur Sitzung gekommen.»

Der Psychologe schien sehr berührt.

«Warum kam sie zu Ihnen?», fragte Wolf.

«Ich bedaure, aber das kann ich Ihnen nicht sagen. Ich bin an die ärztliche Schweigepflicht gebunden.»

«Schade», antwortete Wolf. «Sie sind nämlich der einzige, der sie kennt. Bis jetzt haben unsere Nachforschungen nichts ergeben. Ihre Hilfe ist unerlässlich, damit wir in dieser Untersuchung zu einem Ergebnis kommen und vielleicht auch in anderen. Was Sie mir sagen, bleibt unter uns. Können Sie mir nicht wenigstens einen Hinweis auf eine Spur geben?»

Die Erregung war seiner Stimme anzumerken.

«Gut, ich will es versuchen», stotterte der Arzt.

«Ich bin ganz Ohr», ermutigte ihn Wolf.

«Seit ungefähr einem Jahr erhielt Frau Eva Forster telefonisch Morddrohungen. Jedes Mal, wenn sie zu mir kam, d. h. einmal pro Woche, sprach sie von zwei bis vier Anrufen, die sie terrorisierten. Diese Patentin litt an einer schweren Angst. Sie zog sich immer mehr zurück.»

«Wissen Sie, ob sie Familie hatte oder nahe Verwandte?»

«Sie hat einen Freund, der nicht zu den Kreisen gehört, die Sie ... die Sie kennen. Er hatte sie dazu gedrängt, mich zu konsultieren. Die nächtlichen Anrufe und Drohungen quälten sie enorm. Sie konnte nicht mehr schlafen.

Sie glaubte, dass sich jemand einen schlechten Scherz mit diesen Anrufen erlaubte. Sie war zwölf, als ihre Eltern starben. Und sie erhielt Telefonanrufe, die ihr denselben Tod androhten! Sie verstehen sicher, warum sie eine Phobie entwickelte.»

«Warum hat sie nie Anzeige erstattet?»

«Ich habe keine Ahnung. Der Tod ihrer Eltern hatte nachhaltige Spuren bei ihr hinterlassen. Sie starben unter tragischen Umständen, sie wurden im Schlaf von einem Einbrecher getötet.»

«Bei wem ist sie dann aufgewachsen?»

«Bei ihrer Großmutter, die starb, als sie zwanzig war.»

«Könnte es sich um einen Serienmörder handeln? Am Ende war es sogar dieselbe Person, die auch ihre Eltern getötet hat. Dann hätten wir es also mit einem Wiederholungstäter zu tun, der hinter der Familie her ist.»

«Ich glaube nicht, dass es ein Serienkiller war. Ein Serienkiller ist in der Regel sehr intelligent; er erscheint immer ganz ruhig, regt sich nie auf und spielt ein doppeltes Spiel, wenn man das so sagen kann. Ich tippe eher auf einen Wiederholungstäter.»

Wolf bedankte sich bei Dr. Lübecker für dessen Hilfe und begleitete ihn zur Tür.

Nun kannte er wenigstens Name und Adresse des Opfers. Er rief sofort bei der Telefongesellschaft an und bat um eine Liste mit Uhrzeit und Datum aller Anrufe, die die Tote bekommen hatte. Eine Stunde später erhielt er ein Fax mit der Liste.

Eine Nummer erschien regelmäßig, zwei- bis viermal pro Woche. Wolf machte sich allein auf den Weg zu der angegebenen Adresse. Er klopfte an die Tür. Adam, immer noch schmuddelig, machte ihm die Tür auf. Sein Atem stank nach Alkohol.

«Was für eine schöne Überraschung, lieber Wolf, was für eine schöne Überraschung! Kommen Sie doch rein, und achten Sie nicht auf die Unordnung.»

«Sag mal, Adam, kennst du eine Eva Forster?»

«Nie gehört, den Namen.»

«Du solltest sie aber kennen, du hast mehrmals pro Woche bei ihr angerufen.»

«Fantasierst du?»

Wolf und seine Kollegen rekapitulierten die Fakten auf der Wache. Es gab zwar nicht den geringsten Zweifel über Adams Schuld am Mord an Eva Forster, für die drei anderen Fälle musste sie allerdings noch bewiesen werden. Man ließ Adam kommen. Das Verhör begann.

«Warum streitest du ab, dass du das Opfer kennst?», fragte einer der Ermittlungsbeamten.

«Ganz einfach, weil ich sie nicht kenne», erwiderte er.

«Wie kommt es dann, dass deine Telefonnummer so oft auf der Liste der Anrufe erscheint?», fragte Wolf.

Adam starrte ins Leere und blieb stumm.

«Ich werde dir sagen, was du getan hast. Du hast Eva Forster getötet. Du hast ihr mit diesem Messer die Kehle durchgeschnitten.»

Er holte aus der Schreibtischschublade eine Plastiktüte mit einem blutverschmierten Messer heraus.

«Wir haben es in dem Schuppen gegenüber von deiner Wohnung gefunden.»

«Nein, das ist nicht wahr, das ist alles nicht wahr!», verteidigte sich Adam.

Die Ermittlungsbeamten verhörten ihn der Reihe nach.

Im Morgengrauen gestand Adam endlich. Ein Beamter holte Wolf, der beschlossen hatte, ein paar Minuten zu schlafen. Als er mit verquollenem Gesicht und Stoppelbart das Zimmer betrat, schrie Adam ihn an:

«Ich habe diese Schlampen getötet. Sie haben es verdient, verstehst du? Jeden Abend waren diese Nutten da und haben mich gehänselt, in ihren Scheiß Straßenklamotten, haben sich dem Erstbesten an den Hals geworfen und mir ins Gesicht gespuckt, als ob ich der letzte Dreck wäre, verstehst du, der letzte Dreck! . . .»

«Aber warum, warum», schrie Wolf außer sich.

«Ich wollte Stephanie, meiner Frau, ihren Verrat heimzahlen. Sie hatte mich gedemütigt, verstehst du? Sie hatte sich mit einem jungen Deppen aus dem Staub gemacht, einem Typen, den ich ausgebildet hatte, den ich als meinen Sohn betrachtete und schwupp, eines Tages haben sie sich verdünnisiert. Meine Karriere fiel ins Wasser. Ich habe die Universität und meine Arbeiten über die Geschichte Mesopotamiens an den Nagel gehängt und mich auf die Suche nach ihnen gemacht. Sie hatten sich in einem kleinen Dorf bei Kiel niedergelassen. Ich habe sie gefunden und erledigt. Alle beide.»

«Na, hör dir das an!», pfiff Wolf durch die Zähne.

«Vor zwei Jahren. Da packte es mich wieder. Ich konnte nicht mehr schlafen. Ich hatte Albträume. Ich sagte mir, das Werk muss vollendet werden, Schluss machen mit ihrer Tochter. Mit mir wollte diese Schlampe kein Kind haben, aber mit diesem Judas hat sie eins gemacht. Ich musste sie auch erledigen. Ich machte mich auf die Suche nach ihr, überall. Und schließlich fand ich sie. Und so kam ich hierher. Sie ging auf den Strich. Es war wirklich die Tochter des Judas, das Kind der Sünde. Also beschloss ich, mich in St. Pauli niederzulassen. Und so haben Sie Adam Christiansen kennen gelernt, den verrückten Alten, den Penner, der davon lebte, dass er Touristen auf Kneipentour ein bisschen Stoff andrehte und gelegentlich Polizeispitzel war. Ich habe euch schön an der Nase herumgeführt.»

«Ah! Das ja, damit kannst du angeben!»

«Ich habe mir Zeit gelassen, ich habe sie beobachtet, ich habe ihr geschmeichelt und neulich habe ich sie zu mir nach Hause mitgenommen. Sie dachte, wir würden Liebe machen. Sie zog sich aus. Ich weiß nicht, was über mich kam. Ich habe die obszönen Gesten ihrer Mutter gesehen, ihre Haltung. Sie hatte dasselbe mit diesem Schuft gemacht, er hatte sich auf sie gelegt, sie hatte geschrien. Eva hat nichts begriffen, als ich mich auf sie stürzte. Überhaupt nichts. Das Messer durchtrennte ihre Kehle, Blut spritzte mir ins Gesicht. Ich habe es getrunken. Ja, und wie ich es getrunken habe! Es war das Blut ihrer Mutter, dieser Schlampe, dieser Hündin.»

«Aber was hat dich dazu getrieben, mir dieses Märchen über die Rückkehr von Abraham, Moses, Jesus und Mohammed zu erzählen?»

«Ich weiß nicht. Ich wollte ablenken . . . Ich glaubte, dann würde mich niemand verdächtigen. Eines Tages war ich im Wachsfigurenkabinett, und als ich feststellte, dass sie fehlten, kam mir die Idee, ihre Rückkehr auf die Erde zu inszenieren, um mich zu rächen.

Ich habe vier Verrückte rekrutiert und ihnen unter Hypnose eingetrichtert, sie seien Propheten. Es sind meine Brüder. Sie wurden auch gedemütigt, durch den Dreck gezogen.

Es sind meine großen Brüder. Sie sind gekommen, um mich zu rächen. Sie haben meine Hand geführt. Sie haben mir geholfen. Kannst du dir vorstellen, ich hätte das allein machen können? Da muss ich dich eines Besseren belehren. Gott hat mir befohlen, diese Sünderinnen zu erledigen. Ihr Blut musste sich über das Pflaster ergießen, so wie der Sand von Isaaks Blut getränkt wurde.»

«Abraham hat Isaak niemals die Kehle durchgeschnitten, das war ein Traum. Du fantasierst.»

«Nein, nein und nochmals nein! Die Wahrheit sieht ganz anders aus. Abraham hat Isaak den Garaus gemacht, ich muss es schließlich wissen. Ich habe diesen Fall Jahre lang studiert. Alle Indizien sprechen dafür. Später hat man dann diese Geschichte mit dem Schlaf erfunden, um zu erklären, dass das Einschreiten Gottes den Sohn gerettet hätte. In Wirklichkeit aber hatte Gott Abraham befohlen, ihn zu töten, um sich für seinen Verrat zu rächen.»

«Aha . . .»

«Isaak war ein geiler Bock. Er hatte mit Hagar, ihrer ägyptischen Magd, angebändelt. Er wusste genau, dass sein Vater mit der Kleinen schäkerte, sobald seine Frau Sarah ihm den Rücken kehrte. Das machte den Alten rasend vor Wut. Eines Morgens lockte er seinen Sohn in eine Falle, fesselte ihn und schnitt ihm mit einem kurzen Hieb die Kehle durch. Das war nicht schön anzusehen.»

«Verstehe ich recht, du schreibst die Geschichte neu, und zwar wie es dir passt . . .»

«Hör zu, Wolf, was Geschichte angeht, da hast du keine Ahnung. Die moderne Forschung hat nachgewiesen, dass die Bibel auf der Grundlage von Legenden und Geschichten aus grauer Vorzeit geschrieben wurde. Die Bibel rekonstruiert die Geschichte des jüdischen Volkes. Sie stimmt mit dem Auftauchen des Königreichs Juda als regionale Macht des 7. Jahrhunderts vor Jesus Christus überein. Das ist die Zeit, in der das Königreich Israel, das zuvor deutlich angesehener als das von Juda war, in die Hände der Assyrer fiel. Unter Josias, König von Juda von 640 bis 609 vor Christus, wurden die biblischen Texte zusammengestellt, um eine neue Religion zu begründen: ein einziges Volk, ein einziger König, ein einziger Gott, eine einzige Hauptstadt und ein einziger Tempel. Mit anderen Worten, die Patriarchensaga – von Abraham, dem angenommenen Vorfahr der Juden und Araber zu den Söhnen Jakobs – hat überhaupt keine Grundlagen. Es gibt keinerlei archäologische Beweise für die zitierten Personen- und Ortsnamen!»

«Jetzt reicht es aber. Du kannst deine Theorien dem Richter erzählen.»

«Ahahahaha ... Das glaubst aber nur du. Stellst du dir etwa vor, ich mache mich vor diesen Idioten zum Affen? Hast du denn gar nichts begriffen? Ich bin Adam, hast du schon mal was von Adam gehört? Der Typ, der von seiner Frau betrogen wurde, von genau der, die Gott zum Vergnügen des Mannes erschaffen hatte und die ihm so übel mitgespielt hat? Wahrlich, die Universität ist auch nicht mehr das, was sie mal war.»

«Wir werden sehen. Jetzt kommst du erstmal in den Knast.»

Man führte Adam ab, der immer obszönere Reden zu schwingen begann.

Wolf wischte sich die Stirn ab, holte sich einen Kaffee und fragte sich, ob es nicht zu früh sei, dem Alten die gute Nachricht zu verkünden. Er wählte die Privatnummer des Hauptkommissars. Die verschlafene Stimme von Jürgen April antwortete am anderen Ende der Leitung. Wolf fasste die Situation zusammen.

Der Hauptkommissar zeigte sich skeptisch. Die Vorstellung, dass Adam Christiansen vier Individuen in Hypnose versetzt haben sollte, um sie zu Morden anzustiften, schien ihm wenig glaubhaft. Wolf argumentierte dagegen und versprach, Professor Karl Richter anzurufen, einen berühmten Kriminologen, um seine Meinung einzuholen.

Um die Mittagszeit, nachdem er sich ausgiebig geduscht und bei Irene vorbeigeschaut hatte, um ihr einen Strauß Gladiolen zu bringen, traf er Professor Karl Richter in seinem Büro an. Dieser beruhigte ihn sofort. Die Hypothese war durchaus plausibel.

So versicherte ihm der Professor, dass jeder in Hypnose versetzte Mensch eine strafbare Handlung begehen könne, vom einfachen Hausfriedensbruch bis hin zu einem Mord.

Außer Übergriffen sexueller Art, fügte er hinzu, kann man sich einen Einbrecher vorstellen, der durch Hypnose den Widerstand eines Wachmannes bricht, ein Individuum, das einen anderen dazu zwingt, ein Berufsgeheimnis zu verraten, und schließlich einen Dieb, der sich von seinem Opfer das begehrte Gut geben lässt. Das ist eine nicht versiegende Quelle für Krimis der Art «perfektes Verbrechen», aus der zahlreiche Schriftsteller und Filmemacher ihre Motive schöpfen.

Im Hinblick auf die höchste Stufe des programmierten Mordes, fuhr der Professor fort, kann man sich den Selbsterhaltungstrieb zu nutzen machen.

1947 machte ein amerikanischer Forscher beweiskräftige Experimente mit Soldaten. Angesichts der Tatsache, dass ein Soldat, der einen Vorgesetzten schlägt, sich vor dem Kriegsgericht verantworten muss, wollte er prüfen, ob es möglich sei, einen völlig ausgeglichenen Soldaten dazu zu bringen, sich dieser Gefahr auszusetzen. Man wählte einen Soldaten aus und versetzte ihn in eine hypnotische Trance. Er wurde einem Offizier gegenübergestellt und man suggerierte ihm, es handle sich um einen japanischen Soldaten, der ihn gleich töten wolle.

Der Soldat sprang in die Höhe und packte den fiktiven Feind an der Kehle. Drei Männer waren nötig, um ihm seine Beute zu entreißen. Eine der Sitzungen hätte fast ein böses Ende genommen: Die Versuchsperson zog ein Messer mit Sperrklinke aus der Tasche. Niemand dachte, er könnte bewaffnet sein. Er wollte das Messer gerade in die Brust seines vermeintlichen Gegners stoßen, als er von einem Assistenten überwältigt wurde.

In der Praxis wird ein geschickter Hypnotiseur vorzugsweise «introvertierte» Menschen auswählen, die in sich selbst zurückgezogen, gleichzeitig mystisch und asozial, egoistisch und sensibel sind und jederzeit bereit, sich für unpersönliche Ideen zu begeistern.

Wenn es darum geht, ein politisches Attentat zu begehen, wird der Mensch intensiv psychologisch vorbereitet. Dann erscheint der kriminelle Akt wie eine sinnvolle und notwendige Tat. Er wird das als edel dargestellte Verbrechen ohne Zögern und sogar mit Stolz ausführen, wenn er davon überzeugt ist, eine Mission zu erfüllen und einem heiligen Zweck zu dienen, und sei es um den Preis seines Lebens. Im Fall von religiösem Fanatismus erwartet die Person einen ihrem Heldenmut entsprechenden Lohn, ist sie doch überzeugt davon, auf Gottes Geheiß zu handeln.

«Aber ist es möglich, dass ein Mann wie Adam Christiansen, dessen Persönlichkeit ich Ihnen am Telefon geschildert habe, zu so etwas fähig ist?», fragte Wolf verdutzt.

«Warum nicht, Herr Kommissar? Er hat Sie doch zwei Jahre lang ziemlich an der Nase herumgeführt, oder? Übrigens, was Sie mir im Hinblick auf dieses ‹perfekte› Verbrechen erzählt haben, das er Ihnen beschrieben hat, liefert interessante Hinweise über seine Persönlichkeit. Stöbern Sie ein bisschen in seiner Biographie. Es würde mich nicht wundern, wenn Sie herausfänden, dass er ein Psychiatriestudium begonnen hat, bevor er sich auf den Pfaden Mesopotamiens und des Wahnsinns verirrt hat. In der Geschichte des Verbrechens wimmelt es von ähnlichen Fällen. Aber wie wäre es, wenn wir jetzt mittagessen gingen?»

Aus dem Französischen von Ursula Günther

Amnons Schandtat an Thamar und Absaloms Rache an Amnon

... Da nahm Thamar die Kuchen und brachte sie zu Amnon, ihrem Bruder. Und als sie diese zu ihm brachte, ergriff er Thamar und sprach zu ihr: Komm, meine Schwester, lege dich zu mir! Sie aber sprach zu ihm: Nicht doch, mein Bruder, schände mich nicht, denn so tut man nicht in Israel. Tu nicht solch eine Schandtat! Wo soll ich mit meiner Schande hin? Und du wirst in Israel sein wie ein Ruchloser. (...)

Aber er wollte nicht auf sie hören und ergriff sie und überwältigte sie und wohnte ihr bei. (...)

Und ihr Bruder Absalom sprach zu ihr: Ist dein Bruder Amnon bei dir gewesen? Nun, meine Schwester, schweig still; es ist dein Bruder, nimm dir die Sache nicht so zu Herzen. So blieb Thamar einsam im Hause ihres Bruders Absalom.

Und als der König David dies alles hörte, wurde er sehr zornig. Aber er tat seinem Sohn Amnon nichts zuleide, denn er liebte ihn, weil er sein Erstgeborener war. Doch Absalom redete nicht mit Amnon, weder Böses noch Gutes. Denn Absalom hasste Amnon, weil er seine Schwester Thamar geschändet hatte. (...)

Absalom aber gebot seinen Leuten: Seht darauf, wenn Amnon guter Dinge wird vom Wein und ich zu euch spreche: Schlagt Amnon nieder!, so sollt ihr ihn töten. Fürchtet euch nicht, denn ich hab's euch geboten; seid nur getrost und geht tapfer dran!

Vgl. 2. Samuel, 13. Kapitel; hier zit. n. «Die Bibel oder Die ganze heilige Schrift des Alten und Neuen Testaments nach der deutschen Übersetzung D. Martin Luthers», revidierter Text, Von Cansteinsche Bibelanstalt, Witten 1966

Anne Perry

Hoffnungslose Fälle

Der Gerichtssaal war bis auf den letzten Platz besetzt. Man hatte die Türen schließen lassen müssen, weil noch mehr Menschen versuchten, sich durch Überredung oder sanfte Gewalt Einlass zu verschaffen. Natürlich hatte ich gewusst, dass es so sein würde – wie hätte es unter diesen Umständen auch anders sein können? Alan Davidson stand wegen des Vorwurfs, seinen Bruder ermordet zu haben, vor Gericht. Ich saß auf meinem Platz, sehr elegant in meinem schwarzen Kostüm, mit hochgeschlossener weißer Bluse, Perlenohrringen und meiner Perücke, die kratzte wie ein nicht richtig passender Hut.

Ich heiße Judith, und einige meiner Freunde nennen mich Jude – passenderweise. St. Jude, der heilige Judas Thaddäus, ist der Schutzpatron der hoffnungslosen Fälle, und wenn es jemals einen hoffnungslosen Fall gab, dann die Verteidigung Alan Davidsons!

Warum in aller Welt hatte ich den Fall angenommen?

Der Kronanwalt, Sir Peter Hoyle, verhörte die Polizeibeamten, die die zerschlagene Leiche Neil Davidsons auf dem Boden im Wohnzimmer seines Hauses gefunden hatten. Sie verstanden es ausgezeichnet, das Entsetzen angesichts ihres Fundes zu vermitteln. Ihre Aussagen waren alle sehr zurückhaltend, nicht melodramatisch, ohne jede Effekthascherei und vor allem frei von jeder Übertreibung, an der ich hätte Anstoß nehmen können. Nicht dass es auch nur den geringsten Unterschied gemacht hätte. Es hätte nichts an den Tatsachen geändert, auf die es ankam und die in all ihren schrecklichen Einzelheiten bekannt waren.

Während mir immer unbehaglicher zumute wurde, musste ich wieder daran denken, wie ich in das Büro von Lord Justice Davidson, Richter des Obersten Gerichtshofs, gerufen worden war. Damals hatte ich nicht die geringste Vorstellung gehabt, worum es ging. Ich hatte keine Verbindung zu dem Verbrechen hergestellt, das alle Schlagzeilen beherrschte. Mein erster Gedanke damals war, dass ich mir vor Gericht irgendeinen Fauxpas hatte zu Schulden kommen lassen, dessen ich mir nicht bewusst gewesen war. Also bereitete ich mich schon auf eine angemessene Entschuldigung vor. Mir war ein wenig schlecht bei dem Gedanken, mein Vergehen könne zu ernst sein, um nur mit Worten gesühnt zu werden, wie demütig diese auch immer sein mochten. Schließlich war Lord Justice Davidson, Träger des Viktoriakreuzes und einer der ranghöchsten Richter Englands, ein Mann, der für seine Klugheit, seine Tapferkeit und für seine Gerechtigkeit selbst denen gegenüber, die zu seinen Feinden zählten, bekannt war. Und davon gab es bestimmt nicht wenige! Erfolg, wie er ihn im Leben hatte, bringt immer Neid hervor.

Sein Aufstieg hatte in jungen Jahren begonnen. 1942, in den dunkelsten Zeiten des Krieges, hatte er, gerade einmal zwanzig Jahre alt, eine deutsche Geschützstellung beinahe im Alleingang erobert und dadurch das Leben Dutzender Kameraden gerettet. Dafür hatte man ihm das Viktoriakreuz verliehen, weltweit eine der höchsten Auszeichnungen für Tapferkeit auf dem Schlachtfeld.

Von da an war es ständig weiter aufwärts gegangen. Selbst seine Frau war eine legendäre Schönheit! Und er hatte zwei wohlgeratene Söhne gehabt und eine Tochter, die nach allem, was man hörte, ebenfalls eine Schönheit war.

Ich hatte fünf Minuten vor der Zeit an seine Tür geklopft und war sofort hereingebeten worden. Bis dahin hatte ich ihn nur von Weitem gesehen. Aber auch aus wenigen Metern Entfernung war er immer noch einer der bestaussehenden Männer, die ich je zu Gesicht bekommen hatte. Manch eine Frau hätte für dieses Haar und solche Augen ein Vermögen gegeben! Nicht einmal die dunklen Vertiefungen um die Augen und die aschgraue Blässe seiner Haut konnten über seine Vitalität hinwegtäuschen.

«Ja, Sir?», fragte ich zögernd. Erst allmählich begriff ich, dass das, weswegen er mich hatte rufen lassen, mit ihm zu tun haben musste und nicht mit mir – worum es sich auch immer handelte.

«Wie Sie wissen werden, Miss Ashton», sagte er ernst, «ist vor vier Tagen mein ältester Sohn, Neil, ermordet worden. Heute Morgen hat man meinen jüngeren Sohn, Alan, dieses Mordes angeklagt. Ich möchte, dass Sie ihn verteidigen.»

Einen Augenblick lang verschlug es mir die Sprache. Mein Gehirn war wie leergefegt. Die Ehrfurcht, die ich vor ihm empfand, schmolz dahin, dieser distanzierte, begeisterte Respekt, den ich empfunden hatte, seit ich als Anwältin in Schwurgerichtssachen zugelassen war. Er wurde ausgelöscht durch mein überwältigendes menschliches Mitleid für ihn als Mann und als Vater, der durch einen furchtbaren Schlag seine beiden Söhne verloren hatte.

«Ich . . . ich . . .», hatte ich gestammelt, und mir war klar, dass ich mich anhörte, als sei ich nicht ganz bei Verstand.

«Bitte?», hatte er nur gesagt.

Ich bin eine gute Anwältin, manchmal sogar sehr gut, aber es gibt doch eine Reihe anderer, die noch besser sind, länger praktizieren und bei den Kollegen in weit höherem Ansehen stehen. Er hätte jeden davon bitten können, und es wäre einem jeden eine Ehre gewesen, seinen Wunsch zu erfüllen.

Ich hatte schon Luft geholt, um zu fragen: «Warum ich?», aber ich sprach es dann doch nicht aus. Ich fühlte mich geschmeichelt. Ich wollte den Fall übernehmen. Er musste irgendetwas über mich gehört haben, von irgendeiner brillanten Verteidigung, die mir gelungen war, vielleicht von der des jungen Walbrooke im letzten Frühjahr. Darauf war ich stolz. Vielleicht war dies nun meine Belohnung?

Ich hatte nichts eingewendet, keine Entschuldigung vorgebracht und nicht aus falscher Bescheidenheit widerstrebt. Ich hatte schlicht und einfach angenommen und ihm versprochen, alles in meiner Macht Stehende zu tun, um Alan zu helfen.

Natürlich hatte ich damals noch nicht mit Alan Davidson gesprochen, und die dem Fall zugrunde liegenden Fakten waren mir unbekannt gewesen.

Und jetzt musste ich mitanhören, wie Peter Hoyle den Polizeiarzt bat, die Verletzungen Neil Davidsons zu beschreiben, und konnte sehen, wie sich erst Mitleid und Abscheu, dann Zorn auf den Gesichtern der Geschworenen abzeichneten. Ich sah, wie sie zu Alan hinüberblickten, der reglos dasaß, das Gesicht wie versteinert. Er versagte sich jede Form von Selbstverteidigung, und sei es auch nur die geringste Andeutung von Scham oder Reue in seiner Miene oder durch eine kurze Lockerung seiner steifen Körperhaltung. Er saß da, als sei er bereits verurteilt, und ich kam mir so hilflos vor wie nie zuvor in meinem Leben.

Es fiel mir schwer, zu Lord Davidson hinüberzusehen, der in der ersten Reihe der Zuschauerplätze saß, mit starrem, fahlem Gesicht und hochgezogenen Schultern. Seine Frau saß neben ihm, das Gesicht von mir abgewandt.

Der Arzt wartete darauf, dass ich etwas sagte – aber was hätte ich ihn fragen sollen? Die Tatsachen waren unbestreitbar. Irgendjemand hatte Neil Davidson totgeschlagen.

Überall an seinem Körper hatte man Prellungen und Hautabschürfungen gefunden, und ein letzter Schlag hatte ihm schließlich das Genick gebrochen. Er war ein kräftiger Mann gewesen und hatte seine besten Mannesjahre noch vor sich gehabt. Man hatte ihn mit blutunterlaufenen und aufgeschlagenen Fingerknöcheln gefunden. Wer immer ihn auf dem Gewissen hatte, musste selbst einiges eingesteckt haben. Und Alan hatte Kratzer auf den Wangen und purpurrote Schwellungen an Stirn und Kinn, die noch nicht wieder verblasst waren.

«Miss Ashton?», rief mich der Richter auf. Seine Ungeduld und sein Mitleid waren unüberhörbar.

«Nein, vielen Dank, Euer Ehren.» Ich hatte keine Fragen. Dass der Arzt noch irgendetwas sagte, war das Letzte, was ich wollte.

Peter Hoyle sah mich an und rief seinen nächsten Zeugen auf. Ich hatte ihn nie besonders gemocht, aber in jenem Augenblick fand ich ihn plötzlich beinahe unerträglich. Er wirkte, als ob er all dieses Elend heimlich genösse.

Natürlich verstand ich inzwischen, warum Lord Davidson sich für mich entschieden hatte. Wie hätte er irgendeinen seiner Freunde mit dieser Sache in Verlegenheit bringen können? Ganz gleich, welche Leidenschaften des Zorns oder der Liebe in seinem Herzen tobten, der Anwalt in ihm musste gewusst haben, dass keine Verteidigung möglich war. Vielleicht verstand Gott allein die Gründe, aus denen Alan seinen Bruder umgebracht hatte; die reinen Tatsachen aber wurden unbarmherzig vor uns ausgebreitet, während ich hilflos dasaß und nicht gegen eine von ihnen auch nur das Geringste vorbringen konnte; nicht einmal ihre Betrachtung in etwas milderem Licht war möglich.

«Und gab es irgendein Anzeichen für einen Einbruch?», fragte Hoyle gerade.

«Nein, Sir, nicht das geringste», antwortete der Sergeant.

«Fehlte irgendetwas, soweit Sie es feststellen konnten?», hakte Hoyle nach.

«Nein, Sir. Nach der Aufstellung der Versicherung, und die war recht detailliert, war nichts von Wert entfernt worden. Der gesamte Wandschmuck und alle Bilder sind überprüft worden. Seine Münzsammlung, die sehr wertvoll ist und die er in Schaukästen ausgestellt hatte, war unberührt, und in der Schreibtischschublade befanden sich fast zweihundert Pfund in Banknoten.»

«Dann wäre also der Schluss vertretbar, dass sein Mörder nicht auf Raub aus war», sagte Hoyle mit einem Blick zu mir und dann zu den Geschworenen hinüber. «Vielen Dank, Sergeant, das ist alles, was ich Sie fragen wollte. Aber vielleicht fällt ja Miss Ashton doch noch irgendetwas ein...?» Er ließ den Rest unausgesprochen.

Ich wünschte nur, dem wäre so gewesen, aber jedes Mal, wenn ich mich heftig in den Wirrwarr der Fakten stürzte, musste ich an Alan Davidsons weißes Gesicht, seinen ins Leere gehenden Blick und seine von Wut und Verzweiflung erfüllten Augen denken, in denen jede Spur von Kampfgeist fehlte. Ganz gleich, was ich sagte oder tat oder wie ich ihn bedrängte, er sprach kaum mit mir. Und das Wenige, was er sagte, handelte von Trivialitäten, von kleinen Gefälligkeiten, die er erledigt haben wollte, so als ob er zu sterben erwarte und eher einen Testamentsvollstrecker als einen Verteidiger benötige. Sie warteten also auf mich... wieder einmal. Nicht nur, dass ich Alan Davidson keine Hilfe war – ich stand wahrscheinlich unmittelbar vor dem Ende meiner Laufbahn. Die Erinnerung an diesen Fall würde all meine Erfolge der Vergangenheit vergessen machen.

«Nein, vielen Dank, Mylord.»

Irgendwo im Gerichtssaal ertönte ein leises Kichern, das

fast sofort erstickt wurde. Aber ich hatte es gehört und wusste, was es bedeutete. Es löste die innere Spannung angesichts des hier bloßgelegten, geradezu greifbaren Schmerzes, aber es war auch ein Zeichen des Mitleids – nicht mit Alan, sondern mit mir, weil ich versagte.

Als Nächstes rief Hoyle den älteren der beiden Freunde in den Zeugenstand, die zum Flughafen gefahren waren, um Alan dort bei seiner Heimkehr aus dem Ausland abzuholen. «Und an welchem Tag war das, Mr Rivers?», fragte er höflich.

«Am zwölften, Sir», erwiderte Rivers. Er war ein hoch gewachsener Mann, ein wenig dünn, ein Eindruck, der durch die Bleichheit seines Gesichts und die eingefallenen Züge um seinen Mund noch betont wurde. Ich hätte ihn auf Mitte dreißig geschätzt, aber jetzt sah er eher wie ein Fünfzigjähriger aus. Trotzdem wirkte er merkwürdig verwundbar.

«Und um wie viel Uhr?», fragte Hoyle.

«Um halb neun morgens. Er kam mit dem Nachtflug aus New York.»

«Alan Davidson war in New York gewesen?»

«Nein. Er hatte sich zu botanischen und ökologischen Forschungen im Amazonasbecken aufgehalten», korrigierte Rivers den Anwalt der Krone mit plötzlicher Schroffheit. «Er ist lediglich über New York heimgeflogen.»

«Ich verstehe», sagte Hoyle, so als ob er überhaupt nichts verstände. «Und Sie haben ihn von einem der Londoner Flughäfen abgeholt?»

«Ja, John Eaves und ich holten ihn in Heathrow ab.»

Ich blickte zu Alan hinüber, aber wie fast immer wich er meinem Blick aus.

«Würden Sie uns bitte erzählen, wo Sie Mr Davidson hinbrachten?», fragte Hoyle.

Rivers biss die Zähne zusammen. Selbst ich konnte von

meinem Platz aus erkennen, wie sich seine Muskeln strafften. Er verabscheute ganz offensichtlich jedes einzelne Wort, das er zu sagen gezwungen war, aber er hatte keine Wahl. Merkwürdigerweise verlieh die Offensichtlichkeit seiner Emotionen seiner Aussage besonderes Gewicht. «Zur Heilanstalt in St. Albans», erwiderte er.

Hoyle öffnete den Mund, und ein leicht sarkastischer Ausdruck huschte ihm übers Gesicht; dann überlegte er es sich anders. «Warum das, Mr Rivers? Hatte er Sie darum gebeten?»

«Ja.» Die Stimme des Zeugen war so leise, dass der Richter ihn anwies, lauter zu sprechen, damit das Gericht ihn vernehmen könne. «Ja!», wiederholte er und starrte Hoyle verzweifelt an. Zum ersten Mal seit Beginn des Prozesses spürte ich, dass diesem Fall eine echte, tief gehende menschliche Tragödie zugrunde liegen musste. Es konnte sich einfach nicht nur um geschwisterliche Rivalitäten handeln, die sich verschärft und dann zu einem Mord geführt hatten.

«Und der Grund dafür?», wollte Hoyle wissen.

Rivers schaute einmal zu Alan auf der Anklagebank hinüber und sagte dann leise, aber sehr klar: «Er stand seiner Schwester Kate sehr nahe. Er war lange im Ausland gewesen, ohne dort, wo er sich aufhielt, die Möglichkeit zu haben, Briefe zu senden oder zu empfangen. Er erkundigte sich sofort nach seiner Ankunft nach ihr.» Seine Stimme zitterte ein wenig. «Er wusste nicht . . .» Er hielt inne, blinzelte einige Male und sah dann Hoyle mit solchem Abscheu an, dass ich mir plötzlich vorstellen konnte, wie er mich ansehen würde, wenn ich es nicht schaffte, seinem Freund auf irgendeine Weise zu helfen. Ich fürchtete diesen Tag und wusste zugleich, dass er unabwendbar war.

«Und Sie haben ihm Auskunft gegeben?», sagte Hoyle nach kurzem Zögern.

«Ich musste es», Rivers hatte sich wieder in der Gewalt. «Er musste es erfahren. Ich wünschte nur . . . bei Gott . . .», er holte tief Luft, «ich hätte es später getan! Oder wäre bei ihm geblieben . . . oder sonst etwas . . .»

Unwillkürlich wurde Hoyle plötzlich milde. «Was haben Sie ihm gesagt, Mr Rivers?»

Rivers war von Kopf bis Fuß angespannt. «Dass Kate eine . . . eine Art Nervenzusammenbruch erlitten habe. Niemand weiß, wodurch er verursacht wurde . . . und . . . und dass sie in der Heilanstalt sei und es keine echte Hoffnung gebe, dass sie jemals wieder herauskäme.»

Im Gerichtssaal herrschte Schweigen. Alle saßen reglos da, selbst auf den Zuschauerbänken. Ich kannte die Geschichte natürlich, aber sie auf diese Weise zu hören war furchtbar erschütternd. Es war so leicht, sich die Freude der Heimkehr vorzustellen, das Wiedersehen der Freunde und dann den Augenblick, in dem sich alles veränderte, alles zerbrach. Plötzlich hatte alles seinen Mittelpunkt verloren. Ich sah, wie sich die Gesichter zu Alan umwandten, der ausdruckslos auf der Anklagebank saß.

Lord Davidson legte einen Arm um seine Frau, und sie rückte etwas näher an ihn heran.

Rivers fuhr mit der Geschichte fort und erzählte, wie er und Eaves mit dem unter Schock stehenden Alan in die Heilanstalt von St. Albans gefahren waren und dort auf ihn gewartet hatten. Sie waren auf dem Korridor auf und ab gegangen, hatten knappe Sätze gewechselt und alle Stadien von verzweifelter Hoffnung bis zum Schweigen durchlaufen, hatten danach wieder einzelne Worte gewechselt und waren erneut verstummt.

Es hatte fast zwei Stunden gedauert, bevor Alan wieder herauskam, mit aschfahlem Gesicht und wie blind, sodass er gegen die Türen taumelte. Sie hatten ihn nach Hause gebracht, und er hatte sie gebeten, ihn allein zu lassen. Widerstrebend waren sie seinem Wunsch nachgekommen; sie hätten doch nicht gewusst, wie sie ihm helfen konnten. Selbstverständlich nutzte Hoyle die Aussagen über Alans geistige Verfassung weidlich aus, um es so darzustellen, als habe er bereits damals den Mord geplant.

«Ich dachte, er benötige etwas Zeit für sich allein», sagte Rivers in qualvoller Rechtfertigung. Er sah dabei Alan an, nicht Richter Davidson oder dessen Frau Barbara neben ihm. Sie hatte mir endlich das Gesicht zugewendet, sodass ich ihre immer noch außerordentlich feinen Züge bewundern konnte, das kaum verblasste Haar der rotblonden Schönheit, die sie in ihrer Jugend gewesen war, das jetzt nur etwas weicher wirkte – wie Herbstblätter, wenn das Jahr sich dem Ende zuneigt. Ich konnte den Anblick ihres Schmerzes nicht ertragen; er war spürbar, lag in der Luft wie ein Sturm. In gewissem Sinne hatte sie all ihre Kinder verloren, aber auf langsame und grauenhafte Weise, schlimmer als durch Krankheit.

Am folgenden Tag bot Hoyle noch mehr polizeiliche Zeugen auf, um zu zeigen, dass Alan versucht hatte, sein Verbrechen zu vertuschen. Als er befragt wurde, hatte er jede Schuld abgestritten, und als sich das Netz dann unaufhaltsam um ihn zusammengezogen hatte, war er geflohen und hatte sich damit selbst als Lügner und Feigling bloßgestellt.

Während ich dasaß und zusah, wie Hoyle den Fall für sich entschied, ohne dass ich mehr als symbolischen Widerstand hätte leisten können, fühlte ich mich wie am Boden zerstört. Ich habe niemals um Wunder zu einem Heiligen gebetet. An dergleichen glaube ich nicht. Und ehrlich gesagt hielt ich es auch nicht für möglich, dass ein Eingreifen Gottes oder anderer Mächte Alan Davidson noch hätte helfen können. Es gab nicht den Hauch eines Zweifels, dass er auf direktem Wege von der Heilanstalt in St. Albans nach Hause zurückgekehrt und einige Stunden, nachdem Rivers und Eaves ihn dort allein gelassen hatten, zum Haus seines Bruders gegangen war. Dort hatte er dann so wild und gnadenlos mit ihm gekämpft, bis Neil tot war. Um selbst so glimpflich davonzukommen, wie es der Fall war, hatte er ihn mit seinem Angriff überraschen müssen. Er war weder größer noch schwerer gewesen als sein Bruder, lediglich beseelt von einem Zorn, der ihm übermenschliche Kräfte verliehen hatte.

Hoyle schloss sein Plädoyer ab. Gott sei Dank war der Tag schon zu weit fortgeschritten, als dass ich mit meinem Schlusswort noch hätte beginnen müssen. Ich hatte nichts als Zeugen für seinen einwandfreien Charakter, was immer die nützen mochten.

Ich verließ den Gerichtssaal. Ich musste Alan aufsuchen und ihn dazu bringen, mit mir zu sprechen. Die Tatsachen konnte ich nicht infrage stellen; also musste ich mich an die Beweggründe halten, die hinter allem steckten – wenn er mir nur vertrauen würde. Es musste mehr als die wenigen bitteren Einzelheiten geben, die Hoyle ans Licht gebracht hatte.

Er war allein und starrte auf das schmale, quadratische Stückchen Himmel, das durch das hohe, vergitterte Fenster zu sehen war. Als die Tür aufgeschlossen wurde und die eisernen Angeln ein kaum merkliches Quietschen von sich gaben, drehte er sich um.

Er starrte mich an, während der Wärter uns einschloss.

Ich blieb beinahe anderthalb Stunden bei ihm. Ich versuchte es mit jeder Begründung, mit jedem Appell, auf den ich mich besinnen konnte. Ich bekniete ihn, aber er erzählte mir nichts. Er saß einfach geduldig auf seinem Hocker und wartete darauf, dass ich mich erschöpfte; dann sprach er mit seiner leisen Stimme und verweigerte mir einfach alles. Wieder verließ ich ihn mit absolut nichts in Händen, um ihn zu verteidigen. Und genau damit musste ich morgen früh beginnen.

Ich dachte an Richter Davidson. Wie sollte ich ihm nur gegenübertreten, wenn alles vorüber war? Und ich hatte das Gefühl, dass der größte, vitalste Teil meines eigenen Lebens in dieser anscheinend so sinnlosen Tragödie ebenfalls untergehen würde.

Aber hatte ich nicht Stunde um Stunde mit Alan verbracht und doch nie das Gefühl gehabt, einer psychotischen Persönlichkeit gegenüberzusitzen? Das war vielleicht das Erschreckendste an der ganzen Sache. Was war nur aus meiner Urteilskraft geworden? Ich hatte mir immer viel auf meine Menschenkenntnisse zugute gehalten, meine Sensibilität, meine besondere Klugheit!

In diesem Moment beschloss ich, selbst die Heilanstalt in St. Albans aufzusuchen und zu schauen, ob ich nicht doch etwas darüber in Erfahrung bringen könnte, was an dem Abend vorgefallen war, an dem Alan seine Schwester besucht hatte. Natürlich hatte ich alle von Hoyle aufgebotenen Zeugen befragt, aber sie hatten mir lediglich sagen können, dass Alan dort gewesen war und mit bleichem Gesicht und wie ein Schlafwandler von dem Zusammentreffen mit seiner Schwester zurückgekehrt war. Es schien kaum möglich, dass er Neil so leidenschaftlich hassen konnte, nur weil dieser ihn nicht über Kates Erkrankung ins Bild gesetzt hatte. Er war in den Urwäldern des Amazonas gewesen, für niemanden erreichbar außer mit primitivsten Mitteln. Und so eine Nachricht gab man sicherlich nur persönlich weiter. Wenn man alles erklären und dem Gegenüber versichern konnte, dass alles Erdenkliche für die Kranke getan wurde. Er hätte ja gar nicht helfen können. Was hätte also eine bruchstückhafte Kommunikation über Funk schon genützt?

Vielleicht hatte die Familie die Sache nicht auf die bestmögliche Weise gehandhabt, aber dann war es einfach ein Fehler gewesen, kein Grund zu einem Streit, geschweige denn einem Mord!

Ich fuhr mit dem Zug nach St. Albans und dachte unterwegs über nichts anderes nach. Es war keine sehr lange Fahrt, eine knappe Stunde mit dem Schnellzug. Um sieben Uhr saß ich in einem kleinen Nebenraum, und einer der Ärzte erklärte mir geduldig, dass Kate Davidson für mich als Zeugin völlig nutzlos sein würde, selbst wenn sie in der Lage gewesen wäre, die Anstalt zu verlassen und vor Gericht zu erscheinen – was aber außer Frage stand.

«Ich fürchte, nichts, was sie sagt, wäre auch nur von geringstem Gewicht.» Er schüttelte traurig den Kopf und fuhr sich mit der Hand durchs Haar, sodass es in langen, gewellten Strähnen emporstand. «Sie ist vollkommen in Wahnvorstellungen befangen. Manchmal ist sie sehr depressiv, und wir müssen sie davon abhalten, sich etwas anzutun. Dann wieder sitzt sie einfach nur da und starrt ins Leere. Es tut mir Leid.»

«Aber wenn sie einmal redet?» Ich blieb beharrlich.

«Es tut mir Leid, Miss Ashton, aber wie ich bereits sagte, sie ist in Wahnvorstellungen befangen. Sie unterscheidet nicht zwischen Vergangenheit und Gegenwart. Sie ist sich manchmal sogar über ihre eigene Identität nicht im Klaren.»

Ich hatte nichts sonst, woran ich mich klammern konnte. «Darf ich mit ihr sprechen?», fragte ich.

Er sah mich skeptisch an, und in seinem müden Gesicht vertieften sich die Falten. «Sie weiß weder vom Tod ihres Bruders, noch dass Alan zur Last gelegt wird, ihn umgebracht zu haben», antwortete er mir. «Ich fürchte, dass diese Neuigkeiten mehr wären, als sie verkraften könnte. Es tut mir Leid.»

Ich weigerte mich, aufzugeben; ich weiß eigentlich nicht, warum. Ich hatte keine klare Vorstellung. «Und wenn ich verspreche, es ihr nicht zu sagen?», schlug ich vor.

Er sah mich immer noch zweifelnd an.

«Sie können ja dabeibleiben», fuhr ich fort. «Bremsen Sie mich, werfen Sie mich hinaus, wenn Sie das um ihretwillen müssen. Ich weiß mir keinen Rat mehr, Dr. Elliot. Ich habe keine Ahnung, wie ich Alan Davidson verteidigen soll, und damit muss ich morgen beginnen. Katherine und Alan standen sich sehr nahe; sie würde doch sicher wollen, dass ich alles in meiner Macht Stehende tue, oder nicht?»

Er erhob sich langsam. Ich dachte, das bedeute eine Absage, aber er öffnete die Tür und sagte, ohne sich noch einmal zu mir umzudrehen: «Dann kommen Sie.» Ich folgte der leicht gebeugten Gestalt in weißem Kittel mit den zu kurzen Ärmeln. Der Weg führte drei Treppenfluchten hinauf und, wie es den Anschein hatte, meilenweit durch Korridore bis zu einem sonnigen Dachzimmer. Darin saß eine junge Frau und bestickte ein weißes Leinentuch. Es waren noch zwei andere Frau da, die ebenfalls irgendeiner Beschäftigung nachgingen, aber niemand brauchte mir zu sagen, welche von ihnen Kate Davidson war. Sie hatte die schönen, leidenschaftlichen Züge ihrer Mutter geerbt und deren prachtvolles Haar; nur war ihr Gesicht von einem Kummer solcher Tiefe gezeichnet, dass mir der Atem stockte und ich mir noch in der Tür stehend beinahe wünschte, ich wäre nicht gekommen.

«Kate, hier ist jemand, der Sie gern sprechen möchte», sagte Dr. Elliot sanft. «Sie müssen nicht mit der Dame sprechen, wenn Sie es nicht wollen, und wenn Sie wünschen, werde ich die ganze Zeit über dabeibleiben.» Das war eher eine Feststellung als eine Frage, als kenne er die Antwort bereits.

Sie schaute von ihrer Arbeit auf und sah mich an. Mir war, als ob mich ihr Geist in diesem Blick körperlich berührte. Ich konnte bei ihr keinen Irrsinn erkennen, nur einen Schmerz und eine Furcht, die so tief reichten, dass sie sich vor ihnen schützen musste, indem sie aus der Wirklichkeit floh.

«Kate?», fragte Dr. Elliot behutsam.

«Wenn Sie es wünschen», sagte sie mit leiser und ein wenig rauchiger Stimme. Ihr Anblick vermittelte auf überwältigende Weise ein Gefühl dafür, wie Barbara Davidson vor dreißig Jahren ausgesehen haben musste und warum der Richter sich so leidenschaftlich in sie verliebt hatte.

«Danke.» Ich trat ein und setzte mich auf den Stuhl ihr gegenüber. Ich hatte meine Meinung darüber, wie ich das Gespräch mit ihr führen wollte, bereits revidiert. Die Idee, sie wie ein Kind zu behandeln, war in dem Augenblick, wo sich unsere Blicke trafen, restlos dahin gewesen. Es war keine Geisteskranke, die mir gegenübersaß, sondern eine Frau, die vor einer unerträglichen Verwundung Schutz suchte. Eine einzige Frage beherrschte mein Denken – musste ich wissen, was es mit dieser Wunde auf sich hatte?

Als ich sie drei Stunden später verließ, wusste ich wenigstens, was sie Alan am Abend seines Besuchs erzählt hatte. Ich war mir nicht sicher, ob ich es selbst glauben sollte. War es nicht allzu grotesk, allzu schrecklich? Aber die einzige Frage, auf die es ankam, lautete: Hatte Alan es geglaubt? Denn das hätte sowohl seine Tat als auch sein jetziges Schweigen erklärt.

Als ich ging, weinte sie still, aber wie ich glaubte, in einer Art innerem Frieden jenseits des Schmerzes. Denn ich hatte ihr zugehört und ihr den Eindruck vermittelt, dass ich ihr glaubte. Und vielleicht glaubte ich ihr auch wirklich, tief in meinem Innern, wie furchtbar und offensichtlich unmöglich ihre Geschichte auch sein mochte. Und das wusste sie.

Dr. Elliot begleitete mich, als ich wieder auf die Straße und in den Glanz der Lichter und in den Verkehrslärm stolperte.

«Was werden Sie tun, Miss Ashton?», fragte er mich.

«Ich habe nur eine Möglichkeit», erwiderte ich. «Ich werde zu beweisen versuchen, dass Alan ihr glaubte.»

«Sie werden keinen Erfolg haben», sagte er und biss sich auf die Lippen. «Und sie kann ihre Aussage nicht bezeugen. Sie war im Gespräch mit Ihnen klarer, als ich sie hier mit irgendjemand anderem erlebt habe. Vielleicht erleben Sie sie so für Wochen, wenn nicht für Monate kein zweites Mal. Ich wünschte, ich könnte Ihnen sagen, sie sei auf dem Weg zur Besserung, aber sie ist es nicht.»

«Ich habe weder Wochen noch Monate zur Verfügung», antwortete ich. «Aber ich heiße ja nicht umsonst ‹Jude›. Das ist eben mein Job – in letzter Zeit öfter, als mir lieb ist.»

Er sah mich verwirrt an.

«St. Jude – der heilige Judas Thaddäus – Schutzpatron der hoffnungslosen Fälle», erklärte ich. «Ich heiße Judith.»

Er lächelte und wirkte dadurch etwas jünger. «Ich bin schon etwas länger dabei als Sie», sagte er. «Bei den hoffnungslosen Fällen, meine ich.»

Ich lächelte und dankte ihm. Ich hatte noch viel Arbeit vor mir und würde die ganze Nacht dafür brauchen. Ich konnte von Glück sagen, wenn ich fertig wurde, bis das Gericht am nächsten Morgen wieder zusammentrat.

Meine erste Zeugin der Verteidigung war die Köchin der Davidsons. Ich hatte sie mitten in der Nacht aus dem Bett geholt, sie aber nur auf die knappste Weise befragt. Sie hatte kaum eine Vorstellung, warum sie nun in den Zeugenstand gerufen wurde, und die ganze Zeit über blickte sie abwechselnd zwischen mir und Lord Davidson hin und her. Ich konnte der armen Frau ihr Unglück kaum verdenken. Sie war verwirrt, und ihre Treue wurde auf eine harte Probe gestellt.

«Mrs Barton», sprach ich sie an. Der ganze Saal war mucksmäuschenstill. Ich glaube nicht, dass irgendjemand es für möglich hielt, ich könnte einen Freispruch für Alan Davidson erwirken. Aber alle waren gespannt darauf, was ich überhaupt unternehmen würde. Beschämung und Mitleid hielten sich in etwa die Waage. «Waren Sie am neunten September letzten Jahres als Köchin im Hause Lord Justice Davidsons angestellt?»

«Ja, Ma'am», erwiderte sie standhaft und starrte mich an, als versuchte ich sie zu hypnotisieren.

«Wohnte Mr Neil Davidson damals auch im Haus?»

«Ja, Ma'am.»

«Erinnern Sie sich noch, wie es um seine Gesundheit bestellt war?»

Es gab leichte Unruhe im Saal. Lord Davidson änderte seine Sitzhaltung.

Mrs Barton schluckte. «An jenem Wochenende hatte er eine böse Grippe», antwortete sie.

«Ist nach einem Arzt geschickt worden?», fragte ich.

«O ja, und er kam auch. Aber man kann im Grunde nicht viel dagegen machen. Nur im Bett bleiben und trinken, so viel man kann.»

«Hat irgendjemand nach ihm gesehen?», bedrängte ich sie weiter. Bitte, lieber Gott, gib, dass sie jetzt zu ihrer Aussage steht!

«Ja, Ma'am», sagte sie, und ihre Stimme war nur mehr ein Flüstern. «Sein Kammerdiener und dann Miss Kate, seine Schwester.»

Ich atmete langsam aus. «Woher wissen Sie, dass Miss Kate nach ihm sah?»

«Weil sie in die Küche kam und selbst etwas für ihn zubereitete. Anscheinend hatte Mr Neil sie darum gebeten. Er meinte, sie sei die einzige, die Eiercreme genauso hinbekäme, wie er sie gern mochte, und ob sie ihm nicht ein Tablett damit heraufbringen könne.»

Hoyle erhob sich. Ich wusste, dass er einwenden würde, dies alles sei irrelevant, aber dann sparte er sich doch die Mühe. Mit einem gönnerhaften Lächeln zuckte er die Achseln und setzte sich wieder, als könne nichts, was ich unternahm, die Sache der Anklage irgendwie gefährden. Er konnte es sich leisten, großzügig zu sein.

«Und bereitete sie ihm die Eiercreme zu und brachte sie ihm, soweit Sie wissen?», fragte ich.

Richter Davidson erstarrte.

«Ja, Ma'am», erwiderte Mrs Barton. «Jedenfalls ist sie damit aus meiner Küche gegangen.»

«Danke.» Ich wandte mich an Hoyle und gab ihm Gelegenheit, die Köchin zu befragen.

Er erhob sich und sagte mit gekünsteltem Überdruss, während er die Vorderseite seiner Robe etwas zurechtzog: «Mrs Barton, hat diese beinahe ein Jahr zurückliegende, rührende Geschichte schwesterlicher Zuneigung irgendetwas mit Neil Davidsons Tod zu tun... auch bei größter Aufbietung Ihrer Fantasie oder unserer?»

«Das weiß ich nicht, Sir», antwortete Mrs Barton. «Es war der Abend, an dem Miss Kate selbst krank wurde, und ich habe sie danach nie wieder gesehen.»

Plötzlich erwachte der Gerichtssaal zum Leben. Eine Welle lief durch das Publikum wie ein elektrischer Stoß vor einem Sturm. Davidson schien erschrocken. Barbara neben ihm war den Tränen nah. Alan saß starr auf der Anklagebank und starrte mich an. Auf seinem Gesicht zeichnete sich Panik ab.

Endlich einmal sah Hoyle aus, als hätte er in einen Apfel gebissen und einen Wurm darin gefunden.

Der Richter beugte sich vor. «Miss Ashton?» Er formulierte die Frage nicht, aber sie stand ihm ins Gesicht geschrieben.

«Ich habe keine weiteren Fragen an die Zeugin, Mylord», erwiderte ich.

Er seufzte und lehnte sich wieder zurück. Ich hatte ihm nicht geantwortet, aber er hatte verstanden, dass es eine Geschichte gab, die ich entfalten wollte, und er war bereit, abzuwarten.

Ich rief Neils Kammerdiener in den Zeugenstand. Das würde die schwierigste Aufgabe sein. Er war ein magerer, dunkler junger Mann mit bekümmertem Gesicht, als lasteten schwere Sorgen auf seinen Schultern, und er vermied jeden Blick zu Lord oder Lady Davidson hinüber.

«Mr Clark, waren Sie im letzten September, als Mr Neil Davidson noch im Haus seiner Eltern wohnte, dessen Kammerdiener?», begann ich das Verhör.

«Ja.» Ich wusste bereits, was er getan hatte und warum. Wir hatten in den frühen Morgenstunden des Tages einige wenige Worte gewechselt. Aber dennoch würde es schmerzhaft sein, und das tat mir Leid. «Erinnern Sie sich noch an seine Krankheit am neunten September?», fragte ich.

«Ja», antwortete er sehr leise. Einen Augenblick war ich besorgt, dass er vielleicht den Mut verlieren könne.

«Selbstverständlich», stimmte ich zu. «So etwas vergisst ein Diener nicht, schon gar nicht ein guter und einer, der seiner Herrschaft so nahe steht wie ein Kammerdiener. Haben Sie sich während dieser Zeit um ihn gekümmert, ihn bedient und umsorgt und ihm in jeder Weise zur Verfügung gestanden?»

Es gab nur eine vernünftige Antwort darauf.

«Ja», stimmte er zu.

Ich lächelte und nickte. «Und waren Sie zugegen, als seine Schwester Kate ihm die Eiercreme brachte, die sie ihm zubereitet hatte?»

Jetzt wirkte er verwirrt, aber seine Angst schien eher geringer geworden zu sein. «Nein.»

Ich wusste, dass er an jenem Abend Dienst gehabt hatte. Ich wollte mir die Mühe ersparen, andere Zeugen aufzurufen, um das zu beweisen. Aber falls ihm jetzt im letzten Augenblick die Nerven versagten, würde ich es tun müssen. Ohne ihn konnte ich nichts erreichen. Ich zog die Augenbrauen hoch, um milde Überraschung zu demonstrieren. «Sie hatten an jenem Abend dienstfrei? Dann muss ich meine anderen Zeugen missverstanden haben.»

Seine Augen wurden schmal, und er wandte sich noch weiter von Barbara Davidson ab. «Ich hatte Dienst», sagte er unglücklich. «Ich war bloß nicht im Raum, als er nach ihr fragte und als sie kam.»

«Wissen Sie, wer bei ihm war?», sagte ich schnell.

Diesmal zögerte er so lange, dass der Richter einschritt. «Mr Clark, Sie müssen die Frage beantworten.»

«Ja», sagte er schließlich. «Lord Davidson.»

«Beide Male?», hakte ich nach. «Oder nur, als Neil nach seiner Schwester verlangte?»

«Als er nach ihr verlangte», sagte er grimmig. «Er war es, der ihr sagte, sie solle zu ihrem Bruder gehen.»

Ich spürte, wie ein Teil des Schmerzes sich in mir löste und von einer anderen Art Schmerz verdrängt wurde. «Haben Sie gesehen, wie sie mit der Creme hineinging?»

«Ja.» Jetzt war seine Stimme nur noch ein Flüstern, aber in der absoluten Stille, die im Saal herrschte, musste ihn jeder der Anwesenden gehört haben, selbst wenn noch niemand eine Vorstellung hatte, worauf das alles hinauslaufen sollte. Ich betete, dass niemand bemerkte, wie blind ich mich ebenfalls auf meinem Weg vorantastete.

«War sonst noch irgendjemand im Zimmer außer Neil selbst?»

«Nein.»

«Und als seine Schwester herauskam?» Das war die Frage, um die sich alles drehte.

Der Mann war inzwischen aschfahl, und seine Haut glänzte vor Schweiß. Jetzt endlich sah er Lord Davidson an, aber Davidson hatte den Oberkörper vorgebeugt und starrte Alan an, als ob er ihn zum ersten Mal erkannte.

Barbara sah erst ihren Mann an, dann ihren Sohn, dann mich, und ich wurde von Schuldgefühlen zerrissen. Was tat ich dieser Frau an? Aber jetzt gab es kein Zurück mehr.

«Mr Clark?», forderte ihn der Richter auf.

Der Kammerdiener starrte auf einen Punkt hoch oben an der Wand. «Ja, ich war dort.»

«Würden Sie uns bitte die näheren Umstände beschreiben?», hakte ich nach.

«Mylord . . .», mischte sich Hoyle ein. «Miss Ashton ist eine Schauspielerin von bemerkenswerter Begabung, von ihren Ambitionen ganz zu schweigen, aber die Tragödie, die Lord Justice Davidsons Tochter betroffen hat, ist nicht Teil dieses Prozesses, und der gewöhnliche Anstand gebietet . . .»

Der Richter fühlte sich unwohl in seiner Haut.

Davidson selbst hatte kein Wort gesagt, aber sein Schmerz und der seiner Frau waren im Gerichtssaal wie mit Händen greifbar. Er konnte keinem der Anwesenden entgangen sein.

Mit schneidend scharfer Stimme unterbrach der Richter die Sitzung und wies mich an, unverzüglich in seinem Amtszimmer zu erscheinen.

«Miss Ashton», sagte er, sobald die Tür hinter mir geschlossen war und ich vor ihm stand. «Ich werde nicht dulden, dass Sie die tragische Krankheit Katherine Davidsons ausnutzen, um die Aufmerksamkeit der Geschworenen von der Schuld ihres Bruders abzulenken. Um Himmels willen, haben Sie denn überhaupt kein Gefühl für die Qualen, die diese Familie aussteht?»

Ich hatte erwartet, dass er etwas in der Art sagen würde.

«Mein Mitgefühl für ihren Kummer gibt mir nicht das Recht, Tatsachen zu unterschlagen, die in einem Mordfall von Gewicht sind, Mylord», antwortete ich. «Ganz gleich, wie sehr ich den zusätzlichen Schmerz bedaure, der dadurch verursacht wird – es ist nicht an mir, zwischen einer Person und einer anderen abzuwägen und zu entscheiden, wessen Gefühle geschont werden, wessen Sünden verborgen bleiben sollten und wessen Wunden zur Schau gestellt werden müssen.»

«Sie sagen das so leichthin», erwiderte er, und für einen Moment blitzte so etwas wie Ärger über meine in seinen Augen haarsträubende Ignoranz aus. «Sie sind ungefähr – dreißig? Haben Sie eine Vorstellung, was Davidson und Männer wie er für dieses Land getan haben?» Er beugte sich über seinen Schreibtisch. «Sie haben keine Vorstellung, was wir während des Krieges durchgemacht haben, welche Ängste wir ausstanden unter der Maske des Mutes, die wir jeden Tag aufsetzten, und was uns das kostete. Davidsons Heldentum gab uns Hoffnung, gab uns den Glauben an uns selbst und die Möglichkeit des Sieges, wenn wir nur aushielten.»

Ich unterbrach ihn nicht. Ich wusste, dass er es sagen musste und dass es wahrscheinlich stimmte.

«Sie sehen einen Mann, der sich Respekt und Wohlstand erworben hat, und nehmen an, dass ihm immer alles zugeflogen ist», fuhr er fort, jetzt ganz und gar gefangen in der Erinnerung an die eigenen Gefühle. «Aber Barbara war mit

Ernest Upshaw verheiratet, als sie und Davidson sich kennen lernten. Es war Leidenschaft und eine absolute Liebe auf den ersten Blick, zumindest bei ihm. Er sah sie auf der anderen Straßenseite, und von diesem Augenblick an konnte er an keine andere Frau mehr denken.» Sein Blick war sanft, als ob er dem Feuer und der Zartheit dieser lange der Vergangenheit angehörigen Liebesgeschichte noch einmal stellvertretend nachspürte.

Er senkte die Stimme. «Sie mussten warten. Damals ließ man sich nicht scheiden. Das hätte eine Frau ruiniert.» Er starrte mit mildem Blick weit über mich und alles andere in seinem Zimmer hinaus.

«Auch Ernest Upshaw war ein Held. Er diente im gleichen Regiment wie Davidson. Er wurde zu einem Überraschungsangriff hinter die feindlichen Linien abkommandiert. Davon kehrte er nicht zurück. Sobald eine angemessene Trauerzeit vorbei war, heirateten Davidson und Barbara.» Plötzlich sah er mich wieder scharf an. «Sie haben ihren ältesten Sohn verloren, und ich werde nicht dulden, dass Sie den tragischen Zusammenbruch ihrer Tochter an die Öffentlichkeit zerren. Verstehen Sie mich, Miss Ashton?»

«Ja, Mylord, ich verstehe Sie», antwortete ich, ohne seinem Blick auszuweichen. «Ich bin sicher, Sie werden nicht zulassen, dass ich die vom Gesetz gezogenen Grenzen überschreite. Aber innerhalb dieser Grenzen werde ich alles in meinen Kräften Stehende tun, um meinem Mandanten zu helfen . . .»

«Ihrem Mandanten ist nicht mehr zu helfen, Miss Ashton!», sagte er bitter. «Sie wissen das genauso gut wie ich. Wir werden den Vorschriften des Gesetzes Genüge tun, so wie wir es tun müssen, aber Alan Davidson ist schuldig, und daran können wir nichts ändern. Ich werde nicht gestatten, dass Sie seinen Vater kreuzigen, indem Sie den geistigen oder nervlichen Zusammenbruch dieses armen, jungen Mädchens vor dem Publikum ausbreiten und zum einträglichen Spekulationsobjekt für die Zeitungen machen.» Seine Züge verhärteten sich, und er presste die Lippen aufeinander, sodass die tiefen Linien von der Nase zum Mund noch tiefer wirkten. «Keine ehrgeizige, junge Anwältin wird ihre eigene Karriere retten oder den Fehler, einen hoffnungslosen Fall übernommen zu haben, wieder ausbügeln auf Kosten einer unserer größten Familien, einer Familie, die bereits genug hat ertragen müssen.» Es war nicht einmal eine Drohung, sondern lediglich eine Tatsachenfeststellung.

Ich spürte ein Aufflackern echter Furcht im Magen wie den Beginn einer Übelkeit, aber ich hatte Kate Davidson geglaubt und tat es immer noch. Allerdings hatte ich keine Gewissheit, und die letzten Zweifel stachen mir wie Nadeln in die Seite. Ich wusste, was ich riskierte. Aber jetzt einen Rückzieher zu machen, die Schlacht zu fliehen, weil der Sieg nicht gewiss war, das wäre eine Feigheit gewesen, die mich für alle Zeiten zum Krüppel gemacht hätte.

«Selbstverständlich, Mylord», sagte ich standhaft. «Wenn der Fall nicht öffentlich verhandelt werden könnte, wäre es natürlich am einfachsten, aber da keine Fragen der nationalen Sicherheit betroffen sind, glaube ich nicht, dass das möglich sein wird.»

Ein stumpfes Rot breitete sich auf dem Gesicht des Richters aus. «Versuchen Sie mich zum Narren zu halten, Miss Ashton?»

Meine Knie waren plötzlich kaum noch kräftig genug, um mich aufrecht zu halten. «Nein, Mylord. Ich bedaure zutiefst, dass ich möglicherweise Zeugenaussagen erhalte, die für die Familie Davidson qualvoll sein werden – und das sage ich nicht nur so dahin, es ist mein Ernst!» Das war es wirklich, mehr als er wissen konnte. «Aber es geht hier nicht um meine Gefühle. Es geht um die Wahrheit und darum, dass wir der Gerechtigkeit möglichst nahe kommen müssen.»

«Dann sollten wir es jetzt besser hinter uns bringen», sagte er grimmig. Er schien noch etwas hinzufügen zu wollen, änderte dann aber seine Meinung.

Wir kehrten in den Gerichtssaal zurück, und ich nahm das Verhör des Kammerdieners wieder auf. Der Richter erinnerte ihn daran, dass er unter Eid stand, und sah mich mit einem Funken Hoffnung im Blick an. Ich erstickte diesen Funken sofort. Und hasste die Notwendigkeit, es tun zu müssen.

«Haben Sie Kate Davidson gesehen, als sie aus dem Zimmer ihres Bruders Neil kam?», fragte ich direkt. Er muss mir angesehen haben, dass ich die Antwort kannte und dass ich mit aller Kraft versuchen würde, sie ihm zu entreißen, was immer es uns beide oder sonst jemanden kosten mochte. Er sah sich nicht einmal Hilfe suchend zu Lord Davidson oder zum Richter um, und ich vermied es ebenfalls, die beiden Männer anzusehen, damit ich nicht doch noch den Mut verlor.

«Ja», sagte Clark leise. Da im Saal Stille herrschte, weder ein Seufzen noch ein Rascheln zu hören waren, wirkte jedes Wort so laut wie ein Schrei.

«Beschreiben Sie sie», befahl ich. «Schildern Sie uns genau, was Sie gesehen haben, was Sie gehört haben und was Sie getan haben, Mr Clark.»

Der Mann wurde durch eine Last bezwungen, die zu gewaltig für ihn war, und der er schließlich nachgeben musste. Er sprach mit angespannter, fast tonloser Stimme, als würde es unerträglich werden, wenn er Gefühle zuließe. «Ich hörte, wie Mr Neil nach mir schrie. Dann wurde die Tür des Ankleidezimmers so heftig aufgestoßen, dass sie gegen die Wand prallte. Er stand da in einer Wut, wie ich sie niemals zuvor bei ihm erlebt hatte. Sein Gesicht war rot, die Wangen waren zerkratzt, und ein Auge schwoll bereits an. ‹Wirf diesen Dreck hinaus!›, schrie er mich an und deutete hinter sich.»

Lord Davidson sprang von seinem Platz auf und stand da wie angewurzelt. Er starrte zuerst mich an, dann langsam und mit von Schrecken verdunkelten Augen Alan.

Barbara wirkte verwirrt wie ein Kind, das sich verirrt hatte und mit jedem Augenblick ängstlicher wurde.

Clark fuhr sich mit den Händen langsam übers Gesicht und presste dann die Handballen auf die Augen. Ich forderte ihn nicht auf, weiterzusprechen; er würde es von selber tun.

Selbst Hoyle schwieg.

«Ich wusste nicht, was er meinte», sagte Clark mit rauer Stimme.

Einen Augenblick lang fürchtete ich, er würde zusammenbrechen, denn seine Stimme war so belegt und klang so erstickt. Aber er überwand seine Schwäche, hob den Kopf ein wenig und starrte mich an, als sei ich die einzige Person im ganzen Saal, die bereits wusste, was er sagen würde. Irgendwie schien diese Vorstellung ihm zu helfen.

«Dann sah ich Miss Kate am Boden liegen. Die Haare waren ihr übers Gesicht gefallen, die Kleider blutverschmiert. Ihr Rock war zerrissen und bis zur Taille hochgeschoben . . .» Er atmete tief ein. «Ich wusste sofort, was geschehen war. Bei Gott . . . Ich wünschte jetzt, ich hätte etwas anderes getan!» Der Schmerz in seiner Stimme war so scharf, dass er durch Mark und Bein ging. «Aber ich war ein Feigling. Ich hatte Angst vor ihm und davor . . . was er mir antun würde. Ich tat, wie er mich geheißen hatte. Gott sei mir gnädig, ich brachte sie hinaus.»

Er tat mir Leid. Er musste durch die Hölle gegangen sein,

die echte Hölle der Schuld. Aber ich konnte mir an dieser Stelle kein Mitleid leisten.

«Sie wussten, dass sie von ihrem Bruder vergewaltigt worden war, und Sie haben sie aufgehoben und hinausgebracht? Ist es das, was Sie sagen wollen?», fragte ich.

Er sah mich an, als hätte ich ihn geschlagen; als hätte er den Schlag verdient. Ich muss zugeben, dass ich immer noch den Stich der Schuld im Magen spüre.

«Ja», flüsterte er. «Das tat ich.»

Ich gab ihm seine Chance. «Warum?», fragte ich. «Warum haben Sie ihr nicht geholfen? Warum haben Sie nicht wenigstens ihrem Vater oder ihrer Mutter erzählt, was vorgefallen war?»

Seine Stimme war kaum mehr als ein Flüstern. «Weil ich einige Monate vorher etwas Geld aus Neils Kommode genommen hatte, nur ein paar Pfund. Meine Mutter war krank. Ich hatte ein besonderes Medikament für sie besorgt. Neil wusste davon und sagte mir, er würde mich hinauswerfen, wenn ich auch nur ein Wort über den Vorfall mit seiner Schwester erzählte. Meiner Mutter geht es heute noch schlechter. Ich kann es mir nicht leisten, meine Arbeit zu verlieren. Sie hat sonst niemanden.»

«Sie sind also erpresst worden?» Ich wollte, dass den Geschworenen das klar wurde.

«Ja.»

«Und was geschah dann mit Kate?»

«Sie schloss sich mehrere Tage lang in ihrem Zimmer ein, bis man die Tür aufbrach und die Ärzte sie mitnahmen», sagte er heiser.

Es war noch schlimmer, als ich erwartet hatte. Ich weiß nicht, warum. Ich hatte Kate geglaubt, als sie es mir erzählte. Wenigstens glaubte ich, dass ich das tat. Vielleicht hatte ein Teil von mir das ganze schreckliche Geschehen immer noch verdrängt? Ich blickte zu Alan hinüber. Er saß mit gesenktem Kopf, die Hände über die Ohren gelegt, auf der Anklagebank, als sei es ihm unerträglich, alles noch einmal mit anhören zu müssen.

Ich wollte zu Lord Davidson hinüberblicken, aber was ich sah, war Barbaras Gesicht. Sie blickte starr zu ihrem Mann auf, und mit einem Aufdämmern des Entsetzens, das heftiger war, als ich es mir je hätte vorstellen können, begriff ich, dass der Richter es gewusst hatte! Ich sah es ebenso, wie Mrs Davidson es sah. Ein Abgrund tat sich vor mir auf. Ich hatte sie in eine so tiefe Finsternis geschleudert, dass sie das Gefühl haben musste, ihr nie wieder entrinnen zu können. Er hatte es gewusst und nichts getan!

Mrs Davidson wurde totenbleich. Vielleicht war in ihrem Inneren in diesem Augenblick wirklich etwas gestorben.

Ich musste an die große Liebesgeschichte denken, die sich nach ihrer ersten Begegnung entwickelt hatte, an ihren ersten Ehemann, Ernest Upshaw, der in Davidsons Regiment gedient hatte – ausgesandt auf eine hoffnungslose Mission, um als Held zu sterben! Damit seine bezaubernde Witwe Davidson heiraten konnte?

Las ich in ihrem Gesicht, während sie ihn anstarrte, jetzt ebenfalls das Verstehen? Hatte sie ihn nie zuvor als das erkannt, was er war? Lord Justice Davidson, Träger des Viktoriakreuzes, blickte zuerst zum Richter hinüber, dann zur Anklagebank, wo sein Sohn saß, der seine Schwester gerächt hatte, weil es sonst niemand tat. Dann schließlich wandte er sich langsam und wie ein zu Tode Verwundeter zu seiner Frau um. Ich werde es nie wissen, aber ich glaube, dass ihm in diesem Augenblick endlich das ganze Ausmaß seiner Schuld dämmerte, dass er begriff, was er getan hatte, welch eine Art Mann er war und welchen Preis er dafür gezahlt hatte.

Sein ältester Sohn, Neil, hatte ebenfalls geglaubt, wenn er eine schöne Frau nur heftig genug begehre, könne er sie sich nehmen. Er war aus dem gleichen Holz geschnitzt – gutaussehend, leidenschaftlich und im Grunde seines Herzens selbstsüchtig. Die Welt hatte seinen Vater geliebt! Warum nicht auch ihn?

Im Gerichtssaal herrschte immer noch Schweigen, wie unter Menschen, die etwas erlebt haben, das zu furchtbar war, um es in Worte zu kleiden. Ich weiß nicht, wie viel sie verstanden, aber sie spürten es.

Davidson wandte sich zu mir um. Ich erwartete Hass in seinem Gesicht zu lesen. Kein Mensch konnte je vergeben, was ich ihm angetan hatte! Und ich hatte es öffentlich getan, in einem Gerichtssaal, in dem Reich, in dem er als unangefochtener König herrschte.

Aber es war nicht Hass, der sich in seinen Augen widerspiegelte, es war das erste blasse Aufdämmern des Verstehens. Er begann zu verstehen, was Sünde in Wahrheit ist. Und was das Verlangen ist – ein größeres Verlangen als jedes andere –, die Sünde aus der eigenen Seele herauszureißen.

Alan vor einer Verurteilung zu bewahren, war ein hoffnungsloser Fall und war es immer gewesen. Er würde eine Strafe auf sich nehmen müssen, selbst wenn das Gericht auf verminderte Zurechnungsfähigkeit erkennen sollte, wie ich es beantragt hatte. Aber vielleicht hatte ich einen anderen Fall in Bewegung gebracht, dessen Hoffnungslosigkeit bis zu diesem Augenblick allen verborgen geblieben war. Der Weg zurück von einem Ort wie dem, den Lord Davidson erreicht hatte, ist in der Tat sehr lang, aber man kann ihn bewältigen. Man braucht dazu allerdings mehr Mut, als nötig ist, um sich den Gewehren einer feindlichen Armee zu stellen. Denn der Feind ist man selbst, und einen Waffenstillstand gibt es nicht.

Vielen Dank, heiliger Judas Thaddäus, dass du doch noch ein Wunder bewirkt hast.

Ich wandte mich wieder dem Richter zu, mit heiserer Stimme, aber ohne jede Unsicherheit.

Aus dem Englischen von Hans Link

David und Goliath

Da trat aus den Reihen der Philister ein Riese heraus mit Namen Goliath aus Gath, sechs Ellen und eine Handbreit groß. Der hatte einen ehernen Helm auf seinem Haupt und einen Schuppenpanzer an, und das Gewicht seines Panzers war fünftausend Lot Erz, und hatte eherne Schienen an seinen Beinen und einen ehernen Wurfspieß auf seiner Schulter. (. . .)

David aber war der Sohn jenes Ephrathiters aus Bethlehem in Juda, der Isai hieß. Der hatte acht Söhne und war zu Sauls Zeiten schon zu alt, um unter die Kriegsleute zu gehen. Aber die drei ältesten Söhne waren in den Krieg gezogen, und sie hießen: Eliab, der erstgeborene, Abinadab, der zweite, und Schamma, der dritte. Und David war der jüngste (. . .). Und David ging ab und zu von Saul hinweg nach Bethlehem, um die Schafe seines Vaters zu hüten. (. . .)

Und Israel und die Philister hatten sich aufgestellt, Schlachtreihe gegen Schlachtreihe. Da ließ David sein Gepäck, das er trug, bei der Wache des Trosses und lief zum Heer, kam hin und fragte seine Brüder, ob's ihnen gut gehe. Und als er noch mit ihnen redete, siehe, da kam herauf der Riese mit Namen Goliath (. . .) von dem Heer der Philister (. . .). Und wer von Israel den Mann sah, floh vor ihm und fürchtete sich sehr. (. . .)

Da sprach David zu den Männern, die bei ihm standen: Was wird man dem geben, der diesen Philister erschlägt und die Schande von Israel abwendet? (. . .) Der Herr, der mich von dem Löwen und Bären errettet hat, der wird mich auch erretten von diesem Philister.

Vgl. 1. Samuel, 17. Kapitel; hier zit. in der Übersetzung D. Martin Luthers, a. a. O.

Gunter Gerlach

Lava sagt

1

Lava sagt: «Küss mich.»

Sie breitet die Arme aus und versperrt mir die Treppe. Die kurzen Haare rot gefärbt. Über einem weißen T-Shirt trägt sie ein Hemd aus Blechdeckeln. Sie hat es selbst gemacht. Lava ist die Tochter des Hausbesitzers im ersten Stock. Trotz der Lampen ist es immer dunkel im Treppenhaus. Die Deckel glitzern auf ihrer Brust. Gold und Silber. Es sind die Schraubverschlüsse von Gläsern, die sie mit Schlüsselringen verbunden hat.

«Lass mich vorbei», sage ich. Ich wohne mit meinen Brüdern im zweiten Stock.

«Du bekommst alles, was du willst», sagt Lava. Sie heißt nicht so. Sie nennt sich so, weil ihr älterer Bruder angeblich auf der Insel Lava verschollen ist. Ich glaube, so eine Insel gibt es gar nicht. Und den Bruder hat es auch nie gegeben. Manchmal behauptet sie, der Name stamme von einer Königin und sie sei eben eine Königin. Meine Brüder und ich, wir wollten uns auch einmal neue Namen geben. Wir haben keine passenden gefunden. Lava ist ein Jahr älter als ich. Ein Jahr ist ein großer Unterschied, wenn man wie ich erst sechzehn ist. Seit sie einmal gesagt hat, dass sie Soldaten mag, laufen meine Brüder in abgetragenen Militärklamotten herum. Dabei machen sie sich nichts aus Frauen.

«Lass mich durch», sage ich.

Lava kommt mir ein paar Schritte entgegen und presst sich an die Wand. Sie hat einen Pickel am Kinn. Ich nehme meine beiden Einkaufstüten wieder auf. Als ich an ihr vorbeigehe, erlöscht das Treppenhauslicht. Lava greift nach meinem Kopf, hält mich an den Ohren fest und küsst mich.

«Warum machst du das?»

Lava ist schon vorbei, drückt unten auf den Lichtknopf. Sie lacht.

2

Meine Brüder sitzen vor dem Fernseher. Unsere Lieblingsserie läuft.

Ich gehe in die Küche.

«Vierter, hast du Bier?»

Vierter, das bin ich. Der Jüngste. Unsere Eltern haben uns nach Zahlen benannt. Der Erste bekam den Namen Erster und so weiter. Weil ich eine andere Mutter habe als meine Brüder, sagen meine Brüder, dürfte ich nicht Vierter heißen.

Zweiter kommt zu mir in die Küche. Er sieht mir beim Auspacken der Lebensmittel zu. Dann geht er zur Tür und ruft laut: «Kein Bier dabei.»

Es kommt keine Antwort. Sie murren nicht. Ich bin der einzige von uns, der regelmäßig Geld verdient. Ich bin Parkplatzwächter.

Zweiter kommt zu mir zurück. «Post von Vater», sagt er und schiebt eine Ansichtskarte über den Tisch.

«Post?» Als ich heute Morgen das Haus verließ, war nichts im Briefkasten.

«Wo kommt die her?»

«Lava hat sie gebracht. Sie war in ihrem Briefkasten.»

Ich setze mich. Wir kriegen selten Post. Immer nur Werbung. Ich hebe die Karte hoch, sie zeigt eine Einkaufsstraße. In einem geschwungenen gelben Band steht: Grüße aus Delitzsch. Dort wurden wir geboren. Ich drehe die Karte um und lese: «Ich sterbe – liebe Grüße – Vater.»

3

«Was machen wir?», frage ich.

Der Fernseher läuft. Es ist unsere Lieblingsserie. Sie heißt «Bonanza» und ist von früher. Ich glaube, die Schauspieler sind alle schon tot. Wir kennen alle Folgen. Wir müssten nicht hingucken. Aber wir tun es trotzdem. Ich mag es am liebsten, wenn im Vorspann die Landkarte brennt.

Erster lehnt lang und dünn wie eine Eins am Fenster, halb sitzt er auf der Fensterbank. Dritter liegt auf dem Fußboden, hat den Kopf gegen das Sofa gelehnt. Bauch und Brust wölben sich wie bei einer Drei. Über ihm hockt Zweiter, den Kopf nach vorn abgeknickt und große Füße. Eine Zwei eben. Ich weiß nicht, wie ein Mensch als Vier aussehen sollte.

«Was machen wir?», frage ich.

Der Fernseher läuft. Wir starren auf den Bildschirm. Der jüngste Bruder in der Serie sagt: «Ich hole die anderen» und schwingt sich auf sein Pferd.

4

«Wir müssen hinfahren», sagt Erster.

Er schaltet den Fernseher aus. «Bonanza» ist zu Ende. Am Schluss lachen die Brüder mit dem Vater immer in die Kamera, weil alles wieder gut ausgegangen ist. Wenn wir

Lava erzählen, was wir uns im Fernsehen angucken, tippt sie sich an die Stirn und sagt, wir seien blöd.

«Wir haben nicht genug Geld», sage ich.

Zweiter kommt auf allen Vieren aus der Küche, die Karte zwischen den Zähnen. Ich will sie ihm wegnehmen. Er knurrt.

«Er ist schließlich unser Vater», sagt Erster und gibt vom Sofa aus Zweiter einen Tritt. Zweiter fällt um und strampelt mit den Beinen in der Luft.

«Gut», sagt Dritter. «Wir sind ihm verpflichtet.» Er zeigt auf mich: «Aber der nicht. Er hat eine andere Mutter.»

«Verstehe ich nicht.»

Zweiter kommt hoch. «Ich weiß was: Wir rufen ihn an und wünschen ihm alles Gute.»

5

Wir zählen unser Geld.

«Es reicht nicht», sagte Erster. «Es ist vielleicht gerade genug für eine einzige Fahrkarte.»

«Dann fährst du allein», sage ich.

Erster schüttelt den Kopf. «Es ist nicht genug, um noch Blumen zu kaufen. Man bringt Blumen mit, wenn jemand stirbt.»

Erster hat manchmal einen Job als Türsteher vor einem Club, wenn ein anderer ausfällt. Er macht es nicht gern, denn er wird jedes Mal von Gästen verprügelt, die er nicht reinlassen soll.

Zweiter schreibt etwas auf einen Zettel und liest es vor: «Lieber Vater, stirb ruhig, wir machen für dich weiter.»

Zweiter ist der Stärkste von uns. Er hilft an den Wochenenden bei einem Supermarkt aus. «Wir schicken es ihm», sagt er. Ich nehme ihm das Papier weg. Es ist die Rückseite eines Kassenzettels. «Wir müssen ihm einen letzten Wunsch erfüllen», sagt Dritter. «So macht man das.»

Dritter hatte eine Lehre als Automechaniker begonnen, aber die Prüfung nicht bestanden. Dann machte die Werkstatt pleite. Manchmal bekommt er aus der Nachbarschaft einen Auftrag. Bremsbeläge oder Stoßdämpfer erneuern kann er gut.

«Ein Auto, zum Beispiel», sagt Dritter. «Wir schenken ihm ein Auto zum Abschied.»

6

Lava steht in der Tür. Über ihrer Kleidung hat sie sich mit Klopapier umwickelt, wie wir es früher auf Kindergeburtstagen gemacht haben. Sie sieht mich an und legt den Kopf schräg.

«Nicht küssen», sage ich.

«Was macht ihr?», fragt sie. Sie kommt rein. Das Klopapier fällt von ihr ab. «Ihr müsst ihm einen letzten Wunsch erfüllen.»

«Er wünscht sich nichts», sagt Erster.

«Doch. Er wollte immer ein Auto, so wie ich auch», sagt Dritter.

«Nein», sagt Zweiter. «Er wollte nur mal in einem offenen Sportwagen durch die Stadt fahren mit einer tollen Frau auf dem Beifahrersitz.»

«Ist doch egal», sage ich. «Wir kriegen weder das eine noch das andere hin. Wir haben kein Geld.»

Lava lacht. «Und die Miete ist fällig.»

Wir wissen nicht, was wir dazu sagen sollen.

«Ist doch ganz einfach», sagt Lava. «Ihr nehmt Dicky seine Banane weg, zahlt nur die Hälfte der Miete, damit es noch fürs Benzin reicht.»

Dicky ist der Stärkste im Viertel. Er beherrscht mit seinen Freunden die Gegend. Von der anderen Straßenseite bis hoch zur Frankfurter Allee. Und seit drei Wochen fährt er einen gelben Sportwagen.

«Bist du verrückt», sagt Erster.

7

Lava sagt: «Er bringt die Miete.» Sie stellt sich hinter ihren Vater. Er sitzt in einem tiefen Sessel vor einem Tisch, der fast bis unter sein Kinn reicht. Er sieht mich an. Lava legt eine Hand auf die Schulter ihres Vaters. Erst jetzt bemerkt er unsere Anwesenheit.

«Die Miete», sage ich. «Ich bringe die Miete.»

Lava nickt mir zu.

«Vierter Müller?», fragt ihr Vater. Er hebt eine Hand und legt sie hinter sein Ohr.

«Ja», sage ich, «wegen der Miete.»

«Ja», sagt ihr Vater. «Danke.»

Lava nickt mir zu. «Los», sagt sie.

«Ich kann nur eine Anzahlung machen», sage ich.

«Das ist gut», sagt Lavas Vater. «Vielen Dank.» Er legt seine beiden Hände flach auf den Tisch.

«Leg das Geld hin», flüstert Lava.

Ich schiebe die zwei Scheine über den Tisch, bis sie die Fingerspitzen von Lavas Vater berühren. Er tastet danach, streicht mit den Fingerkuppen darüber.

«Ja», sagt Lavas Vater. «Ja.»

Er nimmt das Geld auf und steckt es in die Zuckerdose. Es passt nicht rein, weil sie voller Zucker ist.

«Ich mache das schon», brüllt Lava ihm ins Ohr.

«Ja», sagt ihr Vater. Sie nimmt ihm das Geld weg und bringt mich zur Tür.

«Nicht küssen», sage ich, aber sie presst schon ihren Mund auf meinen.

«Und jetzt», sagt sie, «nehmt ihr Dicky die Banane weg.»

«Klar, ist ja ganz einfach.»

8

Lava hat sich ein Kleid aus Zeitungspapier zusammengeklebt. Wir gehen an Dickys Banane vorbei. Es ist ein italienischer Sportwagen. Wenn es regnet, fährt er ihn in die Tiefgarage. Ich nehme an, das Verdeck lässt sich nicht mehr schließen oder hat Löcher.

«Vielleicht kann Dritter ihn kurzschließen», sage ich.

Lava lacht. «Kann er nicht und wozu?»

«Wir klauen den Wagen. Dicky kann nicht ständig auf ihn aufpassen.» Dicky hängt im ersten Stock seines Hauses am offenen Fenster. Er hat die muskulösen Arme auf das Fensterbrett gelegt.

«Er kann Karate», sage ich.

Lava bläst die Luft aus.

«He, wartet mal», ruft Dicky. Lava zieht mich weiter. Wir gehen die Straße hoch. Sie hakt sich bei mir unter.

Dicky ist unten auf der Straße erschienen. «He, Vierter, komm mal zurück.»

Lava sagt: «Ich muss gehen. Habe was Wichtiges zu erledigen.» Sie lässt mich los und läuft quer über die Straße. Sie hat dünnere Beine als sonst.

Ich drehe mich um und gehe zurück.

«Hör mal», sagt Dicky. Er lehnt an seinem Wagen, zündet sich eine Zigarette an. «Das gilt nicht für dich Weichei, du bist zu jung, sondern nur für deine Brüder. Wenn sie meinen Wagen haben wollen, muss einer von euch Idioten gegen mich kämpfen. Wenn ich verliere, schenke ich euch die Banane.»

Ich habe eine dunkle Ahnung, woher er weiß, dass wir seinen Wagen haben wollen. «Wer will schon deine Schrottkarre geschenkt haben. Nur gegen Zuzahlung.»

9

Dicky poliert seinen Wagen. Ich stehe mit Erster auf der anderen Straßenseite.

«Lava sagt, wir sollen kämpfen.»

«Unsinn.» Erster wischt meinen Einwand mit beiden Händen weg. «Er hat den schwarzen Gürtel. Nein, wir klauen die Banane.»

«Wie denn?»

«Dritter ist Automechaniker. Er rollt sich unter den Wagen, kneift ein Kabel durch. Dicky fährt los und muss die Banane irgendwo stehen lassen, weil sie nicht mehr weiterfährt. Dann kommen wir.»

«Klar», sage ich, «nach der Abmagerungskur rollt sich Dritter unter den Wagen, um festzustellen, dass er von Autoelektrik keine Ahnung hat.»

«Woher willst du das wissen?»

«Lava sagt, Dritter hat keinen Schimmer von so was.»

Dicky tänzelt für uns um die Banane, dann streckt er uns seinen Hintern entgegen: «Kommt rüber, ihr beiden Schwuchteln, und leckt mir den Arsch.»

10

Lava sagt, wir sollen kämpfen, wir würden schon gewinnen. Aber Lava sagt auch, wir sollten mal darüber nachdenken, ob Gott nicht vielleicht eine Frau sei. Kann ja sein, und schwarz und behindert ist er auch. Jedem seinen Gott.

Was uns an «Bonanza» so gut gefällt, die Frauen spielen

keine große Rolle in der Serie. Selbst in der Küche der Farm regiert ein chinesischer Koch. Und in dieser Serie ist Gott bestimmt ein Mann mit einem Revolver.

Ich habe Dicky gefragt, mit welchen Waffen er kämpfen will. Er hat gesagt, für uns beschränkt er sich auf die Waffen einer Frau. Mit bloßen Händen.

11

Lava findet mich auf dem Parkplatz. Sie trägt einen bauchigen grünen Overall mit großen Gummistiefeln. Sie sieht aus, als würde sie auf einem Bauernhof arbeiten. Sie sagt: «Deine Brüder haben sich den ganzen Morgen von Dicky beleidigen lassen.»

«Ich weiß», sage ich. «Es ist jeden Tag so.»

«Aber weißt du, was sie nachmittags machen?»

«Nein.»

«Sie sind bei einem Karatelehrer.»

«Wirklich.»

«Sie wollen nicht, dass du es weißt.»

«Warum?»

«Sie bezahlen ihn von deinem Geld.»

Ich hebe die Schultern. «Bis sie Karate können, wird unser Vater tot sein und die Banane verrottet.»

Lava zieht einen Gummistiefel aus und kratzt sich zwischen den Zehen. «Weißt du warum Dicky Dicky heißt?»

«Klar. Seine Lieblingsserie im Fernsehen war früher Schweinchen Dick. Es ist die, bei der am Schluss das Schwein sagt: Und immer schön fröhlich bleiben.»

Sie zieht sich den Stiefel wieder an und steht auf. «Warum stirbt dein Vater? Er kann noch nicht so alt sein.»

«Ich nehme an, er hat eine Schusswunde.»

Meine Brüder suchen im Fernsehen nach einer Karate- oder Kung-Fu-Serie. Ich gehe in den Flur und rufe in Delitzsch an. Eine Frauenstimme meldet sich. Sie sagt, er kann nicht ans Telefon kommen.

«Aber er lebt noch?», frage ich.

«Ja», sagt sie und: «Noch.»

«Gut», sage ich.

Meine Brüder haben eine Kung-Fu-Serie gefunden. Sie gefällt ihnen nicht. Sie verstehen die Handlung nicht. Dritter geht in die Küche und kocht Spaghetti für alle. «Was ist?», fragt er.

«Er lebt noch.»

13

Ich verlasse die Wohnung, um zum Parkplatz zu gehen. Lava steht schon im Hausflur und schneidet sich mit einer Schere Löcher in die Jeans und das T-Shirt. Sie sagt, sie hat Dicky kämpfen sehen. Sie sagt, er hat ein Elektroschockgerät im Ärmel.

«Hat er gewonnen?», frage ich.

«Ja», sagt sie. «Natürlich.»

Sie begleitet mich. Plötzlich geht sie schneller und stellt sich vor mich.

«Nicht küssen», sage ich.

Sie lacht. «Du musst deinen Brüdern Bescheid sagen, sie brauchen nicht mehr zum Karate-Kurs zu gehen.»

«Er kämpft nicht fair.»

«Ja. Du musst gegen ihn kämpfen.»

«Ich? Warum ich?»

«Weil . . . er hat mich beleidigt.»

«Was hat er gesagt?»

Sie antwortet nicht, sondern erzählt, wie Dicky seinem Gegner die Elektroden auf die Handfläche gedrückt hat. «Er hat lange Zeit nur auf dem Boden gelegen und gezittert», sagt sie.

«Wer war es?»

Sie sieht zu Boden. Ich greife nach ihren Händen. Sie hat zwei Brandflecke auf der Handfläche.

14

«Warum lasst ihr euch von ihm beleidigen?», frage ich.

«Wir studieren ihn.»

Meine Brüder stehen in einer Reihe am Rand des Fußweges und sehen hinüber. Dicky streckt den Mittelfinger in die Höhe, dann haucht er den rechten Seitenspiegel der Banane an und poliert ihn mit dem Ärmel seines Hemdes.

«Ich bin derjenige, der gegen dich kämpft», rufe ich.

Dicky lacht und wackelt mit dem Hintern in meine Richtung. «Der Schlüssel für die Banane steckt in meinem Arschloch. Hol ihn dir.»

«Du wirst nicht für uns kämpfen», sagt Erster. «Das ist unsere Sache.»

«Wir sind die Älteren», sagt Zweiter. «Wir sind stärker als du.»

«Aber er kämpft nicht fair», sage ich.

«Wir sind die Erfahrenen», sagt Dritter. «Wir kennen die Tricks.»

Dicky ruft: «Was ist mit euch Vanillepuddingköpfen, kommt endlich einer aus eurer feigen Brut rüber, damit ich Kirschsoße aus ihm machen kann?»

«Ich komme», rufe ich. «Ich werde dich besiegen. Ich werde . . .»

Meine Brüder halten mich fest. Erster presst mir seine Hand auf den Mund. «Bist du verrückt», zischt er. «Du reizt ihn.»

Dicky hat sich von seinem Wagen abgestoßen und ist bis in die Straßenmitte gegangen. Er schnüffelt. «Verdammter Gestank. Eure faulenden Geschwüre riechen bis hierher. Diese Pest halte ich nicht aus.» Er drückt sich die Nase zu und macht kehrt.

Ich entdecke Lava. Ihre Hände stecken in zwei Blechdosen. Ich löse mich von meinen Brüdern und springe über die Straße. Ich muss ihr zuvor kommen.

15

Im Laufen bücke ich mich und hebe einen Stein auf. Ich werfe. Glas klirrt. Ich habe den rechten Scheinwerfer der Banane getroffen. Dickys Mund steht offen.

«Bist du verrückt, was machst du?» Er beugt sich zu dem kaputten Scheinwerfer hinab. Mit einem Sprung ziehe ich seine Beine nach hinten weg. Er fällt auf die Stirn, bleibt reglos liegen. Er blutet. Die Scherben haben ihm die Stirn aufgeschnitten.

«Los!» Ich winke meinen Brüdern.

Erster setzt sich hinters Steuer und startet. Dritter lässt sich in den Beifahrersitz fallen. Hinten sind nur zwei schmale Notsitze. Lava streift die Blechdosen von den Händen und klettert über die Kofferraumhaube hinein. Zweiter quetscht sich neben sie. Erster sucht knarrend den Rückwärtsgang.

«He, wo soll ich sitzen?»

«Du bleibst hier», sagt Erster.

Er fährt ein Stück zurück, umkurvt Dicky und gibt Gas.

«Wartet auf mich!»

«Du bist zu jung.»

Ich beuge mich zu Dicky herab. Er stöhnt. Aus einem Ärmel guckt der Elektroschocker. Ich ziehe ihn heraus und nehme ihn an mich.

16

Mit laufendem Motor warten sie vor unserem Haus auf mich.

«Kein Platz mehr», sagt Zweiter. Er hat den Arm um Lava gelegt.

«Was will sie dabei?», frage ich.

«Vater soll den Wagen fahren, und sie ist das schöne Mädchen auf dem Beifahrersitz, verstehst du, sein letzter Wunsch.» Erster streckt die Hand aus dem Wagen. «Gib uns Geld für Benzin.»

«Nur wenn ich mitfahre.»

«Was willst du dort? Du hast eine andere Mutter», sagt Zweiter.

«Und ihr habt kein Geld für Benzin.»

17

Auf dem ersten Autobahnparkplatz versuchen wir das Verdeck zu schließen. Aber es besteht nur aus Fetzen.

Hinten ist es zu dritt so eng, dass Lava sich nach vorn auf Dritters Schoß setzt. An der nächsten Raststätte holt sie sich einen Müllsack aus Plastik, reißt ihn auf und zieht ihn sich über den Kopf. Dann kommt sie zurück nach hinten.

«Dein Bruder da vorn, diese Sau, fummelt an mir rum», sagt sie. Wir probieren verschiedene Stellungen, um unsere Beine unterzubringen. Es geht nicht. Schließlich legt sich

Lava der Länge nach über mich und Zweiter. Ich habe ihren Kopf, Zweiter ihre Beine auf dem Schoß.

«Küss mich», sagt Lava.

18

Vater sitzt im Hof in einem Wäschekorb. In der Klinik haben sie ihm beide Raucherbeine amputiert. Er ist so klein geworden wie ein Kind. Die beiden Frauen, die mit ihm in seiner Wohnung wohnen, tragen ihn in dem Korb morgens hinaus und abends hinein. Bei Regen spannen sie einen Schirm über ihm auf. Er stinkt, behaupten sie.

«Stirbst du?», frage ich.

Er lacht und zündet sich eine Zigarette an. Er trägt Windeln und stinkt wirklich.

«Morgen bekomme ich einen Spezialrollstuhl», sagt er.

«Das ist schön», sage ich. «Glückwunsch.»

«Und dann», sagt er, «fängt ein neues Leben an.»

Wir stehen um ihn herum und wissen nicht, ob wir ihm von seinem letzten Wunsch erzählen. Wir wissen nicht, wie wir ihn erfüllen sollen.

19

Wir essen Butterstolle. Die beiden Frauen haben sie aus dem Keller geholt. Es ist die letzte Stolle von Weihnachten.

«Wir backen immer so viel, dass es genau bis zum neunten Juni reicht», sagt die eine Frau. Sie tippt auf einen Wandkalender mit einem Bild des Elbsandsteingebirges. Heute ist der neunte Juni. Ich glaube nicht, dass sie meine Mutter ist. Sie spricht nicht sächsisch. Sie rollt das r. «Ich komme aus Russland», sagt sie. «Ich bin Russlanddeutsche. Eure Mutter hat mich engagiert. Sie schafft es nicht allein.»

«Danke», sagt Erster. «Danke für alles.»

Die Russlanddeutsche lacht ihn an.

Erster sagt: «Gibt es noch den Schuppen, in dem ich mein Spielzeug vergraben habe?»

«Ach, der Schuppen», sagt die Russlanddeutsche und zieht Erster mit sich.

Die andere Frau lacht, ohne dass jemand etwas gesagt hat. Ich glaube nicht, dass die andere Frau meine Mutter ist. Sie ist auch nicht die Mutter meiner Brüder. Sie ist eine weitere Frau meines Vaters.

Meine anderen Brüder stopfen sich Stolle in den Mund und trinken Kaffee, so lange die Stolle noch im Mund ist. Zweiter sagt, so muss man in Sachsen Stolle essen. Alles muss im Mund ein Brei sein.

Ein Polizist klopft an die Tür. Er fragt, wem der gelbe Sportwagen gehört.

20

Erster sagt, es sei sein Wagen. «Wir haben leider die Papiere in Berlin vergessen», sagt er.

«Wer ist wir?»

«Meine Brüder. Zweiter und Dritter. Vierter gehört nicht dazu», sagt er. «Der hat eine andere Mutter.»

Der Polizist guckt Lava an. Lava sagt, sie wäre nur zufällig dabei. Der Polizist behauptet, die Banane sei ein gestohlenes Auto. «Schon vor sechs Wochen ist es als gestohlen gemeldet worden.»

Erster sagt, wie es wirklich war. «Wir haben das Auto gewonnen, weil wir den Besitzer besiegt haben.» Aber er sagt nicht, dass ich es war, der Dicky besiegt hat.

Es nützt nichts, denn Dicky war nicht der Besitzer.

Meine drei Brüder müssen in den Polizeiwagen steigen.

Lava sagt: «Wir müssen uns beeilen.»

Ich sehe dem Polizeiwagen nach.

Lava sagt: «Wir brauchen Vorsprung. Deshalb habe ich nichts gesagt.»

«Sie hätten dir auch nicht geglaubt.»

Ein anderer Polizist steigt in die Banane. Er startet den Motor. Die Gänge krachen.

«Wozu brauchen wir Vorsprung?»

«Wegen Dicky.»

«Was sollen wir mit ihm tun?»

«Er muss bearbeitet werden», sagt sie. «Für das Verhör.»

«Und wenn er nicht will, wie wir wollen?»

«Dann bringst du ihn um.»

Wir heben den Korb an. Wir tragen meinen Vater über den Hof in den Garten. «Pass auf deine Brüder auf», sagt er.

«Ja», sage ich, «ich kümmere mich um sie.»

Er will neben den fleißigen Lieschen abgesetzt werden, weil da keine Bienen sind.

«Deine Brüder sind nicht wirklich schlecht», sagt mein Vater. «Ich hab gesehen, wie Erster mit der Russin aus dem Schuppen kam. Ich habe mich in ihm getäuscht.»

«Auf Wiedersehen, Vater», sage ich.

«Vielen Dank», sagt mein Vater zu Lava und reicht ihr die Hand.

«Wofür?»

«Solange ich noch Hände habe.»

Er beugt sich aus dem Wäschekorb, um an den fleißigen

Lieschen zu schnuppern. «Sie riechen nicht», sagt er. «Das ist der Vorteil.»

Lava zieht mich mit sich. «Warum hat euch dein Vater damals aus dem Haus gejagt?»

«Schwule Bande hat er zu uns gesagt.»

Sie lacht.

«Na ja, wir machen uns nichts aus Frauen.»

«Und Erster und die Russin?»

«War nur Show für Vater. Du weißt schon: letzter Wunsch.»

«Küss mich», sagt Lava.

Judit und Holophernes

Als sie aufgehört hatte, zum Gott Israels zu rufen, erhob sie sich vom Boden, rief ihre Sklavin und ging in das Haus hinab, wo sie sich an Sabattagen und Festtagen aufzuhalten pflegte. Sie legte das Bußgewand ab, mit dem sie bekleidet war, und zog auch ihre Witwentracht aus, badete und salbte sich mit feinstem Öl. Sie machte sich deshalb so überaus schön, um die Augen der Männer zu berücken, die sie sehen sollten. (...)

Im ganzen Lager gab es einen Menschenauflauf, denn in alle Zelte war die Kunde von Judits erscheinen gedrungen. (...) Holophernes aber ruhte gerade auf seinem Lager unter dem Mückennetz, das aus Purpur, Gold, Smaragd und eingewebten kostbaren Steinen bestand. (...)

Als es spät geworden war, brachen seine Diener eiligst auf. (...) Judit aber blieb allein im Zelt zurück. (...) Dann trat sie zu der Bettsäule hin, die sich am Kopfende des Holophernes befand, und nahm von ihr sein Schwert. Sie ging nahe an das Bett heran, ergriff sein Haupthaar und sprach: «Stärke mich, Herr, Gott Israels, am heutigen Tag!» Sie schlug zweimal mit all ihrer Kraft auf seinen Nacken und trennte sein Haupt von ihm ab. Seinen Rumpf aber wälzte sie vom Lager fort und nahm das Mückennetz von den Säulen heraus und übergab ihrer Sklavin das Haupt des Holophernes.

Vgl. Das Buch Judit, hier Kapitel 10–13; zit. n. «Die Heilige Schrift des Alten und Neuen Testaments», nach den Grundtexten übersetzt und herausgegeben von Prof. Dr. Vinzenz Hamp, Prof. Dr. Meinrad Stenzel u. Prof. Dr. Kürzinger, Paul Pattloch Verlag, Aschaffenburg 1960.

Sabine Deitmer

Von Menschen und Möwen

Jule Eichhorn steuerte mit der Fernbedienung den Fernseher an. Sekunden lang blieb der Bildschirm trübe grau. Dann knackte es, und das Grau zersprang in helle Punkte. Punkte, die Farbe annahmen, sich zu einem Bild aufbauten. Eine Frau mit kurzen dunklen Haaren stand hinter einem Lesepunkt, auf dem in fetten Buchstaben «Wirtschaft im Westen» stand. In der rechten Ecke erschien ein Foto: Ein Pärchen, das sich vor einer Küchenzeile verliebt in den Armen hielt. Der Untertitel: «Mit Alba wird der Alltag ein Traum.» Jule schluckte. Sie griff nach der Fernbedienung, stellte den Ton lauter. «Alba-Best, der erfolgreiche Küchenspezialist», dröhnte es durch den Raum, «will den alternativen Möbelhersteller und Versender Heile Erde aufkaufen, das kleine feine Unternehmen, das mit Qualität und neuen Vertriebsformen einen Platz auf einem umworbenen Markt erobert hat. Stefan Holzer, geschäftsführender Direktor der Alba AG, hat heute in einem Interview mit der FAZ Gerüchte bestätigt, die seit Wochen in der Branche zirkulieren.»

Jetzt war es also heraus. Öffentlich. Jule griff nach der Fernbedienung und schaltete das Fernsehen aus.

Die Stille war eine Erholung. Sie ließ ihren Blick durch den Raum wandern. Die wenigen Möbel, die Torsten alle selbst entworfen hatte, die Weite des Raums, ihre Aquarelle: Sanddünen mit Tupfern von Seegras vor einem weiten freien

Himmel. Seit Torstens Tod hatte sie das Meer nicht mehr gesehen.

Jule griff nach der Schachtel Zigaretten, die ungeöffnet vor ihr auf dem Couchtisch lag. Mit dem Fingernagel riss sie die Zellophan-Verpackung auf. Sie fragte sich, ob die Frau, die im Fernsehen die Nachrichten aus der Wirtschaft verkündete, wusste, welche Wirkung ihre Worte auf die Menschen hatten. Wie die Betroffenen auf den geplanten Verkauf der Heilen Erde reagierten.

Jule wusste, wie groß die Verunsicherung unter der Belegschaft war. Sie wusste, wie den Menschen zumute war. Die Angst um den Arbeitsplatz packte jeden, ausnahmslos. Und bei jedem zeigte sich die Angst anders. Frau Gärtner, ihre Sekretärin, lief seit Tagen mit rotgeäderten Augen umher. Ein Zipfel des Taschentuchs, mit dem sie sich, wenn sie sich unbeobachtet fühlte, über die Augen fuhr, blinkte aus der Tasche der Kostümjacke. Martin Wieland, der Küchenchef, stand mit steifer Kochmütze und aufgesetzter Munterkeit hinter dem Tresen, als würde es ihm nichts ausmachen, dass von Tag zu Tag weniger Menschen in der Kantine zu Mittag aßen.

Bei den einen verursachte die Angst Appetitlosigkeit, bei den anderen Magenschmerzen, Beklemmungsgefühle, Herzrasen. Jeder würde die Angst anders bekämpfen. Jan Feddersen aus der Pforte würde versuchen, sie in Pils zu ertränken. Flasche um Flasche in sich hineinschütten, um die Frage zu verdrängen, vor der ihm graute: Ob es nach Übernahme der Firma noch Platz für einen wie ihn geben würde. Was bedeutete ein Jan Feddersen schon für einen Konzern wie Alba? Einer, der all die Jahre lang nie krank gewesen war, sich verantwortlich fühlte. Für Alba war er zu alt, zu teuer. Ein Kostenfaktor, der ausgemerzt werden musste.

Wie würde es einem wie ihm ohne seine Arbeit gehen?

Eine unangenehme Frage, Jule saugte tief an ihrer Zigarette. Verscheuchte diese Frage, wie alle weiteren Fragen. Konzentrierte sich auf die Rauchwolken, die durch den leeren Raum segelten, sich auflösten. Und sah doch Menschen, die mit dem Rauch durch den Raum schwebten. Frau Gärtner, das Taschentuch wie ein Segel in der Hand gespannt. Jan Feddersen mit einer Flasche Bier am Mund. Klara, aus der Schreinerei, mit den klirrenden Silberringen im gepiercten Nasenflügel. Tommy, der Azubi aus dem Vertrieb, mit seinen Skaterhosen, die ihm bis in die Kniekehle hingen. Tommy, mit seinen patschigen Babyhänden und den abgebissenen Fingernägeln.

Jule zog an ihrer Zigarette, sog das Nikotin gierig ein. Sie trank nicht, sie rauchte an gegen die Angst. Innerhalb der letzten Wochen hatte sich ihr Zigarettenkonsum verdoppelt.

Nein. Jule drückte die Zigarette im Aschenbecher aus. So durfte es nicht weitergehen. Es musste etwas geschehen. Sie hatte eine Verpflichtung gegenüber diesen Menschen.

Jule sprang auf von der Couch, lief quer durch den Raum zu dem Tisch am Fenster und ergriff das Handy. Ihre Finger drückten den Pincode in die Tasten. Sie blickte durch die Scheibe nach draußen. Torstens liebste Liege stand mit einer Schicht Schnee bedeckt auf der Terrasse. «Lazy Lissy» war heute noch ein Renner im Programm.

Die Türklingel schellte. Mit einem Blick prüfte Jule das Tablett, das sie auf den Couchtisch gestellt hatte. Die Flasche Merlot mit den Gläsern, die Oliven, die Nüsse. Mein Gott, dachte sie, ich tue so, als kämen Nachbarn zu einem Anstandsbesuch. Es schellte ein zweites Mal. Es würde kein angenehmes Gespräch werden. In den letzten Jahren hatte es immer häufiger Auseinandersetzungen mit Thomas und Frank gegeben. Torsten warf ihnen vor, sie wären nicht mehr an Qualität, sondern nur noch am Profit interessiert. «Du siehst es an ihren Augen», hatte Torsten behauptet. «Die Dollarzeichen blinken.»

Jule öffnete die Tür.

«War das wirklich nötig, dass du uns heute Abend noch herbestellt hast?», murrte Frank, die Nase im schmalen Gesicht rot vor Kälte. «Hätte das nicht Zeit gehabt bis morgen? Im Geschäft.»

«Schön, dich zu sehen.» Thomas mit seinem runden freundlichen Gesicht. Er drückte ihr seine kalten Lippen auf die Wange. Die beiden Miteigentümer der Heilen Erde folgten ihr in den großen Wohnraum. Frank ließ sich in einen Sessel fallen.

«Was ist so wichtig, dass es keine Zeit hat bis morgen?»

«Wir sollten Holzers Interview etwas entgegensetzen», sagte Jule. «So schnell wie möglich.» Sie goss den Wein in die Gläser. «Eine Pressekonferenz. Wir dementieren.»

Frank nahm das Glas in die Hand. «So hast du dir das also vorgestellt.» Er ließ den Wein kreisen.

«Als du weg bist, kam ein neues Angebot», erklärte Thomas. «Per Bote. Holzer hat nochmal kräftig draufgelegt.»

Jule schluckte. «Und?», fragte sie. «Wieviel?»

«Dreißig Mio», kam es wie aus der Pistole geschossen von Frank.

Jule griff nach der Zigarettenschachtel.

«Das ist wirklich ein gutes Angebot.» Thomas sah sie beschwörend an.

«Gut für wen?», fragte Jule.

Die beiden schwiegen betreten.

«Wenn wir unsere Schulden beim Finanzamt abziehen, die offenen Rechnungen, die laufenden Zinsen», Jule zog an ihrer Zigarette, «wie viel bleibt dann noch übrig, was schätzt ihr?»

«So viel, dass keiner von uns sich je wieder Sorgen zu machen braucht», sagte Frank.

«Und was ist mit unseren Leuten?», fragte Jule. «Brauchen die sich auch keine Sorgen zu machen?»

«Das lässt sich vertraglich regeln», Frank nahm einen Schluck. «Alba verpflichtet sich, alle zu übernehmen. Das ist ein Klacks.»

«Ein Klacks.» Jule drückte ihre Zigarette im Aschenbecher aus. «Alba ist ja für die freundliche Mitarbeiterführung bekannt. Und ich dachte, das wären die, die alle Produktionsstätten aus Deutschland verlegen. Dahin, wo es sich billiger produzieren lässt.»

«Jule», Thomas wand sich. «Meinst du, Frank und ich wären für das Angebot, wenn es eine andere Möglichkeit gäbe?»

«Es gibt eine andere Möglichkeit.» Sie stellte ihr Weinglas zurück auf das Tablett. «Wir lehnen das Angebot ab.»

«Du bist völlig weltfremd», wetterte Frank. «Leute wie Holzer haben noch ganz andere Mittel, um uns kleinzukriegen. Wenn die uns schlucken wollen, schlucken die uns. Und dann zahlen wir noch drauf.»

«Ich bin vielleicht weltfremd.» Sie sah auf ein Aquarell an der Wand. Eine Möwe, die mit einem Wurm im Maul durch das Watt stolzierte. «Aber ich verkaufe an keinen Multi, der Müll produziert und seinen Schrott mit Chemikalien versetzt, die Kinder krank machen.»

«Du hast ja Recht», stöhnte Thomas aus.

«Nennt mir einen vernünftigen Grund, warum wir verkaufen sollen.»

Frank sah sie beschwörend an. «Weil das Kriminelle sind, Jule. Und die noch ganz andere Mittel haben, um uns in die Knie zu zwingen.» Eine steile Falte grub sich zwischen seine Augenbrauen. «Holzer hat alles drauf. Die ganze Palette,

Anzeigen beim Finanzamt, bei der Gewerbeaufsicht und besten Draht zu den Banken, da werden auf einmal Kredite nicht verlängert – bis hin zu Sabotage. Gerüste stürzen ein, Arbeiter fallen in ungesicherte Baugruben.»

«Das sind Verbrecher, Jule.» Thomas seufzte. «An Holzers Händen klebt Blut. So einem sind wir nicht gewachsen.»

«Ich lasse mich von Mördern nicht einschüchtern», sagte Jule fest.

Jule sperrte die Flügel der Terrassentür weit auf. Kalte Luft strömte ihr entgegen. Frank und Thomas wollten verkaufen. Das war klar. Hätten vielleicht schon längst verkauft, wenn sie nicht ihr Einverständnis bräuchten. Die Dollarzeichen blinkten. Wie recht Torsten hatte. Plötzlich war ihr kalt. Jule schloss die Terrassentür.

Sie stieg die eiserne Wendeltreppe hoch in ihr Büro. Vor der breiten Fensterfront stand eine drei Meter lange Arbeitsplatte, der linke Teil mit dem flachen Bildschirm und dem PC gehörte ihr, der rechte Teil, in den eine Glasplatte eingelassen war, die sich per Knopfdruck beleuchten ließ, markierte Torstens Bereich. Hier war er sorgfältig Dia für Dia die Aufnahmen für den neuen Katalog durchgegangen. Sie hatten auch die Außendarstellung der Heilen Erde nie so genannten Profis überlassen, sondern immer dem eigenen Instinkt vertraut.

Judith zündete sich eine Zigarette an und schaltete den Computer ein. Sie musste alles über den Mann in Erfahrung bringen, der die Heile Erde schlucken wollte. Jule tippte bei der ersten Suchmaschine den Namen H-O-L-Z-E-R ein. Während Seite um Seite an Informationen aus dem Drucker rasselten, gewann Jule langsam ein Bild. Ein Mann Anfang 50, aus einfachen Verhältnissen, ohne Bildung, rücksichtslos und machtgierig. Einer, der über Leichen ging und es zu Reichtum und Präsenz in den Klatschspalten der Zeitungen gebracht hatte. Der es liebte, sich mit schönen Frauen zu umgeben und in Golfkluft ablichten zu lassen. Sämtliche Affären und Prozesse, in die er verwickelt war, hatte er unbeschadet überstanden.

Je mehr Jule über ihn erfuhr, desto besser verstand sie, warum einer wie er so versessen auf die Heile Erde war. Er wollte sich ein Unternehmen kaufen, dessen Produkte qualitätvoll, dessen Unternehmensphilosophie menschenfreundlich war. Er wollte sich mit der Heilen Erde vom Stigma des rücksichtslosen Kapitalisten befreien. Er wollte sich kaufen, was eigentlich nicht käuflich war. Er wollte Ehrbarkeit und Anstand. Das, was für einen wie ihn am schwierigsten überhaupt zu bekommen war.

Der Wecker schellte wie üblich morgens um halb sieben. Und wie jeden Morgen stand Jule auf, zog sich verschlafen ihren Jogginganzug an, die dicken Socken, die Turnschuhe. Vor der Tür pfiff ihr ein eisiger Wind entgegen. Sie lief ihre übliche Strecke, die Straße hoch, dann den kleinen Weg in den Wald. Auch nach einer Nacht am PC konnte sie sich auf ihren Körper verlassen. Sie fühlte, wie sie mit jedem Auftreffen auf den weichen Waldboden wacher wurde. Sauerstoffdurchflutet lief auch ihr Gehirn langsam wieder mit voller Kraft. Bis vier Uhr hatte sie noch am Computer gesessen. Sie erinnerte sich an Berge von Papier auf dem Boden, einen randvollen Aschenbecher und an ihre wachsende Wut darüber, womit Holzer durchgekommen war. Dass niemand gewagt hatte, sich ihm entgegenzustellen.

Doch, erinnerte sie sich, einer hatte es zumindest versucht, der Sohn eines ehemaligen Kompagnons von Holzer, dessen Vater Holzer in den Selbstmord getrieben hatte. Der hatte es versucht, Holzer mit Prozessen überzogen. Aber auch er musste aufgeben. Er konnte Holzer nicht nachweisen, dass er seinen Vater mit betrügerischem Vorsatz ausgetrickst und in den Ruin getrieben hatte.

Jule war klar, dass einer wie Holzer kein einfacher Gegner sein würde. Sie musste jeden Schritt sorgfältig planen. Plötzlich stolperte sie, ging in die Knie. Eine Baumwurzel. Sie kämpfte mit dem Gleichgewicht, kam wieder hoch, lief weiter, fand wieder zu ihrem Rhythmus.

So eine Unachtsamkeit durfte sie sich bei Holzer nicht erlauben. Ein falscher Schritt, und er würde sie zu Fall bringen und nicht umgekehrt. Jule rannte über den feuchten Waldboden, behielt das Tempo bei der Steigung hinauf zu der großen Eiche bei. Sie würde es schaffen. Jule legte noch einen Schritt zu. Genoss die frische klare Luft, freute sich an dem Licht, das durch die Baumdächer auf den Weg vor ihr fiel.

Sie würde es schaffen, weil sie diese Welt liebte, sie respektierte. Im Gegensatz zu Holzer, für den sie nur zum Ausschlachten da war.

Jan Feddersen saß in seinem Pförtnerhäuschen wie jeden Morgen, winkte ihr zu, als die Schranke hochging und Jule an seinem Glaskasten vorbei fuhr. Sein Gesicht sah grau und müde aus. Oder bildete sie sich das nur ein?

Nein, das bilde ich mir nicht ein, dachte sie, als sie durch die leere Eingangshalle zum Fahrstuhl lief. Sie konnte die Angst und Mutlosigkeit riechen, die durch das Gebäude kroch.

Der Stuhl ihrer Sekretärin war verwaist, und auf dem Schreibtisch von Frau Gärtner lagen zwei Päckchen Papiertaschentücher neben der Vase, in der Rosen die Köpfe hängen ließen. Wann war es vorgekommen, dass Frau Gärtner vergaß, ihren Blumen frisches Wasser zu geben?

Jule setzte sich an den Schreibtisch und breitete Holzers Übernahmeangebot vor sich aus.

Die Tür ging auf. Frank und Thomas marschierten in ihr Büro.

Thomas hatte Ringe unter den Augen. Bei Frank verriet nur das zerknautschte Hemd, unter welcher Anspannung er stand.

«Und?», fragte er. «Hast du es dir überlegt?»

Jule atmete tief durch. «Ich verkaufe nicht.»

Thomas seufzte. «Du weißt immer noch nicht, mit wem wir es zu tun haben.»

«Ich weiß sehr wohl, mit wem wir es zu tun haben.» Jule griff nach einer Zigarette. «Ich habe die halbe Nacht im Netz gesurft.»

Frank hielt ihr ein Feuerzeug hin. «Und?», fragte er.

Jule hielt die Zigarette in die Flamme, zog daran, bis sie rot glühte. «Er hat keine Schweinerei ausgelassen.»

«Hast du gelesen, was er mit Erwin Köster gemacht hat?»

Jule nickte. «Ruiniert und in den Selbstmord getrieben.»

«Und trotzdem willst du nicht unterschreiben?» Frank schüttelte den Kopf. «Willst du, dass er mit uns das gleiche macht?»

«Gebt mir drei Tage Zeit», Jule drückte ihre Zigarette halbgeraucht im Aschenbecher aus.

«Zeit wozu?» Frank sah sie neugierig an.

«Zeit, Holzer zu überzeugen, dass er besser seine Finger von der Heilen Erde lässt.»

«Wie willst du das denn machen?» Thomas sah sie mit großen Augen an.

Jule nahm die Kopie des Übernahmeangebots vom Schreibtisch und gab die Telefonnummer, die handschriftlich auf dem Kopf des weißen Büttenbogens eingetragen war, in ihr

Handy ein. Nach dem dritten Klingeln landete sie auf Holzers Mailbox. «Jule Eichhorn.» Sie bemühte sich, ihre Stimme angenehm sanft klingen zu lassen. «Ich würde mich freuen, wenn Sie mich unter der Nummer 01 72–2 46 77 38 rückrufen würden. Es geht um die Heile Erde. Ich hätte da ein paar interessante Informationen für Sie.»

Exakt eine Stunde später klingelte Jules Handy. Das musste er sein. Holzer. Schritt 1 ihres Plans war aufgegangen. Folgen würde Schritt 2, ein erstes Treffen an einem möglichst unauffälligen, möglichst anonymen Ort. Das dürfte nicht so schwierig sein.

Sie hielt das Handy an ihr Ohr. «Ja?»

«Spreche ich mit Jule Eichhorn?» Eine kräftige Männerstimme.

«Das tun Sie», antwortete Jule.

«Stephan Holzer», stellte er sich vor. «Wir sollten miteinander reden.»

«Das finde ich auch», stimmte Jule ihm zu.

Jule hatte ihm als Treffpunkt den Parkplatz einer Raststätte an der Autobahn vorgeschlagen. Ein Blick auf die Uhr sagte ihr, dass sie gut in der Zeit lag. Dort hinten kam das Schild, sie bog ab und fuhr an der hell erleuchteten Tankstelle und der Raststätte vorbei. Links auf den Parkplätzen standen wuchtige Laster, rechts in den Parkbuchten einige wenige abgestellte Wagen. Der dunkle Mercedes mit dem Standlicht war nicht zu übersehen. Sie parkte ihren Golf in der freien Bucht daneben.

Jule warf einen kurzen Blick in den Autospiegel. Zum ersten Mal seit einem Jahr hatte sie sich wieder geschminkt, die Lippen rot gemalt. Sie schlug den Kragen ihres Mantels hoch, nahm die Ledermappe vom Beifahrersitz.

Die Scheiben des Mercedes waren getönt, sie konnte nicht sehen, wie der Mann aussah, der darin saß und auf sie wartete.

Die Seitentür des Mercedes sprang auf. Jule zog die Tür weiter auf und sah in den Wagen: «Herr Holzer?»

«Der bin ich.» Er trug eine dunkle Sonnenbrille. «Und Sie sind Jule Eichhorn.»

«Was macht Sie so sicher?» Sie schwang sich auf den Beifahrersitz und schlug die Tür zu.

«Was wollen Sie hören? Soll ich sagen, ich habe einen Blick für schöne Frauen oder . . .»

«Lassen Sie mich das Oder wissen», entgegnete Jule. «Das scheint mir spannender.»

«Oder finden Sie es glaubwürdiger, wenn ich Ihnen gestehe, dass wir ein privates Dossier über jeden Eigner der Heilen Erde besitzen inklusive Fotos.»

«Sehr viel glaubwürdiger», Jule lächelte die dunklen Brillengläser an.

«Sie sind eine interessante Frau. Das dürfen Sie als Kompliment auffassen. Aber . . .»

«Wir sind nicht hier, um Komplimente auszutauschen», sagte sie.

«Das war es doch bestimmt, was Sie sagen wollten, oder?»

«Sie sind nicht nur eine schöne, Sie sind eine kluge Frau. Eine seltene Kombination.» Er setzte die Brille ab, steckte sie in sein Jackett. Er sah älter aus als auf den Fotos. Das Gesicht feister. «Also, was haben Sie für mich?»

«Was würden Sie sagen, wenn ich Ihnen anbiete, mein Einverständnis für den Verkauf der Heilen Erde zu kaufen?»

«Ich würde denken, dass Sie nur halb so schlau sind, wie ich dachte.» Er zog aus dem Handschuhfach eine Zigarettenschachtel, ließ den Deckel hochklappen und hielt sie ihr hin. Jule griff zu.

«Warum wäre es nicht schlau, Ihnen mein Einverständnis zu verkaufen?», fragte sie.

Er hielt ihr die Flamme seines Feuerzeugs hin. «Weil ich die Heile Erde sowieso bekomme.»

Jule hielt ihre Zigarette ins Feuer. Holzer zog einen langen Zigarillo aus einer Packung, zündete ihn an. «Ich bekomme immer, was ich will. Wissen Sie das nicht?»

«Es gibt etwas, was Sie nicht bekommen können, weil Sie gar nicht wissen, dass es existiert.»

«Etwas, das ich nicht kenne. Das klingt interessant.»

«Es ist interessant», sagte Jule mit Nachdruck. «Ich habe Ihnen eine kleine Kostprobe mitgebracht.»

Sie öffnete das Schloss ihrer Mappe und reichte ihm ein Dossier. «Lesen Sie. Jetzt.»

Er klappte ein winziges Brillengestell auseinander. Sie zog den Rauch der Zigarette ein und entspannte. Bisher lief alles nach Plan. Er las.

Aus den Augenwinkeln sah sie, wie Holzer eine Seite nach der anderen umblätterte. Immer schneller, bis er am Ende der Seiten angelangt war. Unwirsch fragte er sie: «Was soll das? Eine Marketingstudie über die Heile Erde. Ich weiß, was darin steht, sonst hätte ich kein Angebot gemacht.»

«Dann haben Sie sicher schon Pläne, was die Ausweitung der Produktpalette betrifft?»

«Wovon reden Sie überhaupt?», knurrte er.

«Von der Einschätzung der Marktforscher, dass die Heile Erde bei ihrer Käuferschicht mit einer hohen Akzeptanz rechnen kann, wenn sie ihre Produktpalette um Produkte erweitert, die der Philosophie der Heilen Erde entsprechen.»

«Was für Produkte sollen das sein?»

Sie nahm ihm die Marketingstudie aus der Hand.

«Dazu kann ich Ihnen konkrete Planungen vorlegen. Mein Mann und ich haben daran zwei Jahre lang gearbeitet. Und wir haben ein paar interessante Ideen entwickelt dazu.»

«Warum haben Sie diese Ideen bisher noch nicht realisiert?» Er setzte die Brille ab und faltete sie zusammen.

«Nach dem Tode meines Mannes habe ich mich für andere Dinge interessiert als für das Geschäft. Aber jetzt . . .», sie sah ihm voll ins Gesicht, «. . . sehe ich nicht ein, warum diese Ideen in einem Tresor schlummern sollen.»

«Wieviel verlangen Sie?», fragte er. «Für die Pläne und für Ihre Zusage zum Verkauf.»

Für das nächste Treffen hatte sie ihm eine Raststätte im Osten vorgeschlagen. Bei einsetzender Dunkelheit fuhr sie an Dutzenden von LKWs mit polnischen, russischen und lettischen Kennzeichen vorbei, ehe sie zu einem leeren Parkstreifen für PKWs gelangte. Sie war fünf Minuten zu früh. Sie musste ihm von Anfang an ein Gefühl der Überlegenheit geben.

Im Spiegel sah sie den Mercedes näherkommen. Bisher lief alles nach Plan.

Die Seitentür des Mercedes öffnete sich. «Steigen Sie ein», forderte er sie auf. Sie schwang sich auf den Sitz neben ihn.

«Haben Sie die Unterlagen?», fragte er.

Jule öffnete den Aktenkoffer, holte eine Mappe hervor und legte sie zuoberst auf den Koffer. «Ich halte mich an Verabredungen», sagte sie. «Ich hoffe, Sie auch.»

Holzer streckte die Hand nach der Mappe aus.

Sie zog die Mappe weg.

«Zuerst möchte ich das Geld sehen.»

«Entspannen Sie sich», er setzte die dunkle Sonnenbrille ab. «Solche kleinen Transaktionen sind reine Routine. Was glauben Sie, wie oft ich sowas schon gemacht habe. Wer schon alles bei mir im Wagen gesessen hat?»

«Ich möchte das Geld sehen», beharrte sie.

«Hier ist Ihr Geld.» Er griff mit einer Hand nach hinten und zerrte ein Paket nach vorn. «Eine Mille. Euro. Frisch von der Bank.»

Jule betrachtete das Paket, das sorgfältig in Packpapier gewickelt und mit braunen Schnüren verknotet war.

«Kann ich jetzt sehen, wofür Sie das Geld haben wollen?» Er faltete seine Brille auseinander.

«Nicht bevor ich weiß, was da drin ist.»

Jule zog ein schmales Messer aus dem Seitenfach ihres Koffers. Mit einem Ratsch durchtrennte sie die Paketschnüre, das Papier. Geldscheine quollen hervor.

«Na, zufrieden?» Mit einem amüsierten Lächeln sah er sie über den Rand der Brille an.

Sie reichte ihm die Mappe.

Während er las, begann sie das Geld zu zählen.

Ab und zu unterbrach er seine Lektüre und beobachtete, wie sie die Geldscheine aus den Banderolen zog und die Haufen durchblätterte. Dann kehrte er zu seiner Lektüre zurück.

Die bunten Scheine kamen Jule wie Spielgeld vor. Es war Spielgeld. Leute wie Holzer spielten damit. Zogen das Geld aus den Unternehmen, investierten es nicht.

«Interessant», Holzer klappte die Akte zu. «Ein Wunder, dass es so etwas auf dem Markt bisher nicht gibt.»

«Gier», sagte Jule. «Es ist wie überall. Massivholz ist den Herstellern zu teuer, da ist die Profitmarge zu klein.»

«Die Werbekonzeption stimmt», er klappte die Brille zusammen. «Das wird laufen. Ich habe einen Instinkt für so was.»

«Es wird funktionieren», bestätigte Jule.

«Damit wäre unser kleiner Tausch vollzogen.» Er hielt die Mappe hoch und legte sie sorgfältig auf den rückwärtigen Sitz.

«Das ist keine Million.» Jule räumte die Geldscheine in ihren Koffer. «Zweihunderttausend fehlen.»

Er grinste sie an. «Kennen Sie nicht das raue Geschäftsleben? Einhunderttausend gehen an mich als Provision, weil ich so fair bin.»

«Fair?» Sie griff eine Zigarette aus der Schachtel, die er ihr hinhielt.

«Fair.» Er zog sein Feuerzeug heraus. «Ich könnte Sie für eintausend Euro oder fünfhundert von einem Russen oder Letten dahinten», er deutete mit dem Kopf in Richtung der geparkten LKW, «umbringen lassen. Und würde alles haben. Ihre Freunde verkaufen sowieso. Und das da . . .», er zeigte auf die Rückbank, «. . . wäre alles gratis.»

«Einhunderttausend Provision», Jule zog an ihrer Zigarette. «Aber was ist mit den anderen hunderttausend, die fehlen?»

«Die können Sie sich heute noch verdienen.» Er zog selbstgefällig an seinem Zigarillo. «Haben Sie heute Abend noch etwas vor? Wir könnten den Abschluss zusammen feiern. Die fehlenden einhunderttausend würde ich Ihnen mit Vergnügen zum Frühstück überreichen.»

Er drückte auf einen Knopf und eine Schublade fuhr auf. Er holte eine Flasche Champagner heraus.

«Fühlen Sie.» Er nahm ihre Hand, führte die Spitze ihres Zeigefingers über die feuchte Flasche. «Wie gefällt Ihnen das?»

Er ließ ihre Hand frei, machte sich am Verschluss der Champagnerflasche zu schaffen.

Jule griff nach dem Messer, das samt der zerschnittenen Schnüre in ihrem Schoß lag.

Plopp. Der Champagner schäumte aus dem Flaschenhals. Er wandte sich ihr zu, die Arme geöffnet. In einer Hand die Flasche, in der anderen den Korken. Jule konzentrierte sich auf das Messer in ihrer Hand und den massigen Oberkörper, der ungeschützt vor ihr lag.

Jule stand auf der Sanddüne und sah zum Strand hinunter. Der Wind pfiff, es war eiskalt. Das Meer war aufgewühlt. Am Horizont brach das Licht des neuen Tages hervor.

Sie roch den Tang, das Salz.

Es war ein guter Platz. Sie hatte den Weg im Blick, der vom Parkplatz zum Meer führte. Und sie hatte den Strand vor sich. Die weite Sandfläche mit dem gigantischen Holzhaufen. Schade, dass sie nicht dabei sein konnte, wenn morgen die Feuer loderten. Wie oft hatte sie hier mit Torsten gestanden und die Kraft der Flammen bewundert, die das ganze alte Gerümpel verschlangen. Erst wenn das Alte verbrannte, konnte Neues nachwachsen. Von Holzers Schädel im Zentrum des Feuers würde nichts als Asche zurückbleiben.

Auf der Sandfläche neben dem Holzhaufen hatte sie ihre Gabe an die Möwen abgelegt. Holzers Finger. Sie sah die erste Möwe bereits darüber kreisen. Es war nicht leicht gewesen, den Kopf vom Rumpf zu trennen. Die Hände am Gelenk abzuschneiden. Aber sie hatte es geschafft. Am leichtesten ließen sich Menschen anhand der Fingerabdrücke und der Zähne identifizieren. Und sie wollte das Risiko gering halten.

Jetzt ließ sich die Möwe mit breiten Schwingen auf der Beute nieder. Es würde nicht lange dauern, bis die anderen Möwen merkten, dass es hier etwas zu fressen gab.

Jule wartete, bis am Horizont ein breites Lichtband aufging. Sie wurde von einem Glücksgefühl durchflutet. Zum ersten Mal seit Torstens Tod freute sie sich, zu leben. Der Wind trug das Rauschen der Wellen und das Krächzen der Möwen zu ihr. Ein ganzer Schwarm war es jetzt, der aufgeregt zum Strand hinunterflatterte und mit Beute im Maul davonflog.

Jule bereute nicht, was sie getan hatte. Die Welt war besser dran ohne einen wie ihn. Wohin war der Mercedes entführt worden, fragte sie sich. Nach Russland? Polen? Belgien? Italien. Warum war sie so sicher? Dass ein Mercedes, der mit Schlüssel im Schloss auf einem Autobahnparkplatz steht, gestohlen wird, und der Dieb kein Interesse haben wird, der Polizei zu melden, dass er einen Toten ohne Kopf im Kofferraum gefunden hat. Ihn lieber selbst irgendwo entsorgt.

Die Gier der Menschen war unersättlich. Gier auf Geld, auf schöne Wagen. Gier, aus dieser Welt etwas für sich herauszuschlagen. Möwen würden aufhören zu fressen, wenn sie satt waren.

Menschen wurden nie satt. Es war widerlich.

Das Lichtband am Horizont wurde breiter. Jule atmete tief durch. Sie musste wieder zurück. Sie stapfte die Düne hinunter auf den Pfad, der parallel zum Meer verlief. Der Boden knirschte unter ihren Füßen, sie lief auf zerstampften Muschelschalen. Im Sand lag eine graue Feder. Eine Möwenfeder. Jule bückte sich.

Die graue Feder lag vor ihr auf dem Tisch, als Jule abends nach der Fernbedienung griff. Drei Tage musste sie warten, ehe die Frau mit den kurzen schwarzen Haaren von ihrem Platz hinter dem Stehpult aus die erlösenden Worte sprach:

«Für Spekulationen sorgte das plötzliche Verschwinden von Stephan Holzer, geschäftsführender Direktor der Alba AG. Wie von Polizei und Staatsanwalt heute bekannt gegeben wurde, deutet alles daraufhin, dass Holzer sich abgesetzt hat. Holzer stand immer wieder unter Verdacht, Bestechungsgelder gezahlt und in illegale Geschäfte verwickelt zu sein. Die Staatsanwaltschaft ermittelt. Der Vorstand der Alba AG teilte mit, dass Alba aufgrund der Turbulenzen von dem von Holzer eingefädelten Aufkauf des alternativen Möbelherstellers Heile Erde absehen wird.»

Zufrieden schaltete Jule den Fernseher aus.

Zum ersten Mal seit Wochen freute sie sich wieder darauf, in die Firma zu gehen. Sie freute sich darauf, Jan Feddersen morgen früh an der Pforte zuzuwinken, Frau Gärtner einen Blumenstrauß auf den Schreibtisch zu stellen, in der Kantine zu Mittag zu essen. Es hatte sich gelohnt. Das Leben fing neu an.

Moses Flucht nach Midian

Zu der Zeit, als Mose groß geworden war, ging er hinaus zu seinen Brüdern und sah ihren Frondienst und nahm wahr, dass ein Ägypter einen seiner hebräischen Brüder schlug. Da schaute er sich nach allen Seiten um, und als er sah, dass kein Mensch da war, erschlug er den Ägypter und verscharrte ihn im Sande. Am andern Tage ging er wieder hinaus und sah zwei hebräische Männer miteinander streiten und sprach zu dem, der im Unrecht war: Warum schlägst du deinen Nächsten? Er aber sprach: Wer hat dich zum Aufseher oder Richter über uns gesetzt? Willst du mich auch umbringen, wie du den Ägypter umgebracht hast? Da fürchtete sich Mose und sprach: Wie ist das bekannt geworden? Und es kam vor den Pharao: der trachtete danach, Mose zu töten. Aber Mose floh vor dem Pharao und hielt sich auf im Lande Midian.

Der Priester aber in Midian hatte sieben Töchter; (. . .). Und als sie zu ihrem Vater Reguël kamen, sprach er: Warum seid ihr heute so bald gekommen? Sie sprachen: Ein ägyptischer Mann stand uns bei gegen die Hirten und schöpfte für uns und tränkte die Schafe. Er sprach zu seinen Töchtern: Wo ist er? Warum habt ihr den Mann draußen gelassen? Ladet ihn doch ein, mit uns zu essen. Und Mose willigte ein, bei dem Mann zu bleiben. Und er gab Mose seine Tochter Zippora zur Frau. Die gebar einen Sohn, und er nannte ihn Gerschom; denn, sprach er, ich bin ein Fremdling geworden im fremden Lande.

Vgl. 2. Mose, 2. Kapitel, 11–22; hier zit. in der Übersetzung D. Marin Luthers, a. a. O.

Steffen Hunder

Zwischen allen Stühlen

Kemal Weiershoff sitzt im Besucherzimmer des Untersuchungsgefängnisses. Erschüttert liest er die Schlagzeilen der Tageszeitung, die sein Bruder mitgebracht hat.

Top-Polizist wegen Totschlag angeklagt
Staranwalt verteidigt eigenen Bruder

«Ich bin tatsächlich zum Mörder geworden, Florian!» Kopfschüttelnd starrt Kemal auf den Zeitungsartikel. Er kann nicht fassen, dass er die Grenze überschritten hat, die niemand überschreiten darf.

Florian versucht seinen Bruder aus der tiefen Verzweiflung herauszuholen.

«Kemal, du darfst dich jetzt nicht in Selbstvorwürfen zerfleischen. Es ist noch gar nicht bewiesen, dass du deinen Kollegen vorsätzlich getötet hast. Die Indizien sprechen alle gegen dich, das stimmt. Aber der genaue Tathergang steht überhaupt noch nicht fest.»

«Die Journalisten haben ihr Urteil bereits gefällt», wirft Kemal resigniert ein. «Nach dem Motto ‹Gerechtigkeitsfanatiker der Polizei bringt sich durch Jähzorn selbst zu Fall›. Florian, ich schäme mich! Alles, wofür ich gekämpft habe, ist zerstört. Und mir sind total die Hände gebunden! Einige Wachleute hier behandeln mich wie den letzten Dreck. Und für die Gefangenen bin ich ein rotes Tuch. Ein Bulle im

Knast! Darauf haben die nur gewartet. Ich habe das Gefühl, ständig lauert mir jemand auf. Ich halte es nicht aus! Das ist ein Albtraum! Nur leider wache ich morgens auf . . .»

«Ich verstehe dich», sagt Florian. «Aber du darfst dich nicht selbst aufgeben. Deine Lage ist alles andere als einfach, das sehe ich auch. Allerdings wissen wir noch viel zu wenig über den Tathergang. Das einzige, das wir wissen, ist, dass du neben deinem Kollegen, dessen Schädel eingeschlagen war, mit blutverschmierten Händen gefunden wurdest. Aber was sich zwischen euch abgespielt hat, darüber wissen wir nichts. Kannst du dich denn an gar nichts erinnern?»

«Leider nicht, Florian. Ich habe einen totalen Filmriss. Ich zermartere mir ständig mein Gehirn, aber mehr als ein paar vage Erinnerungsfetzen bekomme ich nicht zu fassen.»

«Denk nach, Kemal! Jede Kleinigkeit ist wichtig! Warum warst du in diesem Lagerhaus?»

«Ich weiß es beim besten Willen nicht, Florian. Das Einzige, woran ich mich erinnern kann, ist der Anruf dieser Frau. Keine Ahnung, wie sie hieß und warum sie mich sprechen wollte. Es tut mir wirklich Leid, aber mein Gedächtnis ist anscheinend ausgefallen.»

«Nicht verwunderlich.» Florian seufzt. «Du hattest eine so hohe Dosis Heroin im Körper, die hätte dich umbringen können. Irgendjemand hat dir diese Überdosis verpasst, damit du als Täter am Tatort gefunden wirst. Die Frage ist nur, wer steckt dahinter? An welchem Fall hast du gerade gearbeitet?»

«Das Übliche», sagt Kemal. «Schieberbanden, die Kinder aus den ärmsten Ländern der Erde hierher bringen, um sie in Kinderbordellen zu zerstören. Du hast bestimmt schon darüber gelesen: Kleine Mädchen und Jungen, die von ihren Eltern verkauft werden, um das Überleben der Familie zu sichern. Und dann bringen skrupellose Schlepper die Kinder nach Deutschland. In irgendwelchen Hinterhofbordellen müssen sie den Freiern zu Willen sein. Ohne Papiere, ohne irgendeinen Schutz sind sie den Bordellbesitzern auf Gedeih und Verderb ausgeliefert. Wie oft habe ich bei Razzien die Angst und das Entsetzen in den Augen dieser Kinder gesehen. Wie gelähmt sind die. Aus Angst vor ihren Zuhältern schweigen sie. Du bekommst kein Wort aus ihnen heraus. Oft landen diese geschundenen Kinder dann im Abschiebegefängnis und werden – wenn man ihre Identität ermitteln kann – sofort abgeschoben.

Es hat sich mir oft der Magen umgedreht, wenn ich diese armen gedemütigten Kreaturen vor mir gesehen habe. Wenn es uns doch einmal gelingt, einen dieser schmierigen Zuhälter dingfest zu machen, dann lachen dich diese Kerle nur kaltschnäuzig an. Bei der Vernehmung eines dieser Typen ist mir mal die Sicherung durchgebrannt. Ich hab mir den Kerl geschnappt und ihm eine reingehauen. Max hat mich mit zwei anderen Kollegen davon abgehalten, dieses miese Schwein zu verprügeln.»

«Hast du ein Disziplinarverfahren bekommen?», will Florian wissen.

«Glücklicherweise nicht. Die Kollegen haben den feinen Herrn dazu gebracht, von einer Anzeige wegen Körperverletzung gegen mich abzusehen.»

«Da bist du nochmal mit einem blauen Auge davongekommen, Kemal. Allerdings dürfte sich dieser Zwischenfall bei der Polizei herumgesprochen haben. Ich hoffe nur, dass uns das in der Verhandlung niemand um die Ohren schlägt. Aber jetzt erzähl nochmal ganz genau, woran du gerade gearbeitet hast. Das scheint ja auch etwas mit Drogenhandel zu tun zu haben?»

«Wir sind einer Bande auf der Spur, die besonders skrupellos ist. Sie missbrauchen Asylbewerber und ihre Kinder nicht nur als Prostituierte, sondern auch als Drogenkuriere. Oft kommen auch die Menschen, die Asyl beantragen, über Schlepperbanden in unser Land. Sie leihen sich das Geld für ihre Flucht bei ihren Verwandten. Aber die Rückzahlung klappt nur selten, da sie keine geregelte Arbeit finden. Das Ehrgefühl dieser Menschen ist sehr ausgeprägt. Sie schämen sich, wenn sie ihre Schulden nicht begleichen können, und hier haken diese kriminellen Banden ein. Sie bieten ihnen Geld für ganz einfache Kurierdienste. Diese Fahrten werden als Familienbesuche getarnt. Die Eltern müssen zum Beispiel mit ihren Kindern vollbepackt mit Drogen von Dortmund nach Frankfurt fahren, um ihre Ladung dort abzuliefern.»

«Wissen sie eigentlich, was sie transportieren?», will Florian wissen.

«Sie ahnen es wohl, aber sie trauen sich nicht danach zu fragen. Und sie würden auch kaum eine ehrliche Antwort bekommen.»

«Was passiert, wenn sie erwischt werden?», fragt Florian weiter.

«Alle werden sofort abgeschoben.»

«Bekommt ihr keine Hinweise über die Drahtzieher?»

«Leider nicht, Florian. Die Menschen haben Angst davor, uns Namen zu nennen. Sie wissen genau, diese Leute kennen keine Gnade.»

«Also tappt ihr noch im Dunkeln?», hakt Florian nach.

«Im Halbdunkel», erwidert Kemal. «Wir haben die Spedition, in der ich gefunden wurde, observiert. Aber leider hat dies noch zu keinen brauchbaren Hinweisen geführt. Kannst du dich dort nicht mal umhören, Florian?»

«Ich selbst sicher nicht. Aber der Privatdetektiv, mit dem ich zusammenarbeite, könnte sich vielleicht als Fahrer einschleusen.»

«Das ist eine geniale Idee, Florian. Ich hoffe nur, der findet was heraus. Aber jetzt sag mir erst mal, wie es Stefanie und den Kindern geht.»

«Nicht so gut, wie du dir vorstellen kannst. Aber darüber sprich mit ihr selbst. Sie will dich übermorgen besuchen.»

«Endlich mal eine gute Nachricht», atmet Kemal erleichtert auf. «Das Schlimmste für mich ist, dass ich nicht bei meiner Familie sein kann. Damit komme ich überhaupt nicht klar. Grüß Stefanie und die Kinder schon mal ganz herzlich von mir.»

«Mach ich gern, Kemal. Und zerfleisch dich nicht in Selbstvorwürfen. Wir werden einen Ausweg finden.»

«Florian, du bist nicht nur ein guter Anwalt, an dir ist auch ein Seelsorger verloren gegangen.»

Die beiden Brüder umarmen sich kurz und herzlich zum Abschied.

Florian verlässt schnell das Gefängnis. Im Büro angekommen, ruft er den Privatdetektiv Jürgen Tembe an. Daraufhin nimmt Tembe sofort Kontakt mit der verdächtigen Spedition auf. Da dort ständig Fahrer zur Aushilfe gesucht werden, hat er keine Schwierigkeiten, einen Job zu bekommen. Er informiert Florian darüber, dass er bereits am nächsten Morgen um sechs Uhr in der Fahrerzentrale antreten soll. Florian ist erleichtert. Mit der Spedition haben sie wenigstens einen kleinen Anhaltspunkt, um Licht in die Hintergründe des Falles zu bringen. Wenn dort etwas nicht koscher ist, wird Tembe es herausfinden. Zufrieden gießt sich Florian eine Tasse Tee ein und zieht genüsslich an seiner Pfeife.

Kemal in seiner Zelle ist in einer ganz anderen Gemütsverfassung als sein Bruder. Unter der Überschrift: «Rambo-Bulle machte mich nieder!» hat der Zuhälter, den er bei einer

Vernehmung geschlagen hatte, seine Geschichte an die Zeitung verkauft. Einige Mitgefangene haben ihm das Blatt unter der Zellentür durchgeschoben mit der Drohung: «Wir kriegen dich, Kanakenbulle!» Kemal spürt, wie ihm die Angst die Kehle zuschnürt. Hier drinnen ist er diesen Kriminellen total ausgeliefert. Er kann sich nicht entziehen und ist vollkommen auf sich allein gestellt.

«Wie konnte es überhaupt geschehen, dass ich hier gelandet bin?», diese Frage stellt er sich immer wieder. Seine Gefühle fahren mit ihm Achterbahn. «Ich muss meine Gedanken irgendwie ordnen», geht es ihm durch den Kopf. Früher hat er sich alles von der Seele geschrieben. Kurze Aphorismen und Gedichte sind dabei entstanden. «Momentaufnahmen meines Gefühlsbarometers», so hat er diese Texte genannt.

«Ich sollte es versuchen», macht er sich selber Mut. Er nimmt ein Blatt Papier zur Hand und schreibt auf, was ihn umtreibt.

«Gefühle tanzen wild im Kreis / Für Gerechtigkeit kämpfte ich / Augenblick des Jähzorns wird zum Gericht / Menschen wollte ich vor Schaden bewahren / Jetzt habe ich Schuld auf mich geladen . . .»

Kemal knüllt das Blatt zusammen. Voller Zorn wirft er es auf den Boden. Er spürt wie die Tränen in ihm aufsteigen. Früher hat er sich schrecklich geschämt, wenn er weinen musste. Das war für ihn unmännlich. Doch heute lässt er seinen Tränen freien Lauf. Ganz tief drinnen fühlt er, wie gut ihm das tut. Als ob seine Seele gereinigt wird, so kommt es ihm vor. Er erinnert sich daran, was seine Schwester Miriam immer zu ihm gesagt hat.

«Kemal, du darfst deine Gefühle nicht unterdrücken, sonst erstickst du. Tränen zeigen uns, dass unsere Seele noch lebendig ist und unsere Gefühle in ihr zuhause sind.»

«Was für ein sentimentaler Quatsch», hat er ihr damals entgegengeschleudert.

Heute aber wird ihm klar, wie Recht seine Schwester hatte. Plötzlich kann er sich bis in die tiefsten Tiefen seines Herzens fühlen. Er spürt den schmerzhaften Riss, der durch ihn hindurchgeht. Er steht vor der Zerreißprobe seines Lebens – und kann daran zerbrechen. Wohin führt sein Weg? Ist er in eine Sackgasse geraten, aus der es keinen Ausweg mehr gibt?

Mit diesen düsteren Gedanken im Kopf versucht er Ruhe zu finden, nachdem die Wachleute das Licht gelöscht haben. Unruhig wälzt er sich von einer Seite auf die andere. Wüste Träume lassen ihn in dieser Nacht kaum Schlaf finden. Wie gerädert wacht er am nächsten Morgen auf und freut sich auf eine erfrischende Dusche. Als er im Waschraum unter dem wohltuenden Wasserstrahl steht, umringen ihn plötzlich vier Mitgefangene. Bobo, ihr Anführer, hält triumphierend eine Zeitung in die Höhe.

«Na, da ist ja unser Superbulle», sagt er hämisch grinsend. «Scheinst ein ganz harter Bursche zu sein. Eddy lässt dich jedenfalls schön grüßen. Er meinte, wir sollten dir eine Lektion erteilen.»

Ehe Kemal reagieren kann, halten zwei ihn bereits fest im Würgegriff. Die anderen verprügeln ihn nach allen Regeln der Kunst. Als er fast bewusstlos auf die Fliesen sinkt, flüstert Bobo ihm ins Ohr: «Damit du weißt, was wir hier mit Kanakenbullen machen. Und komm bloß nicht auf die Idee, den Wachleuten etwas davon zu erzählen. Du bist in der Dusche ausgerutscht! Verstanden?!»

Nur mit größter Kraftanstrengung gelingt es Kemal, sich wieder aufzurichten. Er schleppt sich in die Umkleidekabine. Das Abtrocknen und Anziehen dauert unendlich lange. Als der Wachmann Klaus Müller kommt und ihn sieht, murmelt Kemal nur: «Ich bin in der Dusche ausgerutscht.»

«Wir wissen beide, dass das nicht stimmt», erwidert Müller. «Aber es ist für alle besser, wenn wir diese Version verbreiten. Oder wollen Sie den Vorfall melden?»

«Nein, nein», stammelt Kemal, «bringen Sie mich bitte zurück.»

Langsam und unter Schmerzen schafft Kemal den Weg bis zu seiner Zelle. «Soll ich dem Arzt Bescheid sagen?», fragt Klaus Müller anteilnehmend.

«Nein», sagt Kemal, «ich brauche nur etwas Ruhe. Ich komme schon wieder auf die Beine.»

Doch in der Nacht werden die Schmerzen so unerträglich, dass er die Wachleute rufen muss. Als sie in seine Zelle kommen, krümmt sich Kemal neben der Tür. Sie bringen ihn auf einer Trage in die Krankenstation. Eine halbe Stunde später erscheint Dr. Strohm, der Gefängnisarzt. Er untersucht Kemal eingehend und stellt fest, dass mehrere Rippen gebrochen und die Nieren gequetscht sind.

«Die haben gründliche Arbeit geleistet», konstatiert Dr. Strohm nüchtern.

«Wer war das?», fragt Kemal.

«Unsere Braune Front. So nennen sich diese Burschen. Sie haben noch Glück gehabt, dass Sie Ihnen nicht die Hände oder Arme gebrochen haben.»

«Und ihr lasst das einfach so zu?», sagt Kemal resigniert.

«Was sollen wir machen?», erwidert Dr. Strohm achselzuckend. «Hier drin herrscht das Gesetz des Dschungels. Der Stärkere setzt sich durch. Diese Typen bilden hier eine richtige ‹Herrenrassen-Front›. Wer sich ihnen widersetzt, wird erbarmungslos niedergemacht. Die haben nichts als ihre Naziparolen und ihren Körperkult, auf den sie stolz sind. Wir alle arrangieren uns mit ihnen, um einigermaßen klarzukommen. Sie sind natürlich für diese Typen ein willkommenes Opfer. Ein Ausländer als Bulle, der einen deutschen Kollegen erschlagen hat! Das ist für die wie eine Kriegserklärung. Mich hat es schon gewundert, dass man Sie bis jetzt in Ruhe gelassen hat.»

«Ein schwacher Trost!», erwidert Kemal mit schmerzverzerrtem Gesicht.

«Ich weiß», sagt Dr. Strohm. «Aber ich sage Ihnen ja gewiss nichts Neues. Hier drinnen blicken Sie wirklich in die Fratze unserer Gesellschaft, die einem Angst und Bange werden lässt. Ich werde Sie für einige Tage zur Beobachtung auf der Krankenstation behalten. Man kann nur hoffen, dass diese Typen sich mit ihrer Aktion jetzt genug ausgetobt haben.»

«Das hoffe ich auch», sagt Kemal kleinlaut. «Ich weiß nicht, ob ich das noch einmal durchstehen würde.»

«Werden Sie mit Ihrem Bruder über diesen Zwischenfall sprechen?», will Dr. Strohm wissen.

«Ehrlich gesagt, ich weiß es noch nicht», erwidert Kemal. «Eigentlich widerspricht es meiner Überzeugung, so etwas einfach auf sich beruhen zu lassen. Aber im Moment habe ich nur ein Bedürfnis – meine Ruhe zu bekommen.»

«Sehen Sie, Herr Kommissar», sagt Dr. Strohm, «so geht es den meisten hier drin. Sie sind froh, wenn man sie in Ruhe lässt und sie die Zeit im Knast einigermaßen unbeschadet überstehen.»

Als Kemal am nächsten Morgen auf seine Frau wartet, ist er richtig aufgekratzt. Wie ein kleines Kind freut er sich auf ihren Besuch. Seine Schmerzen scheinen wie weggeblasen. Er hat sich fest vorgenommen, Stefanie nichts von dem Vorfall in der Dusche zu erzählen. Überschwänglich begrüßt er sie, als sie das Besuchszimmer betritt. Der Wachmann drückt sogar ein Auge zu, als er Stefanie so fest in seine Arme schließt, als wollte er sie nie wieder loslassen.

«Schön, dass du da bist!», raunt er ihr ins Ohr. «Ich habe mich so nach dir gesehnt! Was machen Alexander und Katharina? Ich vermisse euch so!»

Stefanie ist merkwürdig zurückhaltend. Kemal tritt einen Schritt zurück. Irritiert schaut er seine Frau an.

«Was ist los, Stefanie? Freust du dich nicht, mich zu sehen?»

«Doch, doch», antwortet Stefanie kleinlaut.

«Aber dich bedrückt doch etwas», insistiert Kemal. «Was ist los? Ist den Kindern etwas passiert? Bitte, Stefanie, du musst es mir sagen!»

«Ach, Kemal», seufzt Stefanie. «Es ist schrecklich! Seit du im Gefängnis bist, werden wir angepöbelt und attackiert. Ans Garagentor hat jemand ‹Kanakenbraut› gesprüht! Und letzte Woche – in der Straßenbahn . . .»

Unvermittelt bricht Stefanie ab.

«Was war in der Straßenbahn? Wieso bist du überhaupt Straßenbahn gefahren? Was war mit dem Auto?»

«Das Auto hatte ich zur Inspektion gebracht. Ach, eigentlich wollte ich dir das alles gar nicht erzählen.» Sie seufzt.

«Du musst es mir erzählen, Stefanie», drängt Kemal. «Wenn ich nicht weiß, was mit euch los ist, ist doch alles noch viel schwerer für mich.»

«Ich musste mit Alexander zur Vorsorgeuntersuchung zum Kinderarzt. Also habe ich ihn in den Kinderwagen gesetzt und wir sind mit der Straßenbahn gefahren. Als wir in der Bahn saßen, stiegen einige Skinheads zu. Plötzlich hat der Anführer durch die ganze Bahn gebrüllt. ‹Das ist doch die Kanakenbraut von dem Kanakenbullen, der im Knast sitzt. Und ihren Kanakenbalg hat sie auch dabei.› Dann sind die Kerle auf mich zugestürmt und haben den Kinderwagen geschnappt. Wild johlend haben sie ihn immer schneller durch die Bahn geschoben. Dabei haben sie gebrüllt: ‹Kanakenkinder fahren ab – Kanakenkinder ab ins Grab!›»

Kemal läuft es eiskalt den Rücken herunter. Angstvoll fragt er: «Was hast du gemacht, Stefanie?»

«Ich habe versucht, hinterherzulaufen, aber ich kam ja nicht an den Wagen heran. Und dann habe ich geschrien. ‹Mein Sohn, mein Sohn! Gebt mir meinen Sohn wieder!›»

«Und die Skinheads – wie haben die reagiert?», will Kemal wissen.

«Die haben mich nur ausgelacht. ‹Hol ihn dir doch, du Ausländerschlampe!›, haben sie gegrölt. Selbst als ich aus Leibeskräften schrie, haben sie nur gejohlt.»

«Hat dir denn kein Mensch geholfen?», fragt Kemal entsetzt.

Stefanie schüttelt stumm den Kopf. «Zunächst nicht. Erst als ich schrie, ‹Mörder! Mörder!›, da hat sich die Straßenbahnfahrerin umgedreht und gebremst. Die hat sich dem Haufen dann mutig entgegengestellt. Aber als sie sie aufgefordert hat, den Kinderwagen loszulassen, ist der Anführer noch sarkastisch geworden. ‹Nichts leichter als das›, hat er gesagt und dem Wagen einen kräftigen Stoß gegeben, sodass er durch die ganze Bahn gesaust und schließlich gegen einen Sitz geprallt ist. Dabei ist er umgekippt. Glücklicherweise war Alexander angeschnallt.»

«Diese Drecksbande!», stößt Kemal hervor. Er greift nach Stefanies Händen und hält sie fest zwischen seinen.

«Alexander war natürlich vollkommen außer sich», fährt Stefanie fort. «Er schrie wie am Spieß. Auch auf meinem Arm konnte er sich kaum beruhigen. Ich habe die Straßenbahnfahrerin gebeten, die Polizei zu rufen. Als die Bande das mitbekam, bedrohten sie mich erneut. ‹Das könnte dir so passen, Ausländerbraut›, höhnte der Anführer. ‹Uns die

Bullen auf den Hals hetzen! Pass schön auf, wenn du jetzt nicht ganz brav bist, nehmen wir dich und deinen Balg mit und erteilen euch eine richtige Lektion.› Und dann hat er mir mit der Faust ins Gesicht geschlagen, bevor er endlich abzog und verschwand mit seiner grölenden Bande.»

Kemal guckt Stefanie prüfend ins Gesicht und streichelt ihr zart über die Wange.

«Hast du Anzeige erstattet?», fragt er. «Bestimmt haben wir die Typen in unserer Kartei.»

«Dazu hatte ich nicht mehr die Kraft», erwidert Stefanie. «Ich war froh, als die Straßenbahnfahrerin einen Krankenwagen rief, der uns in eine Klinik brachte. Gott sei Dank hat Alexander außer einer Beule an der Stirn keine weiteren Verletzungen. Aber ich war vollkommen am Ende. Die Ärzte haben mir eine Beruhigungsspritze gegeben. Florian, den ich angerufen hatte, hat uns dann nach Hause gebracht.»

Kemal kann noch jetzt die Angst, Wut und Verzweiflung seiner Frau spüren. Er fühlt sich leer und kraftlos. Mit einer fahrigen Handbewegung streicht sich Stefanie eine Haarsträhne aus der Stirn. Sie richtet ihren Blick auf ihren Mann. Dann bricht es aus ihr heraus: «Kemal, in welcher Welt leben wir eigentlich? Mitten in unserem Land können solche Typen ein Kind quälen und misshandeln und niemand schreitet ein!»

Kemal spürt, wie der Zorn in ihm hochsteigt: «Ich habe immer gedacht, ich könnte dich und unsere Kinder vor allen schlimmen Erfahrungen beschützen. Und jetzt werdet ihr angepöbelt und bedroht und ich kann euch nicht helfen! Wie oft habe ich mich bei unseren Razzien in diesen Kinderbordellen gefragt, was ich tun würde, wenn unsere Kinder dort hineingeraten würden. Warum haben die Eltern dieser Kinder sie nicht geschützt? Und jetzt bin ich plötzlich selbst in dieser Lage.»

«Ich hätte es dir nicht erzählen dürfen», sagt Stefanie. «Florian meinte, ich sollte es lieber für mich behalten. Es würde dich zu sehr aufwühlen.»

«Es ist richtig, dass du es mir gesagt hast, Stefanie. Ihr gehört doch zu mir. Ihr seid mein Leben. Und mir wird dadurch auch klar, dass ich kämpfen will, um wieder für euch da sein zu können. Ich hatte mich ja schon fast aufgegeben.»

Kemal und Stefanie umarmen sich innig und küssen sich leidenschaftlich. Erst als der Wachmann sich laut und vernehmlich räuspert, trennen sie sich langsam. Als sie sich gegenüberstehen und einander in die Augen schauen, spüren sie, wie eine unbeschreibliche Wärme sie durchströmt. Nur Liebe kann den Hass überwinden, das empfinden sie beide in diesem Augenblick ganz stark und unmittelbar.

«Wie wird Katharina mit alldem fertig?», fragt Kemal.

«Erstaunlich gut! Sie ist ein wunderbares Mädchen! Nur einmal hat sie furchtbar geweint, als sie in der Schule kurz nach deiner Verhaftung über sie hergefallen sind. ‹Na, du Mördertochter, willst du uns auch erschlagen?›, haben sie ihr auf dem Schulhof hinterhergerufen, und: ‹Euch sollte man wieder dorthin zurückjagen, woher ihr gekommen seid!›»

«Und was hat Katharina gemacht?», will Kemal wissen.

«Sie kam nach Hause und hat mir alles erzählt. Es hat meine ganze Überredungskunst gefordert, sie davon zu überzeugen, wieder in die Schule zu gehen. Ich hielt ihr vor Augen, dass sie jetzt nicht klein beigeben dürfe, weil sie sonst ihren aggressiven Mitschülern das Feld überlassen würde. Darum gingen wir am nächsten Morgen gemeinsam zur Schule. Ich habe mit dem Klassenlehrer geredet. Er bat mich, mit in die Klasse zu kommen, um mit den Schülern über diesen Vorfall zu sprechen. Dabei hat Katharina ihre Sprache wieder gefunden. Sie hat ein leidenschaftliches Plädoyer für einen fairen und vorurteilsfreien Umgang miteinander gehalten.»

«Was seid ihr nur für tolle Frauen!», schwärmt Kemal. «Während ich hier im Gefängnis schmore, erteilt ihr anderen einen Lektion in Zivilcourage. Gib Katharina einen dicken Kuss von mir und sag ihr, dass ich stolz auf sie bin!»

«Das mache ich, Kemal. Aber jetzt muss ich gehen. Die Kinder warten auf mich.»

Stefanie steht auf, umarmt ihren Mann herzlich und küsst ihn zärtlich zum Abschied.

Als Kemal wieder allein in seiner Zelle liegt, spürt er, wie aufgewühlt er ist. Er spürt in sich selbst eine tiefe Zerrissenheit. Aber er weiß nicht, woher sie kommt. Durch die ständige Konfrontation mit sich selbst und seinen Empfindungen wird ihm klar, dass er der Ursache seines inneren Konfliktes auf den Grund gehen muss. Er muss mit jemandem reden, der weiß, wo er herkommt und wo er hingehört. Es gibt nur einen Menschen, der ihm dabei helfen kann: Miriam, seine ältere Schwester. Als er sie anruft und kurz erzählt, worum es geht, ist sie sofort bereit, zu kommen.

«Miriam», sagt Kemal und ergreift ihre Hand. «Du bist immer mein guter Schutzengel gewesen. Ich brauche dich jetzt mehr denn je. Ich verliere immer mehr den Boden unter den Füßen. In mir tobt ein Kampf, der mich fast zerreißt. Ich spüre die tiefe Liebe zu meiner heutigen Familie. Wenn ich aber an meine Vergangenheit denke, empfinde ich nur Trauer. Es ist wie eine offene Wunde, die ich in mir trage, aber ich weiß nicht, woher sie kommt.»

Miriam löst sich von Kemals Hand. Sie blickt ihrem Bruder fest in die Augen. «Kemal, es tut mir schrecklich Leid, dass ich dir das hier im Gefängnis erzählen muss. Aber ich denke, bevor du dich vor dem Gericht verantwortest, solltest du alles über deine Herkunft wissen.»

«Das klingt ja richtig unheimlich», erwidert Kemal. «Ich dachte immer, wir wurden adoptiert, nachdem unsere Eltern bei einem Autounfall ums Leben gekommen sind.»

«Das entspricht leider nicht so ganz der Wahrheit, Kemal. Unsere Eltern sind damals mit uns aus Beirut geflohen, weil dort Krieg herrschte. Unser Vater hatte sich das Geld für die Flucht bei Verwandten geliehen. Um es zurückzahlen zu können, hat er sich als Drogenkurier anheuern lassen. Er sollte – zur Tarnung mit seiner Familie – Heroin von Essen nach Frankfurt befördern. Als wir am Frankfurter Bahnhof ankamen, wimmelte es dort von Polizisten. Mutter steckte mir einen Zettel mit einer Telefonnummer zu. Ich sollte dort anrufen, falls ihnen etwas passieren würde.»

«Und, was ist passiert, Miriam?», fragt Kemal entsetzt.

«Wir haben uns getrennt. Die Eltern blieben am Bahnhof, ich bin mit dir in die Stadt gegangen. Als ich abends zum Treffpunkt zurückkam, waren die Eltern nicht da. Ich habe lange gewartet. Schließlich habe ich bei der Nummer angerufen, die Mutter mir gegeben hatte. Es meldete sich Susanne Breitbach. Sie war Mutters Deutschlehrerin, mit der sie sich angefreundet hatte. Susanne holte uns ab und nahm uns bei sich auf, und als unsere Eltern nach Beirut abgeschoben wurden, blieben wir als Pflegekinder bei ihr. Ich hatte immer gehofft, unsere Eltern eines Tages in Deutschland wieder sehen zu können. Aber dann kam die Nachricht aus Beirut. Unsere Eltern sind dort bei einem Bombenangriff ums Leben gekommen.»

Kemal ist fassungslos. Er starrt seine Schwester ungläubig an.

«Wir hatten Glück, dass wir bei Susanne und Martin bleiben konnten», fährt Miriam fort. «Nachdem sie geheiratet hatten, konnten sie uns adoptieren. ‹Du und Kemal, ihr seid wie Moses und Miriam für mich›, hat Susanne oft zu mir gesagt.»

«Warum habt ihr mir nie etwas erzählt?», stammelt Kemal.

«Wir wollten, dass du unbelastet und unbeschwert aufwächst. Susanne und Martin haben auch mit mir darüber gesprochen, in welchem Glauben sie dich erziehen sollten. Unsere Eltern waren tief gläubige Muslime. Ich schlug damals vor, dich taufen zu lassen. Ich dachte, es wäre am einfachsten. Aber in letzter Zeit habe ich gespürt, dass das ein Fehler war. Du fühlst dich hin und her gerissen, weil deine Wurzeln in einer anderen Kultur und Religion liegen. Deshalb hast du immer wieder rebelliert gegen diese Entscheidung, die wir ohne dich getroffen haben. Ich kann mich noch gut daran erinnern, wie wütend du einmal von der Schule nach Hause gekommen bist, als ihr im Religionsunterricht über den Islam gesprochen hattet.»

«Ja, ich erinnere mich», wirft Kemal ein. «Ich hatte an diesem Tag das Gefühl, zwischen allen Stühlen zu sitzen! Wir diskutierten heftig über die Probleme im Islam – die untergeordnete Stellung der Frau und den heiligen Krieg. Mir kam es so vor, als ob ich angeklagt wäre und mich verteidigen müsste. ‹Ihr habt doch alle keine Ahnung vom Islam›, habe ich meine Mitschüler angeschrien. Ich fühlte mich plötzlich wie ein Wanderer zwischen zwei vollkommen verschiedenen Lebenswelten. Darum habe ich mir massenhaft Bücher über den Islam besorgt und sie geradezu verschlungen.»

«Wir dachten damals, dass es eine Phase ist, die wieder vorübergeht. Leider war das eine Fehleinschätzung», erwidert Miriam.

«Das stimmt allerdings», bestätigt Kemal. «Ich bin dieses

Gefühl, zwischen allen Stühlen zu sitzen, eigentlich nie richtig losgeworden. Im Gegenteil. Gerade bei meiner Polizeiarbeit spüre ich diesen Zwiespalt. Ich habe mich immer gewundert, warum die Schicksale der Kinder, die diesen Menschenhändlern in die Hände gefallen waren, bei mir so viel Wut und Aggressionen ausgelöst haben. Jetzt weiß ich, warum. Intuitiv habe ich die Verbindung zu meiner eigenen Lebensgeschichte gespürt. Und jetzt verstehe ich natürlich auch Susannes Hinweise auf Mose. Sie wollte mir eine Brücke bauen. Welche Ironie, dass ich jetzt auch zum Mörder geworden bin, genau wie Mose, der den ägyptischen Aufseher erschlug.»

«Es gibt aber einen gravierenden Unterschied», wirft Miriam ein. «Mose hat sich durch Flucht entzogen, um sich für seine Tat nicht verantworten zu müssen.»

«Das stimmt», pflichtet Kemal ihr bei. «Aber Mose musste schließlich von Midian, wohin er geflüchtet war, zurück nach Ägypten gehen, um das unterdrückte Volk aus der Sklaverei zu befreien. Er hat sich mit allen Mitteln gegen diesen Auftrag gewehrt. Aber Gott hat ihn nicht aus seiner Verantwortung entlassen. Aus dem Totschläger des Täters hat Gott einen Befreiungsschläger für die Opfer gemacht.»

«Das ist aber eine sehr gewagte Ausdrucksweise», bemerkt Miriam.

«Aber es ist für mich die Wahrheit», erwidert Kemal hitzig. «Vielleicht ist dies sogar die Wahrheit meines Lebens?!»

«Allerdings bist du jetzt nicht der Befreier, sondern musst dich vor Gericht verantworten», hält ihm Miriam vor Augen.

«Das stimmt natürlich, Miriam. Dieser schwere Gang steht mir noch bevor. Und so wie es zur Zeit aussieht, wird es alles andere als ein Spaziergang. Ich kann nur hoffen, Florian findet noch entlastende Fakten.»

«Das hoffen wir alle, Kemal.» Miriam steht auf, umarmt ihren Bruder herzlich und verabschiedet sich.

Kemal geht zurück in seine Zelle. Für ihn ist heute ein neues Kapitel seines Lebens aufgeschlagen worden. Egal wie der Prozess ausgeht, eins steht fest: Als Polizist wird er nicht mehr arbeiten.

Der Termin der Gerichtsverhandlung rückt immer näher. Bisher haben die Recherchen des Privatdetektivs noch keine brauchbaren Hinweise gebracht. Langsam wird selbst Florian nervös. Sie haben nur noch drei Tage. Aber er lässt sich Kemal gegenüber nichts anmerken.

Schließlich kommt der Tag der Verhandlung. Der Gerichtssaal ist bis auf den letzten Platz besetzt.

Kemal und Florian sitzen auf der Anklagebank. Vor ihnen liegt die örtliche Tageszeitung. Auf der Titelseite ist die Schlagzeile zu lesen:

Zwei ungleiche Brüder kämpfen für die Gerechtigkeit

Kemal ist sichtlich nervös. Er trommelt mit den Fingern auf den Tisch. Zum ersten Mal in seinem Leben sitzt er dort, wo er selbst Hunderte von Kriminellen hingebracht hat – auf der Anklagebank. Florian hingegen ist ruhig und gelassen. Er weiß zwar, dass dies kein einfacher Kampf wird. Aber er ist zuversichtlich, diese schwierige Situation meistern zu können. Im Gerichtssaal ist er in seinem Element. Hier kennt er alle Regeln und Schachzüge ganz genau. Er weiß, wann er angreifen und wann er sich zurückziehen muss.

Nachdem die Richterin Kemal zu seiner Person befragt hat, erläutert sie die Anklageschrift.

«Kemal Weiershoff, Sie sind angeklagt wegen Totschlag an Ihrem Kollegen, Hauptkommissar Max Polder. Möchten Sie zu dieser Anklage Stellung nehmen?»

«Nein, Frau Vorsitzende», antwortet Kemal. «Das überlasse ich meinem Anwalt.»

«Dann erteile ich dem Herrn Staatsanwalt das Wort.» Die Richterin wendet sich diesem zu.

«Vielen Dank, Frau Vorsitzende», beginnt Staatsanwalt Dreier seine Ausführungen.

«Niemand stellt in Abrede, dass der Angeklagte ein hervorragender Polizist mit großen Verdiensten ist. Aber gerade deshalb kann ihm nicht nachgesehen werden, dass er in so unkontrollierter Art und Weise die Beherrschung verloren hat. Er schlug seinen Kollegen so hart, dass dieser zu Tode gekommen ist. Besonders schwer wiegt dabei die Tatsache, dass es sich bei dem Erschlagenen um seinen langjährigen Partner, Hauptkommissar Max Polder, handelt. Jahrelang arbeitete Polder mit dem Angeklagten vertrauensvoll zusammen. Dann hat Max Polder herausbekommen, dass Kemal Weiershoff in den Drogenhandel eingestiegen ist. Es kam im Büro der Spedition Solm zu einer heftigen Auseinandersetzung, da Polder Weiershoff auf frischer Tat ertappte. Weiershoff erschlug seinen Kollegen mit dem Briefbeschwerer. Danach wollte er sich einen Schuss Heroin setzen, um seine Nerven zu beruhigen. Vermutlich verpasste er sich dabei selbst eine Überdosis.»

«Das ist ja abenteuerlich», ruft Florian Weiershoff dazwischen, «was uns der Herr Staatsanwalt für eine Theorie auftischt.»

«Ich bitte um Mäßigung», interveniert die Richterin. «Fahren Sie in Ihrem Plädoyer fort, Herr Staatsanwalt.»

«Danke, Frau Vorsitzende», sagt Staatsanwalt Dreier. «Ich finde die Version mit dem angeblichen Gedächtnisschwund, die Herr Weiershoff ins Feld geführt hat, äußerst fragwürdig, zumal der Angeklagte neben der Leiche mit dem Briefbeschwerer in der Hand und einem Koffer mit fünf Kilogramm Heroin gefunden wurde. Deshalb plädiere ich für schuldig im Sinne der Anklage und fordere eine zehnjährige Haftstrafe. Sie haben das Wort, Herr Kollege!»

«Vielen Dank, sehr geehrter Herr Staatsanwalt», antwortet Florian Weiershoff höflich. «Einen Menschen zu erschlagen ist in der Tat ein verachtungswürdiges Verbrechen. Dieser Einschätzung meines Vorredners stimme ich ausdrücklich zu. Es gibt auch keinen Zweifel daran, dass Max Polder mit eingeschlagenem Schädel aufgefunden wurde. Es entspricht auch den Tatsachen, dass mein Bruder Kemal neben der Leiche von Max Polder bewusstlos mit einem Briefbeschwerer in der Hand gefunden wurde. Die Frage, die sich jetzt stellt, lautet: ‹Wieso erschlägt Kemal Weiershoff seinen Kollegen Max Polder und legt sich dann bewusstlos neben seine Leiche?› Eine Analyse seiner Blutwerte ergab tatsächlich, dass mein Bruder eine hohe Dosis Heroin in seinem Körper hatte. Da er bisher keinerlei Drogen genommen hat, erklärt das auch, warum das Heroin ihn vollkommen außer Gefecht setzte. Auch die Gedächtnisstörung ist eine Folge der hohen Heroindosis. Aber das vom Staatsanwalt konstruierte Tatmotiv stützt sich auf den vordergründigen Augenschein. Nach dem Motto: Ein Mann liegt mit der Mordwaffe neben dem Opfer, also ist er der Täter. So einfach dürfen wir es uns nicht machen, verehrter Herr Kollege. Man sollte sich schon einmal die Mühe machen, den Obduktionsbericht des Gerichtsmediziners aufmerksam zu lesen. Dabei ist mir aufgefallen, dass Polders Schädel zwei Verletzungen aufwies, die zum Tode geführt haben könnten. Eine der beiden Wunden lässt sich eindeutig nicht auf einen Schlag mit dem Briefbeschwerer zurückführen. Niemand ist diesem sehr interessanten Befund nachgegangen. Niemand hat sich die Mühe gemacht, die Ursache für die Verletzung zu ergründen.»

«Sie haben das bestimmt getan», fährt der Staatsanwalt dazwischen.

«In der Tat, Herr Kollege», antwortet Florian gelassen. «Ich bin dabei auf eine äußerst interessante Tatsache gestoßen. Sie wissen, Polder wurde im Büro des Lagerverwalters gefunden. Im Büro des Chefs der Spedition steht ein Eichenschreibtisch mit einer sehr massiven Steintischplatte. Da die Schreibtischplatte nur oberflächlich gereinigt wurde, haben wir an einer Ecke kleine Hautpartikel gefunden. Sie dürfen raten, was die Untersuchung dieser Hautabschürfungen ergeben hat: Die Hautreste stammten von Max Polder. Auch die genaue Analyse der Wunde hat ergeben, dass die Erstverletzung an Polders Kopf von dieser Steintischplatte herrührte. Jetzt werden sie natürlich wissen wollen, wieso Max Polder in diesem Zimmer auf den Schreibtisch gestürzt ist und im Büro des Lagerverwalters mit eingeschlagenem Schädel gefunden wurde. Um dieses Geheimnis zu lüften, habe ich eine Frau eingeladen, die Licht in das Dunkel bringen kann. Ich bitte Frau Monika Zander in den Zeugenstand.»

Monika Zander steht auf, geht nach vorne und setzt sich auf den Zeugenstuhl. «Frau Zander», sagt Florian Weiershoff, «bitte schildern Sie dem Gericht, was sich an jenem 23. Mai zugetragen hat.»

Ruhig und besonnen fängt Monika Zander an zu erzählen.

«Ich arbeite seit zwei Jahren als Disponentin bei der Spedition Solm, einem international operierenden Unternehmen. Unsere LKWs fahren durch ganz Europa. Wir transportieren auch Waren aus Übersee. Die meisten Aufträge sind über meinen Schreibtisch gelaufen. Doch in den letzten zehn Monaten fiel mir auf, dass wir verstärkt Auftraggeber aus so genannten Dritte-Welt-Ländern hatten. Allerdings wunderte ich mich darüber, dass die Warenangaben merkwürdige Ungereimtheiten aufwiesen. Als ich meinen Chef daraufhin ansprach, meinte er nur, ich sollte mir nichts dabei denken, das ginge mich nichts an. Die Sache ließ mir allerdings keine Ruhe. Deshalb kontrollierte ich alle mir suspekt erscheinenden Speditionsaufträge. Dabei fiel mir auf, dass die Lieferadresse immer dieselbe war – eine Firma in Frankfurt. Als ich dort anrief, um mich nach der Lieferung der Ware zu erkundigen, bekam ich nur ausweichende Antworten. Ich wurde das Gefühl nicht los, dass hier etwas Illegales ablief. Dieser Eindruck verstärkte sich noch, als mir der Chef die Bearbeitung dieser Aufträge entzog mit der Begründung, ich sei arbeitsmäßig überlastet.

Meine Befürchtung wurde endgültig bestätigt, als ich eines Abends länger im Büro blieb, um noch einiges aufzuarbeiten. Plötzlich fuhren zwei LKWs auf unseren Hof. Die Tore der Hallen wurden geöffnet. Die Lastwagen fuhren schnell hinein. Da an diesem Abend überhaupt keine Rückkehrer erwartet wurden, kam mir diese Sache mehr als suspekt vor. Kurz darauf fuhr unser Chef mit seinem Auto auf den Hof. Er stieg hastig mit drei weiteren Leuten aus und verschwand ebenfalls in der Halle.

Intuitiv löschte ich sofort das Licht in meinem Büro. Langsam und vorsichtig schlich ich in die Halle. Was ich dort sah, ließ mich schier erstarren. Ungefähr hundert Jungen und Mädchen aus verschiedenen Ländern kauerten wimmernd und frierend auf der Erde. Ich hörte, wie mein Chef zu einem seiner Mitfahrer sagte: ‹Polder, da ist was schief gegangen. Unsere Fahrer mussten die Kinder hierher bringen. Du wolltest doch für die Papiere sorgen! Deine Scheißkollegen hätten uns beinahe auffliegen lassen!› Plötzlich ging hinter mir eine Tür auf. Ich schaffte es gerade noch, mich hinter einer Kiste zu verstecken. Total geschockt, verließ ich das Gelände, so schnell ich konnte. In meiner Verzweiflung rief ich Kommissar Weiershoff an. Ich kenne ihn, weil er uns die kleine Sarah vermittelt hat. Sarah war über einen Menschenhandelring nach Deutschland geschleust worden. Sie musste in einem so genannten Kinder-Bordell arbeiten. Kommissar Weiershoff hat Sarah aus dieser Hölle befreit. Wir haben sie als Pflegekind aufgenommen. Heute ist sie unsere Adoptivtochter. Als ich Herrn Weiershoff erzählte, was ich gesehen hatte, war er wie elektrisiert. ‹Wir müssen noch einmal dorthin fahren›, drängte er. ‹Ich will und kann nicht glauben, dass Polder in diese Schweinerei verwickelt ist.› ‹Wollen Sie denn nicht das Präsidium informieren?›, fragte ich. ‹Nein›, war seine Antwort. Er wollte sich erst selbst davon überzeugen, ob das stimmte, was ich gesehen hatte. Zwanzig Minuten später war Herr Weiershoff bei mir. Wir fuhren noch einmal zur Spedition. Vorsichtig schlichen wir uns durch den Lieferanteneingang ins Haus. Als wir die Büroetage erreichten, hörten wir im Büro meines Chefs lautes Stimmengewirr. Kommissar Weiershoff erkannte sofort die Stimme seines Kollegen Polder. Wir hörten, wie die vier Männer heftig darüber stritten, was jetzt mit den Kindern geschehen sollte. Polder sagte zu meinem Chef, er solle ihm die Kids vom Halse schaffen, egal wie. ‹Meinetwegen verteilt sie auf unsere Bordelle›, sagte er. Kommissar Weiershoff schäumte vor Wut, als er das hörte. ‹So ein Schwein, so ein gottverdammtes Schwein›, zischte er. ‹Dir werde ich das Handwerk legen!› Mit gezogener Waffe stürmte er ins Zimmer und schrie: ‹Hände hoch! Ihr seid alle verhaftet!›»

«Wo waren Sie zu diesem Zeitpunkt, Frau Zander?», fragt Florian Weiershoff.

«Ich habe mich hinter einem Aktenschrank versteckt. Ich hatte schreckliche Angst», antworter Frau Zander verlegen.

«Was passierte dann?», will Florian Weiershoff wissen.

«‹Was machst du hier, Kemal?›, fragte Max Polder entsetzt. ‹Ich lege dir das Handwerk, du mieses Schwein!› – ‹Mach keinen Scheiß, Kemal. Wir können doch über alles reden!› – ‹Nichts können wir, gar nichts!›, schrie der Kommissar. ‹Du wirst jetzt zur Rechenschaft gezogen!›

In diesem Moment stürzte sich Max Polder auf Herrn Weiershoff und schlug ihm die Waffe aus der Hand. Die beiden Männer kämpften wild miteinander. Weiershoff streckte Polder mit einem Faustschlag nieder. Dieser prallte mit dem Kopf auf die Kante der Schreibtischplatte und fiel zu Boden. Am Kopf hatte er eine große klaffende Wunde. Kemal Weiershoff beugte sich über ihn, um zu sehen, wie schwer verletzt er war. In diesem Moment versetzte ihm mein Chef einen Schlag mit einem Baseballschläger. Kemal Weiershoff fiel in sich zusammen. ‹Wir müssen die Sache vertuschen›, hörte ich meinen Chef sagen. ‹Oder noch besser, wir schieben Max' Tod diesem Kommissar in die Schuhe. Hol einen Koffer mit Heroin, Tom, und eine Spritze. Wir verpassen dem Bullen einen Schuss. Franz, hau dem Max mit dem Briefbeschwerer eins über den Schädel! Und dann bringt ihr die beiden in das Büro des Lagerverwalters. Wir lassen's aussehen wie die Auseinandersetzung zwischen zwei Polizisten, bei der der eine den anderen bei einer kriminellen Handlung überrascht hat.› – ‹Stimmt ja sogar›, feixte Franz. ‹Nur ganz anders, als die Bullen meinen werden!›»

«Was anschließend ablief, können wir rekonstruieren», sagt Florian Weiershoff. «Die Kerle verpassten meinem Bruder eine Überdosis Heroin und schlugen Max Polder mit dem Briefbeschwerer den Schädel ein. Dann brachten sie beide in das Büro des Lagerverwalters.»

«Genau so ist es abgelaufen», bestätigt Monika Zander.

«Ich danke Ihnen», sagt Florian. «Haben Sie noch Fragen

an die Zeugin, Herr Staatsanwalt?», will die Richterin wissen.

«Ja», erwidert Staatsanwalt Dreier. «Ich verstehe nicht, Frau Zander, wieso Sie erst jetzt Ihre Aussage machen.»

«Ich hatte Angst um meine Tochter und mich», antwortet sie. «Als ich sah, wie skrupellos diese Leute sind, wollte ich nur weg von hier. Ich habe meinen Job gekündigt und wir sind sogar in eine andere Stadt gezogen. Ich wollte die ganze Sache vergessen.»

«Doch dann haben Sie Gewissensbisse bekommen und sich entschlossen auszusagen?», bemerkt Staatsanwalt Dreier.

«Das stimmt leider nicht so ganz», erwidert Monika Zander kleinlaut. «Vor einigen Tagen stand ein Mann vor meiner Tür. Er sagte, sein Name sei Jürgen Tembe und er arbeite für den Rechtsanwalt Florian Weiershoff. Da war mir klar, dass ich nicht mehr weglaufen kann. Irgendwie war ich fast erleichtert darüber, dass er mich gefunden hatte. Herr Tembe brachte mich zu Rechtsanwalt Weiershoff. Als ich hörte, was für seinen Bruder auf dem Spiel steht, war ich natürlich sofort bereit, auszusagen. Kommissar Weiershoff hat nicht nur unserer Tochter Sarah das Leben gerettet, er hat uns auch zu sehr, sehr glücklichen Menschen gemacht.»

«Wir danken Ihnen sehr, Frau Zander», sagt die Richterin. «Haben Sie noch Fragen, Herr Staatsanwalt?»

Staatsanwalt Dreier schüttelt den Kopf.

Das Gericht zieht sich zur Beratung zurück. Nach einer Stunde verkündet die Richterin das Urteil. Kemal Weiershoff wird zu fünfzehn Monaten Freiheitsstrafe wegen Körperverletzung mit Todesfolge verurteilt. Die Strafe wird zur Bewährung ausgesetzt.

Während alle, die mit ihm gebangt haben, voller Freude jubeln, steht Kemal wie versteinert da. Er kann noch gar

nicht recht fassen, was passiert ist. Langsam, ganz allmählich, dringt in sein Bewusstsein, was er Miriam über Mose
gesagt hat. «Aus dem Totschläger des Täters hat Gott einen
Befreiungsschläger für die Opfer gemacht.

«Ja», denkt er, «das ist meine Geschichte.»

Kemal Weiershoff verlässt den Gerichtssaal nicht als
freier, sondern als befreiter Mann. Zwei Wochen nach der
Gerichtsverhandlung quittiert er den Polizeidienst und
gründet eine Hilfsorganisation für Kinder, die Opfer von
Schlepperorganisationen geworden sind. Er gibt dieser Or-
ganisation den Namen *Befreiungsschlag*.

Simsons Fall und Rache

Danach gewann er ein Mädchen lieb im Tal Sorek, die hieß Delila. Zu der kamen die Fürsten der Philister und sprachen zu ihr: Überrede ihn und sieh, wodurch er so große Kraft hat und womit wir ihn überwältigen können. Und Delila sprach zu Simson: Sage mir doch, worin deine große Kraft liegt und womit man dich binden muss, um dich zu bezwingen? (...)

Als sie aber mit ihren Worten alle Tage in ihn drang und ihm zusetzte, wurde seine Seele sterbensmatt, und er tat ihr sein ganzes Herz auf und sprach zu ihr: Es ist nie ein Schermesser auf mein Haupt gekommen; denn ich bin ein Geweihter Gottes von Mutterleib an. Wenn ich geschoren würde, so wiche meine Kraft von mir, sodass ich schwach würde und wie alle Menschen. (...)

Da ergriffen ihn die Philister und stachen ihm die Augen aus, führten ihn hinab nach Gaza und legten ihn in Ketten; und er musste die Mühle drehen im Gefängnis. Aber das Haar seines Hauptes fing wieder an zu wachsen, nachdem es geschoren war. (...)

Simson aber rief den HERRN an und sprach: Herr, Herr, denke an mich und gib mir Kraft, Gott, noch dieses eine Mal, damit ich mich für meine beiden Augen einmal räche an den Philistern! Und er umfasste die zwei Mittelsäulen, auf denen das Haus ruhte, und stemmte sich gegen sie und sprach: Ich will sterben mit den Philistern! Und er neigte sich mit aller Kraft. Da fiel das Haus auf die Fürsten und auf alles Volk, das darin war, sodass es mehr Tote waren, die er durch seinen Tod tötete, als die er zu Lebzeiten getötet hatte.

Vgl. Richter, 16. Kapitel; hier zit. in der Übersetzung D. Marin Luthers, a. a. O.

Janwillem van de Wetering

Sam und Dee

Peggy, Sams Mutter, eine Hier Von Uns auf Moose Island, der Elchinsel, wurde mit einem Engel intim. Mit einem gerade vom Himmel herabgestiegenen Engel auf einem schweren Motorrad, der ihr auf dem Festland erschien.

Mir erschien er ebenfalls, weil ich zufällig dabei war – an Moodys Hotel und Tankstelle, direkt drüben auf der anderen Seite der Wackelbrücke.

Ich werde den himmlischen Boten «Angel» nennen. Peggy fragte ihn natürlich nach seinem Namen, aber er sagte ihr bloß: «Ganz still, Liebes.» Angels Geisternamen auch nur zu hören, würde ihren armseligen Körper zerstören, erklärte er ihr. Und Angel sagte, er sei ein Bote Jehovas. Wir hier unten auf Moose Island, an der Ostküste des nördlichen Teils von Amerika, glauben durchaus an Engel, die herabsteigen und uns Botschaften von Jehova überbringen. Es kommt nicht allzu oft vor, aber wir «Von Hier», Nachfahren der Puritaner, sind fest im Glauben.

Nicht alle Menschen auf Moose Island glauben. Es gibt auch noch die anderen, die «Von Auswärts», Atheisten, die zuerst nur im Sommer hier waren, aber allmählich die Insel übernommen haben und uns Von Hier zwingen, ihnen zu Billigstlöhnen zu Diensten zu sein.

Prediger nennt die Von Auswärts gern «Philister» und uns Von Hier die «Erwählten».

Die Von Auswärts sind Ungläubige; wir Von Hier mögen Sünder sein, aber zumindest stehen wir, wie Peggy durch Angel herausgefunden hat, mit dem Herrn in Verbindung. Jehova, so glauben wir, hat uns Von Hier für irgendeine besondere Aufgabe auserwählt – doch unglücklicherweise bezweifle ich, der ich so etwas wie ein Ausgestoßener bin, manchmal unsere besondere Stellung. Eine Art Ausgestoßener bin ich, seit ich in Übersee gegen die Ungläubigen gekämpft habe. Sie haben gewonnen, und nachdem ich verkrüppelt heimgekehrt war, hieß es, sie seien o.k. Weil mein Glaube erschüttert war und ich einige der von Prediger aufgestellten Grundsätze in Frage stellte, wies er mich aus Moose Town aus und sagte mir, ich solle nicht zurückkommen, bevor ich wieder, wie er es nannte, «bei Verstand» sei. Seither hause ich in einer Blockhütte mit Blick über den Nordstrand, die Moody und ich gebaut haben. Dort denke ich manchmal nach, und um meine Gedanken klarer zu fassen, schreibe ich sie auf, sodass ich sie ein Weilchen betrachten kann.

«Anmerkungen zur Amoralität», nennt ein Professor Von Auswärts, der zufällig mal vorbeikam, meine niedergeschriebenen Denkversuche. Er hat einige davon veröffentlicht. Die Schecks, die er für mich an Moodys Adresse schickt, gefallen mir ganz gut.

Für gewöhnlich lassen es sich die Engel in den sorglosen Gefilden des Himmels wohl ergehen. Aber Angel, derjenige, der vor dreißig Jahren herabstieg, um zu Peggy zu sprechen, ungefähr neun Monate, bevor Sam – eigentlich Samson –, ihr Sohn, geboren wurde, Angel nahm es offensichtlich auf sich, auf die von Mühsal erfüllte Erde herabzukommen und mit Peggy sehr irdisch zu werden in Moodys Hotel auf der anderen Seite der Wackelbrücke.

Wie Angel erst Peggy und dann am nächsten Tag Bubba, Peggys Mann, erklärte, sind Botschaften Jehovas etwas Vertrauliches. Man gibt sie nicht einfach an der Tankstelle weiter, wo Angel und Peggy sich zuerst begegneten. Deswegen gingen die beiden hinüber zum Hotel. Es waren nur ein paar hundert Meter von der Zapfsäule. Peggy nahm dort ein Zimmer, wo sie zusammen blieben, um Jehovas Botschaft vertraulich zu besprechen.

Ich war so eine Art Zeuge. Ich war zufällig an der Tankstelle, um mir Petroleum für meine Lampe zu holen. Moody, der auch in Viet Am war, ist für mich so etwas wie ein Freund, wenn er auch kein großer Denker ist. Er meint: «Wenn mein Land mich ruft, um bei den Schlitzaugen Gelbe umzulegen, dann komme ich. Warum? Für die Fahne, gottverdammmich. Und für das Geld, das ich beim Poker gewonnen habe. Hör auf zu meckern. Du hast auch Geld gekriegt. Für die Fahne. Hundert Prozent Schwerbehindertenrente. Dafür töten die Leute. Und du doch auch!»

Tatsächlich habe ich für meine Rente getötet. Moody aber nicht. Moody war für einen Yachthafen an der vietnamesischen Küste verantwortlich, wo die Offiziere ausspannten und ihre freie Zeit verbrachten. Moody hatte dort auch ziemlich viel Freizeit und Entspannung. Er war nie im Dschungel, wo einem die Füße verfaulten und man auf Schnüre trat, die eine Schrotflinte auslösten und einem ein Bein wegbliesen.

«Das Glück», sagt Moody, «kommt zum Glücklichen.»

Moody ist einer Hier Von Uns auf Moose Island, aber weil Prediger ihn anödet, schaut er sich die Insel lieber von der anderen Seite der Wackelbrücke aus an. Die Brücke mit ihren kunstvollen Pfeilern aus behauenem Granit und gewaltigen Zedernstämmen ist letztes Jahr durch eine mit zwei hölzernen Pylonen ersetzt worden. Sie wackelte jedes Mal, wenn sie ein wenig Verkehr zu bewältigen hatte. Ein schöner, musikalischer Ton. Die Von Auswärts mochten den alten Wackelpeter nicht und waren immer zugange, eine neue Brücke bauen zu lassen. Aber wir Von Hier wussten, was das bedeutete: Kein Arbeitslosengeld mehr und stattdessen den Buckel krumm machen, um gegen Billigstlöhne den Wackelpeter zu ersetzen. Also sträubten wir uns dagegen.

Bis die Ereignisse ihren Lauf nahmen, aber darauf werde ich gleich zu sprechen kommen.

Moody und ich unterhielten uns gerade über Prediger, der gern mal in Moodys Hotel absteigt, um heranwachsenden Knaben Von Hier Grundfragen der Moral zu erklären, als Peggy vorfuhr, um Bubbas großen Fischlaster voll zu tanken. Meist fährt Peggy das Ungetüm, weil Bubba irgendwann zu schwer wurde, um noch groß in die Fahrerkabine zu kommen. Es gehört schon einiges dazu, Bubbas Körpermasse so zusammenzuquetschen, dass er durch die Tür passt. Selbst Prediger meinte, dass Bubba Bewegung braucht und dass es nicht allzu gesund sein könne, dauernd Bier zu trinken und Football zu gucken. Allerdings trieb Bubba auch seine Bibelstudien, so dass Prediger nie allzu streng mit ihm war. Und sowieso sind die meisten Hier Von Uns Schwergewichte, vor allem die Frauen. Unsere «Elchbabys» gibt es in drei Größen: massig, noch massiger, und *«du-lieber-Himmel-sie-geht-auf-mich-los»*.

Ich bin eher hager. Selbst mit meiner Beinprothese bewege ich mich recht flott. Der Durchschnittsinsulaner Von Hier traut niemandem über den Weg, der nicht watschelt. «Komm du uns nicht in die Quere mit deinem dünnen Arsch», sagt Prediger, «hörst du?»

Wenn im Supermarkt von Moose Town so ein Elchbaby durch den Gang auf einen zukommt hinter seinem mit Fertiggerichten und wagenradgroßen Pizzen, riesigen Chipstüten und einem oder zwei Pack Bier beladenen Einkaufswagen, dann tritt man schleunigst den Rückzug an. Das

Gespann kann nicht rechtzeitig Halt machen. Wegen der gewaltigen trägen Masse.

Aber selbst auf der Elchinsel kommen uns die Segnungen des Zufalls und damit der Ausnahmen zugute. Peggy war in ihrer Jugend eine ganz ausnehmende Ausnahme. Auch wenn sie es heute nicht mehr ist, nachdem sie etwas zugelegt und all ihre Zähne, einen Teil ihres Haars und fast ihr ganzes Temperament eingebüßt hat. Aber damals, zur Zeit ihrer gottgewollten Zusammenkünfte mit Angel, brachte sie jeden Mann zum Kochen. Peggy mit ihren hohen Hüften, der Wespentaille und den vollen Brüsten hatte Hollywoodklasse. Ihr Lächeln war Pepsodent-perfekt. Wangenknochen, die ihr am liebsten aus dem Gesicht gesprungen wären. Ein Talentsucher verschaffte ihr einen Vertrag für Fernsehwerbung. Aber obwohl es dafür gutes Geld gab und das meiste davon in seine Tasche floss, machte Bubba dem bald ein Ende. Gab ihr sogar mit dem Gürtel was über den Hintern, weil sie ihn vorgezeigt hatte, denn, wie Prediger sagte, damit verführte sie uns arme Sünder zu noch mehr Selbstbefriedigung.

Häusliche Gewalt, ausgeübt durch Gläubige wie Bubba, verschafft der Moral Geltung, sagt Prediger. Irgendjemand muss ja dafür sorgen. Die regulären Sheriffs machen sich nicht die Mühe, nach Moose Island herüber zu kommen, da die Von Hier sie manchmal als Zielscheiben missbrauchen. Natürlich werden wir im Zaum gehalten: von privaten Wachleuten, die die Von Auswärts angeheuert haben, um ihre Sommerhäuser und Altersdomizile zu schützen, kostbare Besitzungen, die gern von Einbruch oder Vandalismus heimgesucht oder sogar von wer-weiß-schon-wem abgebrannt werden. Das wirkt sich nicht gerade günstig auf die Höhe der Versicherungsprämien aus. Die Wachleute sind ebenfalls Atheisten Von Auswärts. Prediger meint, sie zählten nicht. Ganz im Gegenteil, er ermuntert die Von Hier, sich dieser Halunken zu entledigen.

Ich scheißerte also zusammen mit Moody vor dessen Hotel rum (das ist der Ausdruck derer Von Hier für «sich unterhalten»), als Peggy an der Zapfsäule vorfährt und etwas später Angel.

Wir erkannten den Rang dieses Wesens sofort, denn er stand in großen Buchstaben mit roter Signalfarbe auf dem Rücken seiner glänzenden Jacke zu lesen.

Angel. Ein Engel.

Engel sind Geister, aber sie können sich in Menschengestalt zeigen, und Angel hatte sich entschieden, in Gestalt eines schönen Mannes zu erscheinen.

Nun, ich bin nicht wie Prediger, ich gebe nichts darauf, mich mit Geschlechtsgenossen abzugeben, nicht einmal mit so zarten Knaben, wie Prediger sie bevorzugt. Aber als ich Angel sah, war ich echt beeindruckt. Desgleichen Moody, der ungläubig den Kopf schüttelte. «Der Bursche könnte doch glatt als Wikinger durchgehen, was?»

Ich hatte am Nordstrand mal Wikingermünzen gefunden. Es waren Männer wie Leif, ein typischer Krieger, die ihre Gene mit denen der Indianerfrauen vermischten, nachdem sie deren Männer erschlagen hatten. Ab und an finden sich solche Wikingergene wieder einmal zusammen und bringen ein spätgeborenes Abbild eines Wikingers hervor. Angel wählte sich für seinen Besuch hienieden einen Wikingerkörper. Groß, breitschultrig, mit goldenem Haar und klaren blauen Augen, in Leder gekleidet auf einer funkelnagelneuen, glänzenden Harley Davidson.

Der perfekte Partner für Peggy.

«Ma'am», sagte Angel zu Peggy mit einer menschlichen Stimme wie Glockenklang. «Ma'am, ich habe eine Botschaft für Sie, die ich Ihnen unter vier Augen überbringen muss.»

«Ja, mein Herr», antwortete Peggy mit ihrer weichen, verschleierten Stimme. Sie war Feuer und Flamme, aber sie wollte doch wissen, von wem die Botschaft war.

«Von Jehova», sagte Angel.

Und schon war das Pärchen in Moodys bestem Zimmer verschwunden, für das Peggy mit Bubbas beinahe erschöpfter Kreditkarte bezahlte – Angel hatte bei seiner Fleischwerdung nicht an Geld in ausreichender Menge gedacht –, um die Worte des Herrn zu besprechen.

Und die Botschaft lautete – so hörte ich später von Moody, der in besagtem Zimmer ein Mikrofon angebracht hatte –, dass Jehova Peggy auserwählt habe, um Ihm bei seiner Arbeit zu helfen. Indem sie zu einem bestimmten Zweck ein Kind bekomme, einen Sohn. Ganz gleich, ob sie glaube, unfruchtbar zu sein. Jehova sei groß und allmächtig. Und jetzt hatte er ihr Angel geschickt.

Angel lächelte und half Peggy, sich auszuziehen.

Nun, das war in der Tat erstaunlich, denn wir alle wussten, dass Peggy unfruchtbar *war*. Wir Jungs hatten es während unserer High-School-Zeit auf alle Fälle versucht, bei den Kiesgrubenpartys mit Bier, das wir aus den Häusern derer Von Auswärts klemmten. Ziemlich viele junge Elchbabys wurden davon dick, aber Peggy blieb schlank. Bubba muss es ebenfalls versucht haben, obwohl er vielleicht Schwierigkeiten gehabt haben mag, seine Ausrüstung zu finden bei seiner Wampe. Jedenfalls erklärte Angel Peggy jetzt, dass die Gebete derer Hier Von Uns erhört worden seien und sie bald schwanger werden würde. Sie würde einen Sohn zur Welt bringen, Sam, mit offiziellem Namen Samson. Und Sam würde uns von dem grausamen Volk derer Von Auswärts befreien, vorausgesetzt wir Von Hier versuchten weiter, unserem geliebten Herrn zu gefallen. Und dann wäre alles wieder Friede, Freude, Eierkuchen.

Wie in den guten alten Zeiten, von denen uns Prediger immer erzählt.

Im amerikanischen Paradies, das wir verwirkt haben, wir Von Hier, weil wir Sünder sind.

Vor nicht mehr als dreihundert Jahren haben wir Neuen Von Hier Moose Island gottlosen Heiden weggenommen, die ihre Gesichter bemalten, Trommeln schlugen, Rasseln schüttelten, große Lagerfeuer hatten und wussten, wie man es anstellt, nicht ganz so viele Kinder zu bekommen. Es waren gesetzlose Eingeborene, die nicht so viel Kabeljau und Heilbutt fischten, bis nichts mehr da war, die keine Robben schossen, in Stücke schnitten, die blutigen Fetzen bei Niedrigwasser ins Meer warfen und dann warteten, bis die Haie kamen, um die Haie ebenfalls abzuschießen, nur so aus Spaß, denn Hai- und Robbenfleisch war für uns Von Hier nur Abfall. Sie zogen auch nicht wie wir alle fetten Aale aus den Seen und schlugen sie auf Steinen tot, weil sie nicht wussten, wie man sie zubereitet. Ungläubige, die sie waren, haben sie auch nicht die Erde mit offenen Müllkippen versaut. Na ja, anscheinend war in jenen lang vergangenen Zeiten Moose Island für uns Von Hier wirklich eine Art Paradies. Zwischen den Klippen konnte man Flunder und Hering mit der bloßen Hand fangen, man konnte sich an frischem Hirschfleisch gütlich tun und auf der noch fruchtbaren Erde Mais und Gemüse anbauen.

So wie die Insel heute ein Paradies ist für die Von Auswärts, die uns immer mehr großartige Herrenhäuser und Villen bauen lassen und ihre Wachleute haben, um uns zusammenzuschlagen, wenn wir nicht Haltung annehmen, sobald einer Von Auswärts vorübergeht. Sie lassen uns in ihren Bilderbuchgärten arbeiten und in den Häfen, wo ihre Yachten liegen. In ihren Superküchen müssen wir die Töpfe sauber kratzen und leben selbst in Bruchbuden zwischen aufge-

platzten Müllsäcken, nachdem wir ihnen alle Strandgrund-
stücke an der Süd-, West- und Ostküste zu Schleuderpreisen
verkauft haben. Nur die Nordküste ist übrig geblieben. Sie
ist zu kalt und zugig, es gibt dort tückische Wasserlöcher,
und nachts heulen dort indianische Geister.

Ich höre diese Geister oft, wenn Moody herüberkommt,
um mir für einen Teil meiner Rente selbstgezogenes Pot zu
verkaufen, ich kann sie sogar sehen. Sie sind okay, wenn ich
mich dafür entschuldige, was mein Urgroßvater und seine
Genossen ihnen angetan haben. Die Häuptlinge haben das
irgendwie akzeptiert. Aber sie hören nicht auf zu heulen, bis
ich mit ihnen am Strand tanze.

«Also», sagte Angel zu Peggy, «du wirst einen Sohn bekommen, Mädchen. (Anscheinend konnte er sich ihren Namen nie richtig merken.) Aber es wird einige Mühe kosten,
blockiert wie du da unten bist. Deshalb müssen wir uns hier
noch ein paar Mal treffen. Kommst du damit klar, Mädchen?»

Peggy überlegte sich, dass sie Bubba besser von der Sache
erzählte, damit er mitspielte. Wie es sich gehört, denn ein
Treffen mit einem Engel, der eine Prophezeiung überbringt
und ein Wunder bewirkt, ist schließlich von der hiesigen Bi-
belkunde belegt. Und Bubba glaubte ihr. Er fragte, ob er
Angel ebenfalls kennen lernen könne. Peggy überbrachte
diese Bitte; sie wurde gewährt. Bubba traf Angel in einer Bar
auf dem Festland. «Klar», versicherte Angel Bubba, «ich bin
ein Engel, Mann. Siehst du, es steht hinten auf meiner Jacke.
Jehova schickt mich.»

«Wie heißt du?», fragte Bubba.

Angel antwortete, das könne er ihm nicht sagen, nicht
einmal bei den Bierchen, die Bubba ausgebe. Jehova wünsche das nicht. Angel sei ein hochrangiger Geist, und ein fast
allmächtiges geistiges Wesen wie er dürfe seinen Namen kei-

nem bloßen Sterblichen enthüllen. Und einem Sünder noch dazu, gottverdammich. Angels klare blaue Augen blitzten. Seine Zähne blitzten ebenfalls. Er war eine furchtbare Erscheinung, den ganzen Weg vom Himmel herabgestiegen und jetzt gequält durch den erzwungenen Aufenthalt in einer Bar. Aber was soll's, Mann, das gehört hier unten eben dazu. Ist doch so, Mann?

Ist so.

Bubba wollte eine Party steigen lassen, um Angel Prediger und den Ältesten vorzustellen, aber Angel meinte, dazu stehe er ebenfalls zu hoch. Er könne Bubbas gegrillte Koteletts und Steaks nicht anrühren und sei außerdem zu beschäftigt mit Peggy. Wenn Bubba sich nur vorstellen könne, wie sehr es Angel schmerze, hier unten verweilen zu müssen! Aber gut, wenn Bubba darauf bestehe, wolle er ihm erlauben, ein paar gute T-Bone-Steaks auf den Grill zu legen und Prediger dieses Rauchopfer Jehova darbringen zu lassen.

«Was springt für mich dabei heraus?», fragte Bubba. Er wollte es eigentlich nicht, aber man selbst ist ja auch noch da, und wer sorgt schon für einen, wenn man es nicht selbst macht?

«Du», donnerte Angel in seinem machtvollen Bariton, «du, Sünder Von Hier, wirst gesegnet sein, für den kleinen Sam(son) zu sorgen, bis er groß ist und dein Volk von den Gottlosen Von Auswärts befreit. Alle Von Hier werden zu dir aufschauen und dir auf ewig dankbar sein. Und sie werden dich zu gegebener Zeit für deine Mühe entschädigen, sodass du der Laufbahn deiner Football-Helden auf einem größeren Bildschirm mit höherer Auflösung wirst folgen können.»

«Ah», sagte Bubba. «In Ordnung.»

Peggy hatte noch eine ganze Menge harter Arbeitstreffen

mit Angel. Dabei gab es – wie von Moodys Technik aufgezeichnet – eine solche Fülle von Stöhnen, Kreischen, Schmatzen, Saugen, Klatschen, Hauchen und anderen religiösen Klangeffekten, dass sich andere Gäste beschwerten und Moody Peggy schließlich auffordern musste, entweder mehr für das Zimmer zu bezahlen oder bitte mit ihrem Wunder woanders hin zu gehen.

Und siehe, Peggy brachte ein vollkommenes, blauäugiges und blond geflaumtes Baby zur Welt, dessen große Füße und Hände – das Organ nicht zu vergessen – schon erkennen ließen, dass es zu einem allermachtvollsten Giganten heranwachsen würde, der in den Kampfsportarten, im Gewichtheben, Springen und Laufen herausragen und, so viel stand fest, von den Mädchen geliebt werden würde.

Ich habe die Mädchen Von Hier schon beschrieben. Es ist kaum verwunderlich, dass der schnell heranwachsende Sam sich aus den Elchbabys nichts machte. Das sagte er ihnen natürlich nicht; er tat, was er konnte, um sie glücklich zu machen. Aber seine eigentliche Vorliebe galt den Frauen von Auswärts, die seine Neigung erwiderten und ihm jederzeit und allerorten gewogen waren.

Komische Sache, das muss man sagen. Ich habe da selbst einschlägige Erfahrungen. Vieles an den Frauen Von Auswärts ist für einen einfachen Jungen Von Hier rätselhaft. Man sollte doch annehmen, dass die Töchter Von Auswärts ihre Väter lieben, die ihnen ihr gutes Leben ermöglichen. Diese Mädchen kleiden sich in klitzekleine Fummel, die gerade genug freilassen, um die Jungen an die Ausklappseiten der Hochglanzmagazine denken zu lassen; sie ernähren sich von gesunden Speisen, die sie in Form halten, man lehrt sie schwimmen, Tennis spielen und tanzen, sodass sie immer schlank und gelenkig bleiben. Sie sind noch keine zwanzig, wenn sie ihren ersten ausländischen Sportwagen bekommen, um damit die Insel unsicher zu machen (wo die von ihren Daddys bezahlten Insulaner die Straßen in Schuss halten und nicht mal die Zeit haben, sich auf ihre Schippe zu stützen, wenn die Mädels vorbeibrausen). Ihre Brüste werden von Schönheitschirurgen perfektioniert, zusammen mit der Nase und allem anderen, was vorsteht. Ihre Beine werden begradigt, die Füße gewölbt.

Guter alter Daddy?

Aber nein, diese Mädchen Von Auswärts sind nicht etwa dankbar. Sie scheinen ihre Väter zu hassen. Deshalb tun sie das Schlimmste, was ihnen einfällt, um Papi zu ärgern: Sie machen uns Jungs Von Hier schöne Augen und schleppen uns sogar mit nach Hause auf die Partys ihrer Eltern. Und da dieses Land sich mit seiner Demokratie brüstet und es hier keine Schlechteren und Besseren geben darf, steht selbst einer wie ich (bevor ich zum Krüppel wurde) plötzlich da, dippt rohen Sellerie in Avocadocreme und trinkt sich mit bunten Drinks einen Rausch an – nur weil die Mädchen Von Auswärts anscheinend unsere haarigen Hände oder Schlimmeres in ihren Designer-Slips haben wollen. Aber wenn wir versuchen, ihnen den Gefallen zu tun, springen Daddys Wachleute aus den Büschen. Und die Mädchen Von Auswärts dürfen zusehen, wie es Prügel setzt.

Aber dann kam Sam.

Samson mit der Löwenmähne. Sam, der keinen Alkohol anrührte, nicht einmal ein leichtes Bier. Der Pot verabscheute und nicht einmal Tabak rauchte. Sam, geboren durch Jehovas Fügung. Aber Sam hatte eine Schwäche für Frauen. Angel hatte Peggy nie gesagt, ihr Sohn, der zukünftige Befreier, müsse keusch bleiben. Samson der Rächer hatte lediglich stark zu sein. Und ob er das war. Sam der Gewaltige trainierte täglich. Er stemmte unglaubliche Gewichte. Er packte sich sogar den Leichnam seines Vaters und warf ihn in den Fischlaster, sodass Peggy sich das Geld für den Transport der sterblichen Hülle zu Predigers Trauergottesdienst sparen konnte. Bubba hatte einmal zu oft in Junk-Food geschwelgt, auf seiner längst zusammengebrochenen, bierverfurzten Couch, bei der Wiederholung irgendeines seiner endlosen Footballspiele.

Es gab viele Spannungen auf der Insel, als Sam in seinen Teenagerjahren die jährliche Ernte gleichaltriger Mädchen Von Auswärts einfuhr und auf die Wachleute eindrosch. Aber sie lernten allmählich, es ihm heimzuzahlen, und brachten unseren Jungen, als er die Zwanzig überschritten hatte, schließlich dazu, von der Insel zu fliehen. Er versuchte zu den Special Forces zu kommen, als Freiwilliger für Mordaufträge an Ausländern, aber das US-Militär duldet kein langes Haar, und Sam lehnte es – der Warnung seiner Mutter eingedenk – ab, sich seine Mähne schneiden zu lassen. Angel hatte ihr gesagt, der Junge solle Friseure meiden. Nur widerstrebend abgelehnt, schloss sich Sam einer Miliz in Arizona an, die auf Anarchisten spezialisiert war. Nachdem er dort im Training des unbewaffneten Zweikampfs einen Ausbilder gelähmt hatte, bat man ihn zu gehen. Nach diesem Zwischenfall wollten ihn die Behörden vernehmen. Sam ging unter anderem Namen in einen anderen Staat und wurde Profi-Wrestler. Und wieder gab es ein Unglück; er riss einem Gegner einen Arm aus.

Sam suchte Ruhe und kehrte nach Moose Island zurück.

Die Wachleute der Von Auswärts erlaubten ihm, eine Arbeit aufzunehmen, denn sie sahen, dass Sam gelernt hatte, sich ruhig zu verhalten. «Jawohl der Herr», sagte Samson. «Danke sehr der Herr.»

Aber Sam hatte nichts vergessen. Das konnte er nicht. Seine Ma erinnerte ihn immer wieder daran. «Du bist ein Kind Jehovas.» Prediger sagte das Gleiche. Außerdem gab Sam gern an.

Zwischen seinen Schwerstarbeitseinsätzen kam Sam gern mal zu meiner Blockhütte am Nordstrand herüber, um mich zu überreden, mich an seiner rechtmäßigen Fehde mit denen Von Auswärts zu beteiligen. Aber ich wollte davon nichts wissen.

Dass mir von einem tropischen Pilz Teile der Füße weggefressen worden sind und ein Fuß dann auch noch einen Schuss abbekommen hat und ganz dran glauben musste, hat mich wohl dazu gebracht, ein wenig über dies und das nachzudenken. Ich bin mir dessen bewusst geworden, was man das menschliche Dilemma nennt. Ich fragte mich inzwischen, ob es nicht – vielleicht – um das eine oder andere besser bestellt sein könnte. Nach meiner Rückkehr in die Staaten nahm ich einen Teil des Obolus, den ich als Ausgleich für mein verlorenes Bein erhalten hatte, und studierte an der University of Maine Geschichte.

Ich hatte gehofft, mir dort die positive amerikanische Denkweise anzueignen. Alles wird mit jedem Tag immer besser, dank unserer Anstrengungen. Wir stehen zusammen. Wir sind die Hirten, und die Erde ist unsere Weide.

Oder, noch besser, was interessiert uns der ganze Nationalismus, lasst uns global denken, fassen wir die Zukunft der Menschheit ins Auge. Mit dem Segen des Herrn.

Aber das musste ich recht bald aufgeben. Die historischen Aufzeichnungen zeigen, so stellte ich fest, dass es kaum Hoffnung gibt. Wir sind nicht aufs Lernen programmiert. Das Experiment, so es denn eins gegeben hat, ist ernstlich missglückt.

Der Weg, den wir gegangen sind, war der einer Vermehrung unserer Anzahl. Und unsere Klugheit wird stets wettgemacht von unserer Selbstgefälligkeit, wie auf Moose Island, wo wir, ganz gleich, worum es geht, stets das Falsche tun. Wir verschmutzen die Umwelt, wir erschöpfen schwer ersetzbare Ressourcen, wir rotten noch mehr liebenswerte Arten aus und – um wieder global zu werden – wir versuchen ohne Unterlass den Planeten zu zerstören, auf dem wir leben. Der keineswegs «unser» Planet ist, so viel nur nebenbei.

Die Idee des Zufalls gefiel mir. Das ist ein besserer Name für Jehova.

Zufall lässt uns hier, so glaube ich, ein Weilchen leben, um zu sehen, wie wir uns so machen, und da es nun mal Zufall ist, macht es ihm nichts aus, mit bestenfalls verwirrter Unvoreingenommenheit zu beobachten, wie wir uns als größtenteils dumm erweisen. Zufall weiß, dass wir diesen Planeten nicht zerstören können. Die Erde hat Schlimmeres durchgemacht, als von einer Horde egozentrischer und letzten Endes selbstzerstörerischer, ungehobelter Affen angekratzt zu werden. Sie ist von Kometen verbrannt, von Eiszeiten eingefroren worden, und Meteore schienen zuzeiten den ganzen lebenden Dreck weggehauen zu haben. Aber der kam immer sofort wieder zurück, mit massenhaft neuem Leben, das dann wieder dahinwelkte und abstarb, um plötzlich wieder da zu sein in aller Fülle, bevor es einging.

Und selbst wenn der Planet irgendwann sein Ende findet, was er unzweifelhaft tun wird, kann Zufall neue Trabanten schaffen, wenn ihm danach ist. Und wenn ihm nicht danach ist, gibt es vielleicht mal ein Weilchen gar nichts. Das wäre auch ganz nett. Alles braucht mal eine Pause.

Im Augenblick, so scheint es mir, befinden wir uns gerade am Ende eines solchen Kreislaufs von Schöpfung und Zerstörung, und wir können – wenn wir den Nachrichtensprechern im Fernsehen glauben wollen – nichts dagegen tun. Außer zu versuchen, die neue Situation zu verstehen und das Beste daraus zu machen. So wie ich es versuche, von meiner Blockhütte am Nordstrand aus.

Während ich noch ein Stück Treibholz in den Kamin schiebe und auf meiner solarbetriebenen Anlage Miles Davis höre. Und zum Frühstück ein bisschen Bach.

«Wir müssen uns von denen Von Auswärts befreien.» Samson blieb beharrlich. Aber warum sollte ich dabei mithelfen? Warum sollte ich den Schweinehunden nicht meinen Segen geben? Mich für sie freuen? Endlich mal ein paar Leute, die ihr Leben genießen.

Also nannte Sam mich einen Verräter und drohte mir, mich zusammenzuschlagen, und ich musste ihm Don Cherry auflegen. Jazz auf der Minitrompete besänftigte Samson meist.

Aber, wie Bubba zu sagen pflegte, wenn die eine verdammte Sache nicht schief geht, dann geht die andere schief.

Sam war ein Frauenheld, und da ihm die Elchkälber inzwischen zuwider waren, vergaß er alle Vorsicht und stöpselte ein Mädchen Von Auswärts. Nachdem sich herausstellte, dass er sie geschwängert hatte, nahm sie ihm das Versprechen ab, sie zu heiraten. Es sollte eine Party steigen. Ihre Brüder kamen herüber und meinten, dass Samson als Gegenleistung für all den ausschweifenden Sex, den ihre Schwester ihm geboten habe, und den monatlichen Scheck, mit dem Papi würde überkommen müssen, zum Mindesten für die Hochzeitsfeier aufkommen könne.

Aber Sam ist ein ganz Gerissener. Er wusste, dass die Jungs Von Auswärts, die in Harvard studierten, sich viel auf ihren hohen IQ zugute hielten. Also gab er ihnen ein Rätsel auf. Wenn sie es lösten, würde er, Samson, Steaks und Drinks für das Heer der Gäste bezahlen, wenn sie davor kapitulierten, konnte Von Auswärts seine VISA-Karte zücken.

Es traf sich, dass Sam, bevor diese Schwierigkeiten ihren Anfang nahmen, bei einem seiner Besuche am Nordstrand auf einen aggressiven Bären gestoßen war und ihn nur so zum Spaß gepackt, umarmt und tot gedrückt hatte. Wir aßen davon, so viel wir konnten, räucherten den Rest und ließen das Gerippe für die Geier liegen. Als wir es so etwa eine Woche später wieder fanden, wimmelte es von Bienen. Ich wich zurück, aber Sam, der ja ein Angeber ist, grabschte sich etwas von dem Honig. Ich wollte zu Mittag Pfannkuchen backen, und wir brauchten noch etwas Süßes dazu.

Dieses Sieges eingedenk, fragte Samson die Harvard-Jungs: «Was ist süß und kommt aus dem großen Mörder?»

Die Genies dachten über das Rätsel nach, aber da die Von Auswärts die rauen Verhältnisse an der Nordküste meiden, wurden sie aus der Sache nicht schlau. Frustriert setzten sie ihre Schwester unter Druck; sie meinten, sie solle ihnen dankbar sein, dass sie sie nicht erdrosselt hätten wegen Beilagers mit dieser zwielichtigen Gestalt. Wovon schwafelte ihr Lover Boy da also?

Sie fragte ihren Zukünftigen aus, und Sam sagte es ihr, nachdem er ihrem Drängen viele Nächte lang wacker widerstanden hatte.

Und sie sagte es natürlich ihren Brüdern.

«Haha, Sammy-mein-Junge», sagte der älteste Bruder, «aus den Eingeweiden des Bären ist also ein Bienenkorb geworden, wie?»

Sam gelang es, seine Wut zu verbergen. Er plünderte ein gerade unbewohntes Sommerhaus und bestritt mit dem Inhalt von Weinkeller und Kühltruhe die Party. Die Party stieg auch, aber die Brüder nahmen ihre Schwester mit, während Samson schlief. Das Mädchen, das nun einmal seinen Makel weg hatte, heiratete schließlich einen anderen Von Hier. Einen so genannten Freund Samsons.

Wenn man Samson kannte, wie ich es tat, wenn man wusste, wie der Junge immer von Zeichen entflammt wurde – Zeichen, die seine Mutter ständig wahrnahm und ihm erklärte (ein Adler, der nach Osten fliegt; Frösche, die um Mitternacht quaken; ein toter Waschbär, der in einem Tümpel treibt), und die, wie sie versicherte, die Prophezeiung eines von Jehova selbst geschickten Engels bestätigten – kurzum, wenn man wusste, dass Samson sich selbst für den Erlöser von Uns Hier hielt, schien die Art und Weise, wie die Harvard-Boys ihn behandelten, gar keine gute Idee gewesen zu sein.

Samson hatte inzwischen gelernt, dass ein wenig Selbstbeherrschung manchmal nützlich sein kann. Also tat er so, als finde er sich mit dem Verlust der ihm Anverlobten ab, und wartete. Wir hatten damals eine schlimme Dürreperiode und, da ein Unglück selten allein kommt, dazu noch einen Ausbruch der Tollwut, vor allem unter den Füchsen. Samson war besorgt, dass sich auch sein Lieblingshund – ein Bullpit namens Susie – mit der Seuche infizieren könnte. Als er in einer seiner Fallen einen tollwütigen Fuchs fing, band er dem kranken Tier eine Fackel an den Schwanz und jagte es in den japanischen Zen-Garten, den der Vater seiner durchgegangenen Liebsten zu immensen Kosten hatte anlegen lassen. Die kostbaren Moose und Sträucher, knochentrocken trotz täglicher Bewässerung aus erschöpften Brunnen, brannten wie Zunder. Desgleichen ein kleiner, von Mönchen in Handarbeit errichteter Tempel, den der Vater seiner Braut angeblich zur Meditation nutzte. Was mich verwunderte, denn er war mir als sehr nervöser Typ aufgefallen. Er war einmal in der Nähe meiner Blockhütte angespült worden, nachdem er mit seinem Rennboot bei hohem Tempo das eigene Kielwasser gekreuzt und sich mit dem Boot überschlagen hatte. Ich fand ihn und lud ihn zu mir ein, um sich aufzuwärmen, und die ganze Zeit hüpfte er umher und redete ununterbrochen.

Rachsüchtig war er auch. Da er vermutete, dass Samson

hinter der Zerstörung seines geheiligten Anwesens steckte, hieß es, allen Von Hier würden die Hypotheken gekündigt; man würde sie von der Insel jagen und durch Mexikaner, Philippinos oder was sonst am billigsten käme ersetzen, wenn Samson nicht den Wachleuten derer Von Auswärts ausgeliefert würde. In Eisen. Das hieß, in Handschellen und Ketten.

Peggy lag mit einer Überdosis Tranquilizer flach und konnte keinen Einspruch erheben. Die Nachbarn mischten Samson ein Sedativum in eine Schüssel Chili. Der kraftlose Körper wurde ordnungsgemäßg ausgeliefert. Aber als Samson aufwachte, zerriss er seine Ketten und fuhr dann mit dem Wagen eines derer Von Auswärts, in dem der Zündschlüssel steckte, zu einer Tankstelle. Dort trennte ein Mechaniker, dem anderenfalls der höchstwahrscheinlich tödliche Hieb von Samsons verbundenen Fäusten drohte, die Handschellen auf. Wieder befreit, besuchte Samson eine Reihe von Sommerhäusern und schlug Wachleute nieder, wo immer er auftauchte. Einer starb an seinen Verletzungen und einige wurden zu Krüppeln.

Die Von Auswärts waren nicht erpicht darauf, Sheriffs und Staatspolizei auf Moose Island zu haben, und forderten daher keine Hilfe an. Und wieder einmal legte sich der Staub, und das Leben ging weiter.

Samson hatte eine Stelle bei einem Von Auswärts und brachte seine Zeit mit Fischen und Jagen zu. «Weißt du», erklärte er mir eines Abends während des Essens, «so gefällt es mir. Aber immer, wenn ich zur Ruhe komme und alles Banane ist, dann macht mich dieses Wort fertig.»

Das Wort hieß «Möse».

Samson ging dann über den Alten Wackelpudding und traf sich in Moodys Hotel mit Prostituierten. Aber wie sich zeigte, hieß das Wort eigentlich «Dee».

Dee war auch eine Frau Von Auswärts, geschieden, attraktiv und Anfang vierzig, einem für Frauen gefährlichen Alter, in dem es immer zu einem letzten Ausbruch explosiver Energie zu kommen scheint. Sie war sehr angetan von dem prachtvollen, gut aussehenden Burschen, der mit dem Auto oder im Boot an ihrer Villa (mit Blick über den Oststrand und, zur anderen Seite hin, das Osttal) vorbeifuhr.

Braungebrannt, platinblond, das Ebenbild eines Filmstars, stolzierte sie auf ihren Anlegesteg und richtete das silikonverbesserte Dekolleté auf Samson aus, der nah an ihrem Ufer eine Hummerfalle aus dem Wasser zog. Er konnte nicht an ihr vorbeisehen. Er winkte. Sie winkte.

Als nächstes: die alte Geschichte.

Samson zog zu Delilah. Sie waren glücklich, aber die Verärgerung bei denen Von Auswärts war zu groß, um diese Verbindung zuzulassen. Dee gingen, nachdem sie hier und da eine Million ausgegeben hatte, langsam die Unterhaltszahlungen aus, und da sie Kinder auf dem College hatte, benötigte sie dringend eine Finanzspritze. Die Wachleute riefen sie an und boten ihr im Namen verschiedener Auftraggeber Von Auswärts eine beträchtliche Summe. Dee brauchte dafür nichts zu tun, als herauszufinden, wie Samson bisher allen Versuchen, ihn festzunehmen, widerstanden hatte.

Also fragte sie ihn.

Und Samson, der den Verrat durch eine andere Frau Von Auswärts nicht vergessen hatte, sagte, es gebe kein Geheimnis, das Glück suche eben den Glücklichen. Aber Dee blieb hartnäckig.

Samson dachte sich einen Schwindel aus. Er wusste, dass Dee auf New-Age-Schamanismus stand und volkskundliche Bücher über die amerikanischen Ureinwohner las. Deshalb erklärte er ihr, er könne nur überwältigt werden, wenn sie ihm im Schlaf die Handgelenke mit einem aus Mariengras geflochtenen Tau fessele.

Wann immer Sam nun mit seinem Boot hinausfuhr oder durch die Sümpfe streifte oder mich am Nordstrand besuchte, flocht Delilah eifrig an den mythischen Fesseln. Sie sang Mohawk-Lieder und schlug dazu eine Trommel, die mit dem Bild eines mächtigen Tieres (eines Rotluchses) bemalt war. Oder sie rasselte mit einem Schildkrötenpanzer, der mit Fuchsknochen gefüllt war. Und sie verbrannte bündelweise Kräuter. Sie machte kleine Feuer und stampfte mit bloßen Füßen um sie herum.

Eines Abends, als Samson vom Trainieren ausgelaugt war, ließ sie sich von ihm bis zur Erschöpfung lieben und verwöhnte ihn danach mit heißer Milch, Honig und Zimt. Samson schlief wie ein Murmeltier. Dee fesselte ihm Hand- und Fußgelenke und rief dann von ihrem Handy aus die Wachleute an – in sicherer Entfernung, damit er sie nicht hörte.

«Einbrecher!», schrie Dee, als zwei Wachleute, ehemalige Elitesoldaten einer Anti-Terror-Einheit im verdeckten Einsatz in Mexiko, in ihr Schlafzimmer geschlichen kamen (sie hatte ihnen vorher leise eine Tür geöffnet) und sich auf die schlafende Gestalt stürzten. Samson zerriss seine Fesseln, schleuderte einen der Wachmänner durch eine Glaswand, was eine ernsthafte Beschädigung von dessen Schädel zur Folge hatte, und erwürgte den anderen.

«Du bist so stark», flüsterte Dee bewundernd, nachdem die Leichen beiseite geschafft waren. «Oh, mein Liebling.»

Und sie beklagte sich, denn er hatte sie belogen. Was war denn nun wirklich sein Geheimnis?

Zermürbt vom Kampf und geschmeichelt von ihrer Bewunderung sagte er es ihr.

Das Geheimnis von Samsons Stärke hing direkt mit seinen langen, dicken, glänzenden blonden Locken zusammen.

Ohne seine Mähne, so erklärte er seiner Geliebten, würde er sich definitiv albern vorkommen. Das negative Selbstbild würde sein Selbstvertrauen auslöschen, seine Intelligenz, sein *Uuhmp*.

Mit geschorenem Schädel wäre er hilflos.

Dee hätte sich selbst in den Hintern treten können: das hätte sie eigentlich wissen müssen. Wie oft hatte sie nicht gesehen, wie er sich vor der Spiegelwand in ihrem Bad in Pose warf, wenn er sein Haar mit dem Föhn in Form brachte. Sich kämmte, bürstete und parfümierte, Lotionen in seine Mähne massierte. Pirouetten drehte und gurrte: «Großer böser Samson . . .»

Sein Haar. Natürlich!

Wieder versorgte Dee den armen Kerl – erst Essen, dann Liebe, beides genau so, wie er es am liebsten hatte, und sind wir jetzt nicht müde? Streck dich aus, Samson, leg deinen Kopf in meinen Schoß, bei Dee bist du sicher, bei deiner Geliebten, bei deiner Mutter, bei Mam: Du erinnerst dich doch an Peggy?

Vollkommen eingelullt und endlich einmal in der Lage, alle Abwehr einzustellen, spürte Samson nicht das Schnippschnapp der Schere, die ein *Coiffeur* aus Boston führte. Als die Wachmänner kamen, war sein Haar keinen Millimeter mehr lang. Sie sprühten ihm Tränengas in die Augen, bis er blind war – für immer, wie sich herausstellte. Um ganz auf Nummer Sicher zu gehen, ließ Dee ihn von dem Frisör auch noch rasieren. Sie selbst sorgte für Handtücher und viel heißes Wasser.

Die Wachleute schleiften Sam an den Füßen davon und ließen seinen kahlen Kopf über den Hartholzboden holpern.

In ihrer Kaserne hatten sie ihren Spaß mit ihm. Sie benutzten ihn beim Boxtraining als Sandsack, stießen ihn in

Giftsumach und setzten Waschbärwelpen auf ihn an, die mit rasiermesserscharfen Zähnen zubissen. Als Samsons Fußgelenke aufgerissen waren, begannen die Wunden bald zu eitern. Er stank fürchterlich und lebte von Brotstücken, die die Wachleute ihm in seinen Käfig warfen. Er musste auf die Knie gehen, um die faulige Brühe aus einer auf den Boden genagelten Holzschale aufzuschlürfen.

Inzwischen war der Alte Wackelpudding, die Brücke zwischen Moose Island und dem Festland, an manchen Stellen baufällig geworden und musste ersetzt werden. Es wurden Festlichkeiten geplant. Eine Behelfsbrücke auf Pontons wurde an ihren Platz bugsiert und sollte als niedriger Platz für uns Von Hier dienen, während die Von Auswärts hoch über uns auf dem Wackelpudding selbst ihre erhabene Position einnahmen. Es gab ein Wettschwimmen, das die Harvard-Boys gewinnen würden, eine Miss-Wet-T-Shirt-Wahl, damit die ranken Schönheiten Von Auswärts unsere Elchbabys demütigen konnten, und einen Wettkampf im Obstwerfen, für den wir Kürbisse zum Hinaufwerfen und die Von Auswärts Tomaten zum Herabwerfen bekamen. Samson wurde in einem Bärenanzug herbeigeführt und sollte auf einem Floß tanzen.

Zwar bin ich kein Freund von Massenveranstaltungen, aber trotzdem hielt ich es für besser, hinzugehen. Man mag es eine Ahnung nennen. Das isolierte Leben, das ich am Nordstrand führe, bringt einem vielleicht einige der Wege näher, auf denen Zufall wirkt.

Ich spürte – wie zufällig auch immer eins zum anderen gekommen war –, wie der Knoten immer dichter geschürzt wurde, sozusagen.

Nicht einmal Zufall konnte es bei diesem Samson belassen – geblendet, hilflos, ein Symbol der besiegten Macht derer Von Hier.

Die Wachleute waren zu faul gewesen, um Sams Haar kurzgeschoren zu halten, und mittlerweile waren die Stoppeln wieder gut nachgewachsen. Er wirkte auch körperlich wieder besser, trotz der erlittenen Torturen. Es war ganz günstig gewesen, dass ich – von Bediensteten Von Hier eingelassen, während die Wachleute auf Patrouille waren – hatte zu ihm gelangen und die Waschbären einfangen können (die ich dann später an der Nordküste aussetzte). Bei meinem letzten Besuch hatte Samson mir gesagt, er erlange langsam seine Stärke wieder.

Das war schön, aber er war ja immer noch blind.

Und jetzt behindert durch den Bärenanzug und mit einer Kette an das Floß gefesselt.

Ich sah, dass er seine Rolle spielte, aufrecht stand und hin und her schwankte wie der Bär, den er bei meiner Blockhütte in die Arme genommen hatte.

Einer der Pfeiler, die den Alten Wackelpudding hielten, war marode. Samson wusste das; er war mit seinem Hummerboot wohl tausend Mal unter der Brücke durchgefahren. Vermodernde Pfähle, Granitblöcke, die nicht mehr genau an ihrem Platz lagen, loser Zement – die Konstruktion hielt zwar noch, aber es würde nicht mehr allzu lange dauern, bis die Strömung den angegriffenen Pfeiler ganz gelockert hatte. Das war auch der Grund, warum die Von Auswärts eine neue Brücke finanzierten. Ich sah den Dummköpfen zu, wie sie über uns tanzten und jubelten und sich rüsteten, uns mit faulen Tomaten zu bombardieren. Ich entdeckte auch Dee, die Sam mit dem Fernglas beobachtete.

Inzwischen war Sams Floß nicht mehr weit von dem schlechten Pfeiler entfernt.

Er wusste, wie dort die Strömung lief, und konnte die Zeit abschätzen, weil er spürte, wo die Sonne auf seinen Pelz brannte. Die Wachmänner kümmerten sich nicht um ihn; sie hatten jetzt nur noch Augen für die Mädchen Von Auswärts, denn die Vorführung der Cheerleader hatte begonnen. Samsons Tanz des blinden Bären war für viel später geplant.

Ich beobachtete, wie Sam-der-Bär die Kette aus dem Zederfloß riss und sich langsam ins Wasser gleiten ließ. Der Strom trieb ihn seinem Ziel zu, der kleinen Insel aus Sand und Granit, in deren Mitte der Pfeiler stand. Er wälzte sich in Richtung des Pfeilers, kam auf seine Füße und riss sich den komischen Bärenkopf aus Pappe und Teppich und die falsche Bärenhaut herunter. Das kurze Haar auf seinem Schädel strahlte im Sonnenlicht. Er tastete nach der schwächsten Stelle des alten Holzes, spannte alle Kräfte an, atmete tief ein und drückte zu.

Dee musste gesehen haben, wie er sich dem Alten Wackelpudding näherte, auf dem sie selbst stand. Aber sie rührte sich nicht, schrie nicht auf, gelähmt vielleicht von einem Gefühl der Schuld und dem Gespür für das drohende, wohlverdiente Verhängnis.

Es brauchte mehrere langsame Schübe, bis das Pfahlwerk der Pfosten brach und das davon gestützte Brückensegment abriss, stürzte und Samson zu erschlagen drohte. Er versuchte nicht einmal zu entkommen. An der Art, wie er dastand und weit ausholend gestikulierte, sah ich, dass er in den letzten Augenblicken seines Lebens lachte und vor Freude schrie. Die Von Auswärts waren mittlerweile böse in Schwierigkeiten. Sie rutschten in den Moose Channel, und der ist bei halber Tide kein angenehmer Aufenthaltsort. Leichen, teilweise übel zugerichtet, trieben hinaus auf See. Es herrschte Heulen und Zähneklappern. Verzweifelte Hilferufe wurden laut, und leere Wellenkringel blieben auf der Wasseroberfläche zurück, wo ein Strudel jemanden in die Tiefe gezogen hatte.

Das Ereignis machte bundesweit Furore. Knapp hundert Von Auswärts waren entweder tot oder (dazu gehörte auch Dee) verschollen, weitere hundert schwer verletzt. Von ihnen sollten einige nur noch Zerrbilder ihres alten Ichs sein und sich nie mehr dauerhaft erholen. Die Übriggebliebenen zogen sich von Moose Island zurück, gaben ihre Häuser, ihre Anlegestellen und Gärten dort auf. Die Besitzungen wurden nach und nach zu Spottpreisen ersteigert mit Geld, das die Treuhand- und Bankgesellschaft Elchinsel bereitstellte. Es sind Frühstückspensionen mit moderaten Preisen daraus geworden, betrieben von Elchbabys, die alles in allem irgendwie etwas abzunehmen scheinen.

Jedes Jahr veranstalten wir eine Prozession zu Samsons Grab. Er liegt zwischen Bubba und Prediger begraben. Sie gelten jetzt als legendäre Führer derer Von Hier, die Samson-den-Befreier großgezogen und angeleitet haben.

Peggys Stimmung verbesserte sich, als sie von der letzten Tat ihres Sohnes erfuhr. Man sorgt in einem Heim für betreutes Wohnen für sie. Ich gehe gelegentlich zu ihr hinüber; dann schaukeln wir auf der Veranda eine Runde zusammen und schauen, wer mit den alten Stühlen lauter quietschen kann.

Wenn ich allein bin, hänge ich am Nordstrand weiter meinen Gedanken nach.

Die hier aufgezeichneten Ereignisse waren interessant, als sie sich ereigneten. Und beweisen gar nichts, wie ich nach gebührendem Zögern zu bedenken gebe. Was habe ich schon groß gesehen? Den Zusammenprall zweier provisorischer, beschränkter, in sich widersprüchlicher, strohdummer und nicht einmal besonders effizienter moralischer Systeme, personifiziert durch einen öden, Furcht einflößenden Jehova einerseits und einen narzisstischen, genusssüchtigen Mammon andererseits, beide provisorische Projektionen wirklichkeitsfremder Illusionen egozentrischen menschlichen Denkens, das die eigene Bedeutung überschätzt.

Das saftigste und daher beste daran seien die Treffen zwischen Angel und Peggy gewesen, meint Moody. Er hat seine Aufnahmen aufbereiten und auf eine CD brennen lassen, die er gern auflegt, wann immer die Rede auf Samsons göttliche Bestimmung kommt.

Ich glaube, dass von der ganzen durch Zufall verursachten Kette von Ereignissen, wie sie beobachtet und hier kommentiert wurden, nur eines wichtig ist: Dass die Von Hier sich jetzt in ihrer Haut wohler fühlen und deshalb weniger Müll liegen lassen, sodass ich mich am Nordstrand nicht mehr ständig mit Aufräumen abgeben muss. Die Strömung spült keinen Flutsaum von Proletenmüll mehr an. Und dass ich in der sauberen Umwelt mehr Robben sehe (selbst die großen grauen Robben sind wieder da), die auf Felsvorsprüngen ganz in der Nähe spielen und prusten, und dass sich in der Kiefer über meiner Blockhütte ein Adlerpaar einen Horst gebaut hat.

Aus dem Englischen von Hans Link

Das Ende des Täufers

Zu der Zeit kam die Kunde über Jesus vor den Vierfürst He-
rodes. Und er sprach zu seinen Leuten: Das ist Johannes der
Täufer; der ist von den Toten auferstanden, deshalb wirken
in ihm solche Kräfte. Denn Herodes hatte Johannes gegrif-
fen, gebunden und in das Gefängnis gelegt wegen der Hero-
dias, der Frau seines Bruders Philippus. Denn Johannes hatte
zu ihm gesagt: Es ist nicht recht, dass du sie hast. Und er hätte
ihn gerne getötet, fürchtete sich aber vor dem Volk; denn sie
hielten ihn für einen Propheten.

Da aber Herodes seinen Geburtstag beging, da tanzte die
Tochter der Herodias vor ihnen. Das gefiel Herodes wohl.
Darum verhieß er ihr mit einem Eide, er wollte ihr geben,
was sie fordern würde. Und wie sie zuvor von ihrer Mutter
angestiftet war, sprach sie: Gib mir her auf einer Schüssel das
Haupt Johannes des Täufers! Und der König ward traurig;
doch um des Eides willen und derer, die mit ihm zu Tische
saßen, befahl er, es ihr zu geben. Und schickte hin und ließ
Johannes im Gefängnis enthaupten. Und sein Haupt ward
hergetragen auf einer Schüssel und dem Mädchen gegeben;
und sie brachte es ihrer Mutter. Da kamen seine Jünger und
nahmen seinen Leib und begruben ihn und kamen und ver-
kündeten das Jesus.

Vgl. Matthäus, 14. Kapitel, 1–12; hier zit. in der Überset-
zung D. Martin Luthers, a. a. O.

Annette Döbrich

Hanna tanzt

Die Ampel war rot. Hanna verlagerte ihr Gewicht von einem Bein auf das andere, um den Gipsfuß zu entlasten, und sah immer wieder zur Kirchturmuhr auf der gegenüberliegenden Straßenseite. Ihr Magen begann zu rebellieren. Das war immer so, wenn sie ihre Nervosität nicht in den Griff bekam. Die Ampelschaltung schien auf «unendlich» eingestellt. Nichts bewegte sich. Punkt 17.00 Uhr würde der Briefkasten neben der Kirche entleert werden. Für diesen Tag das letzte Mal. Das nächste Postamt mit Nachtleerung war in der Stadt, 30 Kilometer entfernt, und dorthin führte heute kein Weg mehr. Jedenfalls keiner mit öffentlichen Verkehrsmitteln. Die Zeit stand, der Verkehr raste. Rush hour in diesem Kaff. Der beginnende Wochenendausflugsverkehr oder Wochenendheimfahrverkehr, wie auch immer. Sie überprüfte die Anschriften auf den beiden Umschlägen, an den Dekan der Theologischen Fakultät, Professor Dr. . . ., ach was, sie hatte das in den letzten beiden Stunden schon hundertmal überprüft. Zu Hause hatte sie das große Kuvert zwischen den Fingern hin und her bewegt, sodass es an den beiden schmalen Enden schon ganz abgegriffen war, und sie hatte sich überlegt, ob sie es nicht besser als Einschreiben mit Rückantwort versenden sollte, für den Fall, dass er später sagen würde, dieser Brief sei nie in seine Hände geraten. Immerhin stand sie bei ihm im Wort. Er, der Mann, dessen Vornamen sie nicht aussprach, sondern nur dachte, oder besser in ihrem Herzen fühlte. Er, ihre einzige Leidenschaft neben Tanz und Musik. Diesmal hatte sie sich dafür entschieden, sich nicht abzusichern, in der Gewissheit, dass es ohnehin so kommen würde wie es kommen soll. Sonst war Hanna eine Meisterin im Arrangieren von Zufällen. Der Platz im Unicafé, in seiner Blickrichtung, und das dazu passende beiläufige Lächeln, die Begegnung, im Treppenhaus, bei der sie ihm einen Stoß Korrekturen abnehmen konnte, die zarte Berührung beim gleichzeitigen Durchschreiten einer Tür. Da gab es schon Möglichkeiten. Und irgendwann, das hoffte sie, bei irgendeiner zufälligen Begegnung, würde er sich an ihren Namen erinnern. Doch diesmal bediente sie sich dieser Mittel nicht. Das Gefühl, dass sie den Dingen ihren Lauf lassen würde, war hilfreich, wenn sich ihre Gedanken im Kreis drehten, wenn sie Zweifel quälten und dieses ewige «soll ich oder soll ich nicht» ihr Spiel mit ihr trieb. Alles würde gut. Sie hatte sich entschlossen, und dabei würde sie bleiben. Endgültig.

Obwohl, noch konnte sie zurück. Schluss. Es kommt, wie es kommt. Sie öffnete vorsichtig den großen Umschlag mit dem Fingernagel, steckte den kleinen, der an den Staatsanwalt adressiert war, dazu und drückte Klebeband und Papier wieder fest zusammen. Es hielt. Wenn das kein Zeichen war. Nun lag alles in höherer Hand. Der Dekan konnte den kleinen Bief in den Kasten stecken oder auch nicht. Hanna sah erneut auf die Uhr.

Das Postauto bog um die Ecke und überquerte anstandslos die Kreuzung. Grüne Phase. Es parkte schräg vor dem Briefkasten im Halteverbot einer Feuerwehrausfahrt.

«Das gilt nicht», dachte Hanna. «Das ist unfair, wenn er sich an Regeln halten würde, könnte es noch klappen», während sie beobachtete, wie der Postmann ausstieg und einige Schritte zurück zum Briefkasten ging. Die Ampel war noch immer rot. Rot rot rot. An einer lausigen Minute würde also alles scheitern. An einem nichtbeachteten Halteverbot, oder besser an dreißig noch lausigeren Sekunden. Am Montag war Gesamtkonferenz. Wenn er den Brief am Samstag erhielt, hatte er genügend Zeit für Vorbereitungen. Einen Augenblick überlegte Hanna, ob sie einfach hinüberrennen sollte, Fakten schaffen, Augen zu und durch. Der Postmann hängte einen erdbraunen Sack unter den Briefkasten.

Kühlerhaube hinter Kofferraum, Kofferraum auf Kühlerhaube. Es war schwer auszumachen, mit welcher Geschwindigkeit die Fahrzeugschlange durch die Ortschaft raste. In jedem Fall zu schnell.

Der Postmann klopfte mehrmals gegen das gelbe Blechgehäuse. Dann schüttelte er den Sack, hängte ihn aus und verschloss ihn.

Hanna rief: «Halt, bitte warten, he, hallo . . .»

Mit einem energischen Schlag ließ der Postmann den Boden des Briefkastens wieder einrasten.

Da entschloss sich Hanna loszurennen. Sie hatte keine Wahl.

Das Quietschen der Reifen auf dem feuchten Asphalt klang hell und klar wie schnelle Läufe im Diskant und das dumpfe Geräusch des aufschlagenden Körpers auf Blech wiederholte sich mehrmals in leicht variierenden Intervallen ähnlich dem Basso Continuo. Nach oben geschlagen, zurückprallend, abrutschend wieder nach oben geschoben und erneut in die Tiefe bewegten sich Hüfte, Bauch und Kopf.

Hanna tanzte.

Tanz Hanna!

Die Kleine war für ihr Alter ungewöhnlich flink. Sie schob einen Stuhl an den Stammtisch, kletterte darauf, erklomm die Platte, zog ihre Schuhe aus und wirbelte Sekunden später auf dem rauen Holz, vorbei an gefüllten Bierkrügen, Weinkaraffen und Aschenbechern vom Fußende bis zum Anfang der Tafel und wieder zurück.

«Traumtänzerin, kleine», hatte ihr Papa laut durch den Raum gerufen, «schaut sie euch an, meine Hanna», meist etwas zu laut für Kinderohren und oft mit schwerer Zunge. «Darfst dir was wünschen», sagte er darauf, wenn er den kleinen Wirbelwind wieder wohlbehalten in seine Arme schloss, das Grölen und Klatschen etwas nachließ und er sein gerötetes Gesicht an ihren Wangen rieb. Das war zu den Zeiten, als Hannas größter Wunsch ein großes Glas Zitronenlimonade war und eine Brezel ohne Salz.

«Die Mama wartet», sagte Hanna, noch mit vollem Mund nach hastigem Trinken, strich sich die blonden Strähnen aus dem erhitzten Gesicht, stand auf und streckte Papa ihr Händchen entgegen. Meist erbrach sie sich ein wenig danach im Freien.

Der große Mann ergriff die Kinderhand und ließ sich lachend aus dem Wirtshaus ziehen. Das Kind musste schließlich ins Bett. Wer könnte das nicht verstehen.

«Verstehen? Meine Damen und Herren, das ist ein politischer Text.»

Der Neutestamentler stützte sich mit beiden Armen am Rednerpult ab und sah in die Runde. Dreißig Studenten, überschlug er flüchtig, ziemlich gut besucht für ein Seminar am Freitagnachmittag. Könnte damit zusammenhängen, dass sein Bruder heute die Titelseite der Süddeutschen Zeitung zierte. Kultusministerium. Wenn das keine Karriere war. Von jetzt auf gleich. Oben fällt einer um, und plötzlich bekommt unten ein anderer, der nie damit gerechnet hatte, die Chance seines Lebens. Irgendwie hoffte er ja auch, dass ihm das einmal zugute kommen würde. Als ihm Anne gestern Vormittag am Telefon ganz im Vertrauen die Ernennung in den Hörer flüsterte, hatte er ganz feuchte Hände bekommen.

«Das heißt, er zieht nach Berlin», hatte sie gehaucht, «und ich bleibe hier, wegen der Kinder, der Schule und dem Haus.» Sie hatte eine hinreißende, erotische Stimme. Er lächelte bei dem Gedanken.

«Natürlich gibt es da auch eine erotische Dimension. Aber unter uns gesagt, wen interessiert das schon. Kritik am Fürstenhaus, Herodes war damals immerhin ein ‹Vierfürst›, Kritik an der Regierung, an der Lebensführung der Verantwortlichen, Kritik an den Verhältnissen. Denken Sie an unsere Parteien. Auch da gilt: ‹Quod licet Jovi, non licet bovi.› Günstige Kredite, Privatflüge mit Bundeswehrmaschinen, Einladungen zu Urlauben von Großindustriellen. Es gibt nichts Neues unter der Sonne.»

Dieser kleine Seitenhieb musste jetzt sein. Schließlich war es immer gut, sich sozusagen prophylaktisch erst einmal abzugrenzen. Wenn der Vorgänger im Amt seines Bruders nicht ganz so bedenkenlos mit Spendenquittungen umgegangen wäre, dann wäre auch das zwischen Anne und ihm zunehmend schwieriger geworden. Mein Gott, wegen der paar Euro Steuervorteil so ein Risiko. Die Herren fühlen sich wirklich unantastbar.

«Natürlich sind das Lappalien, einzeln betrachtet. Aber es sagt etwas aus über den Zeitgeist, über das jeweilige Wertesystem. Großzügig über die moralischen Niederlagen des politischen Gegners hinwegsehen, das kann nur, wer selber solche Möglichkeiten hat und ihnen widersteht.»

Wenn der Luchs, wie der Professor gemeinhin genannt wurde, denn er hatte den elfsilbigen Doppelnamen seiner polnischstämmigen Mutter übernommen, wenn also der Luchs von Moral sprach, fixierte er eine beliebige Studentin in der dritten Reihe links, fokussierte seinen Blick, als wäre in erster Linie sie und nur sie gemeint und gab seiner Stimme einen beschwörerischen Unterton. Jeder wusste inzwischen, dass dies keinesfalls so persönlich gemeint war wie es schien, sondern nur ein Tipp «um glaubhafter rüberzukommen» des Rhetorikgurus Müller, dessen 2000 Euro teure Seminare auch der Luchs besucht hatte. Und es war auch kein Zufall, dass Hanna häufig bei ihm in der dritten Reihe saß.

«Machen wir uns doch nichts vor», fuhr er fort, *«nicht einmal bei den Anfechtungen ist das Leben gerecht. Otto Normalverbraucher bekommt keinen zinsgünstigen Kredit gegen eine Gefälligkeit, weil er Gefälligkeiten dieser Dimension gar nicht erbringen kann. Der muss zu einem pampigen Mitarbeiter seiner Kreissparkasse, der genau weiß, was da monatlich so einläuft und dass er den Dispo schon bis zur letzten Mark ausgereizt hat. Dem bleibt gar nichts anderes übrig, als unbestechlich durchs Leben zu gehen, wenn er nicht so dumm ist und als letztes Mittel der Wahl die Kreissparkasse überfällt. Dumm deshalb, weil bei Raubüberfällen die Aufklärungsquote bei 86% liegt und bei Bestechlichkeit im Amt schätzungsweise bei 20%, allerdings mit steigender Tendenz. Mister Durchschnitt hat auch nicht die Möglichkeit, seinen Kummer an der Seite einer schönen Frau zu vergessen, der muss nach Hause zur Mutter seiner Kinder, wobei ich nicht behaupten will, dass finanzielle Beweglichkeit und erotische Anziehung bei Männern zwingend miteinander zu tun haben. Aber mit Macht hat Erotik zu tun und somit doch wieder mit Vermögen, wenn wir es auf den eigentlichen Wortstamm zurückführen. Und was entwickelt sich da zwangsläufig bei unserem Otto? Neid, gepaart mit Unbarmherzigkeit und Kurzsichtigkeit.»*

Der Luchs nahm seine Lesebrille ab, schob seine Manuskriptseiten zurück in die Klarsichthülle, knipste die Pultbeleuchtung aus und bedankte sich bei seinen Zuhörern für die Geduld. Die zehn ausgestreckten Arme, die eine Wortmeldung signalisierten, übersah er geflissentlich, ebenfalls die kleine Gans in der dritten Reihe, die ihn die ganze Zeit so bedürftig angestarrt hatte, und stürmte zum Ausgang. Anne wartete, da blieb keine Zeit für Fragen. Wenn sie sachlich waren, konnte man das ebenso gut in seinem Lehrbuch nachlesen und wenn nicht, erübrigten sie sich sowieso.

Anne, die Sonne seines Lebens.

Er bestellte sich schon einmal eine Tomatencremesuppe, um sich die Wartezeit zu verkürzen, ein Glas Côte du Rhône und eine große Flasche Wasser. Sein Handy lag eingeschaltet neben seiner Serviette. Das Knoblauchbrot ließ er vorsorglich gegen einige Scheiben Baguette austauschen. Der Abend war noch jung.

Anne kam nicht.

«Ich bin mit einer Dame verabredet», sagte er zu dem Kellner, der sich leicht zu ihm herunterbeugte, um ihn besser verstehen zu können. «Die Dame ist sonst außergewöhnlich pünktlich. Gibt es eine Nachricht für mich?» Er bemühte sich, gleichmütig und freundlich zugleich zu schauen.

«Ach, sind Sie Professor Lüchslein?»

Sein Lächeln gefror. «Es ist sehr wahrscheinlich, dass ich damit gemeint bin.»

«Einen Moment bitte», sagte der Kellner und verschwand hinter der Schwingtür.

Der Luchs bekam ein besonders spitzes Gesicht und rechnete nach. Zweiundfünfzig Jahre war Anne nun alt, im November würden es dreiundfünfzig, und dann ein Benehmen wie ein pubertierender Konfirmand. Konfirmandin, korrigierte er sich, als er Anne vor seinem geistigen Auge sah.

Eindeutig Konfirmandin, die üppigen Brüste, die fraulichen Hüften, die Schenkel und die relativ schmale Taille, nein, eine Konfirmandin war dieses gestandene Weibsbild auch nicht mehr, zum Glück, allein schon wegen ihrer Erfahrung, aber zur Ordnung rufen würde er sie, bei nächster Gelegenheit, und dieser Gedanke machte ihn froh. Das war doch immer ganz besonders reizvoll, wenn man erotische Spiele mit Details aus der Realität anreichern konnte. Er nahm den Zettel, den der Ober auf einem weißen Teller vor ihm auf den Tisch gestellt hatte, gab ihm Gelegenheit, sich diskret zu entfernen, obwohl der ihn mit Sicherheit bereits gelesen hatte, und entfaltete ihn.

«Ich bin über das Wochenende auf Apartmentsuche in Berlin. Schnuckelbär wollte unbedingt heute noch fliegen. Er kann es gar nicht erwarten. Ich rufe dich an. Deine Anne.» Dazu Datum und Uhrzeit. «Korrekt», dachte er, dass Appartement nur mit einem «p» geschrieben war, übersah er großzügig, obwohl er sich in einem französischen Restaurant der gehobenen Preisklasse befand. Ob es etwas zu bedeuten hatte, dass sie seinen Bruder wieder Schnuckelbär nannte? Immerhin, jetzt hatten sie beide etwas zu verlieren, wenn ihre Liaison öffentlich würde.

Nachdem der Kellner die Suppe serviert hatte, bat er ihn, das Baguette nun doch durch eine große Portion Knoblauchbrot zu ersetzen.

Hanna stand an der türkischen Imbissbude gegenüber dem Lokal und entfernte die Knoblauchzwiebeln so gut sie konnte aus dem Döner. Sie liebte die scharfe türkische Küche, aber was zu viel war, war zu viel. Jetzt ging Luchs also schon alleine Essen. Wenn sie das geahnt hätte, wäre sie natürlich auch in das Lokal gegangen. Es war ohnehin halb leer und ein Tisch in seinem Blickfeld wäre überhaupt kein

Problem gewesen. Zu einer Consommé und einem Glas Wasser hätte ihre Barschaft schon noch gereicht, und die Turnschuhe mit den Tennissocken, na ja, die hätte sie irgendwie unter dem Tisch verbergen können. Hätte, hätte! Hätte sie nicht so schnell den Döner bestellt, und sich nicht die öligen Putenstreifen über die Bluse gesaut, dann wäre sie vielleicht schon einen Schritt weiter.

Luchs verließ das Lokal. Hanna warf ihren Döner verstohlen in den Papierkorb neben dem Stehtisch und folgte Luchs so gut ihr das möglich war. Zum Glück kam die Sonne hinter den Wolken hervor und die Straßen wurden zunehmend belebter. Die Leute schleppten ihre Wochenendeinkäufe nach Hause. Er überquerte den Marktplatz. Einige Stände verschleuderten noch Restbestände. Er stellte sich bei einem «Fleisch- und Wurstwaren direkt vom Bauernhof-Stand» an und wartete, Hanna ebenso. Das Anschleichen lag Hanna nicht. Sie wählte lieber den direkten Weg. Das heißt, den ganz direkten auch wieder nicht. Schließlich wollte sie das Herz von Luchs gewinnen, irgendwie.

«Herr Professor?»

In der Schlange vor dem Wurststand rückten alle einen Meter vor. Luchs drehte sich überrascht um. «Ja?» Dann lachte er. «Waren Sie nicht gerade in meiner Vorlesung?»

«In dieser und in allen anderen auch.»

«Aha.»

Die Schlange bewegte sich weiter.

«Und, noch Fragen?»

«Nicht direkt dazu.»

«Sondern?»

Es ging langsam voran, aber stetig.

«Ich, Sie organisieren doch die Festveranstaltung nächste Woche zum Jubiläum, das für die Fachschaft, ich meine, auf dem schwarzen Brett stand, dass Sie noch Beiträge suchen.»

Luchs bekam seinen analytischen Luchsblick, als er die kleine Studentin hinter sich musterte.

Bildhübsch, nette Figur, kluge Augen, aber offensichtlich nicht fähig, einen ordentlichen Satz zu bilden.

«Ich erinnere mich an Sie.» Hanna strahlte ihn an. «Sie sind erst seit diesem Semester in meinem Seminar. Dritte Reihe links, stimmt's? Sie heißen Hanna, Hanna ...»

Er hatte sich tatsächlich an ihren Namen erinnert. Zwar nur an den halben, aber was schmälerte das ihr Glück.

«Ölschlegel. Ich heiße Hanna Ölschlegel.» Was für ein Schmarrn das doch war, der über ihn verbreitet wurde, dachte sie. Von wegen Müller-Rhetorik. Er hatte sie gesehen, sich an sie erinnert. Und mit jedem Blick und jedem Wort hatte er sich auf sie bezogen, dritte Reihe hin oder her. «Ich habe dich bei deinem Namen gerufen, du bist mein.» Hanna schloss für einen Moment die Augen, um diesen Augenblick für die Ewigkeit zu speichern.

«Richtig. Ich habe gestern oder vorgestern Ihre Arbeit korrigiert.»

Hanna sah auf ihre Schuhspitzen. Sie würde jetzt nicht fragen, wie die Arbeit ausgefallen war, das war auch gar nicht wichtig. Wichtig war, dass er sich an sie erinnerte, und wichtig war das Fest. Die Schlange bewegte sich weiter voran. Da er vor ihr stand, war es schwierig, ihn anzusprechen. Sie musste immer aus der Reihe ausscheren, sich neben ihn stellen und sich dann wieder in die Reihe hinter ihm eingliedern.

«Und, das Fest, ich meine wegen dem Beitrag, ginge das?»

Luchs tat es beinahe körperlich weh, wenn er hören musste, dass der Genitiv umgangssprachlich völlig in Vergessenheit geriet.

«Wegen des Beitrages am Festabend müssen Sie sich mit meinem Assistenten, Herrn Schnitzer, in Verbindung setzen.»

«Das habe ich schon. Er sagte, ich sei zu spät.»

Luchs zuckte mit den Schultern.

«Aber es täte so gut passen. Ich habe den Tanz der Tochter von Herodia kreiert und einstudiert.»

«Was derf's denn sei, der Herr?» Die Metzgerin war sichtlich ungehalten über Hannas Geschwätz. «Mei, ich bitt' recht schön, die Leute warten doch.»

«Wurst, irgendetwas.» Luchs registrierte für sich, dass einfach alles Schlechte durch noch Schlechteres zu überbieten war.

«Und was?»

«Das ist mir wurscht. Packen Sie was ein fürs Wochenende.»

«Läbe Sie alloi?»

«Wie bitte?»

«Ich mein, für wie viel Leut?»

«100 Gramm Parmaschinken», sagte Hanna aus dem Hintergrund, «... und 100 Gramm gekochten, und zwei dünne Kalbsschnitzel», sie sah zu Luchs auf. «Ich komme am Wochenende zu Ihnen und koche, keine Widerrede.» Dann nahm sie die Ware und verschwand. Luchs beglich die Rechnung, versuchte ihr nachzulaufen, konnte sie aber nicht mehr entdecken.

Drei Schritte von ihm entfernt, in einer kleinen Passage stand Hanna vor der Auslage eines Tabakgeschäftes und beobachtete ihn in der spiegelnden Schaufensterscheibe. Wahrscheinlich will er mir absagen und die Zeit mit seiner Anne verbringen. Er drehte sich noch mehrmals um, ging dann zur Straßenbahnhaltestelle, stieg in die Nummer 7 und entschwand aus Hannas Blickfeld. Vor ihr lagen nun wieder Pfeifenköpfe, fein säuberlich aufgereiht in allen Größen und Preislagen.

«Du bist vielleicht eine Pfeife.» Anne war kaum zu verstehen. «Warum hast du da nicht sofort eingegriffen? Weiß sie, wo du wohnst?»

«Keine Ahnung, aber das ist ja nicht so schwer herauszubekommen. Wo bist du denn zur Zeit? Das ist ja ein Höllenlärm.»

«Auf dem Alexanderplatz. Hier ist immer was los, Tag und Nacht. Also, ich habe auch keine Idee, was sie von dir will. Vielleicht will sie dich ja erpressen, weil du ein Verhältnis mit der Frau deines Bruders . . .» Anne lachte.

«Schmarrn.»

«Na dann hoffen wir mal, dass sie dich nicht den Kopf kostet, wenn ich dich schon nicht zu Fall bringen kann. Professor und Studentin . . . Nein, wirklich, ich sollte mich lieber um eine wohltätige Nebenbeschäftigung kümmern, anstatt dir die Briefkastentante zu machen. Was hältst du von chronisch kranken Kindern?»

Luchs schwieg. Diese Frage war für ihn nicht so leicht einzuordnen.

«Es könnte ja auch sein, dass sie mich umlegt», Anne schien sich köstlich zu amüsieren. «Oder Herbert muss dran glauben. Neid ist ein starkes Motiv.»

«Da sei mal ganz beruhigt, man muss niemanden umbringen, wenn man ihm sein Leben nehmen möchte.»

«Gut zu wissen. Aber die einschlägigen Alternativen gefallen mir auch nicht. Du, ich muss jetzt Schluss machen. Schnuckelbär kommt. Von mir habt ihr nichts zu befürchten, weder mein Schnuckelbär noch mein Lüchslein.»

Luchs konnte gar nicht mehr fragen, warum sein Bruder auf einmal Schnuckelbär hieß, sie hatte schon aufgelegt. Anne war eine Pragmatikerin und irgendwo da war wohl die Antwort zu finden. Aber im Grunde war es ihm auch egal. Egal?

Er dachte kurz nach, fand, dass es tatsächlich so war, holte sich eine Flasche Rotwein und setzte sich vor die Glotze.

Am nächsten Morgen rauschte der Fernseher noch immer, als sich der Luchs völlig kreuzlahm in seinem Sessel die Augen rieb. Dass ihm das immer wieder passieren musste. Warum war er nicht rechtzeitig ins Bett gegangen? Er sah in der Programmzeitschrift nach, welchen Film er gesehen hatte und erinnerte sich an nichts. Heißer Kaffee, kalte Dusche? Heiße Dusche, kalter Kaffee? Er entschied sich für ersteres, schüttete den Kaffee des Vortages weg und stellte die Kaffeemaschine an. Unter der Dusche erinnerte er sich an die kleine Gans vom Wochenmarkt, die Hanna, und überlegte, ob ihm Anne gestern einen Korb gegeben hatte. Irgendwie hatte sich das Ganze so angehört. Er legte den Hebel auf heiß um, frottierte sich, zog sich an und brachte die Küche in Ordnung. Es war elf Uhr. Wenn die Kleine tatsächlich ernst machte, würde sie jeden Moment hier aufkreuzen. Dabei entdeckte er noch eine Packung Knäckebrot, Sonnenblumenmargarine und auskristallisierten Honig. «Manna und Honig», dachte er, «Wüstenvolk, was willst du mehr. Es ist für alles gesorgt.» Er stellte seine Aufräumarbeiten sofort ein und widmete sich dem zweiten Teil seiner Johannes-Vorlesung. Johannes' Traum wollte er etwas ausleuchten, seine Sehnsucht nach der Nähe zu Christus und seinen Wunsch, dass alle Menschen diese Sehnsucht teilten. Er musste das nur in die Gegenwart transferieren, um es deutlich zu machen. Wenn sie käme, würde er nicht öffnen. So war die Zeit ohne Anne sinnvoll genutzt. Verhungern konnte er nicht.

Eine Stunde später quäkte es «Hanna Ölschlegel» durch die Gegensprechanlage. Er hatte einfach nicht mehr daran gedacht, dass er ja gar nicht zu Hause sein wollte. Er drückte den Türöffner und nahm sich fest vor, die Kleine abzuwimmeln. Doch sie war schneller. Sie wirbelte an ihm vorbei in sein Wohnzimmer, schob einige Bücher und Unterlagen auf dem großen Tisch zur Seite und stellte ihren Weidenkorb ab. Dann gab sie Luchs eine CD. «Einlegen», sagte sie, «für später.» Es duftete herrlich.

«Es ist noch heiß.» Sie löste vorsichtig die Folie von den Platten. «Wo sind die Teller?»

So schnell hatte er schon lange keine Vorsätze über den Haufen geworfen. Saltimbocca, frischer Salat, Nussbrot und Käse zum Dessert. Das überzeugte. Verschämt zog er die angebrochene Flasche Rotwein vom gestrigen Abend hinter dem Sessel hervor, ergänzte sie durch eine kühle Flasche Mineralwasser und setzte sich Hanna gegenüber an den Tisch. «Ich habe die Soße naturbelassen und nur mit etwas Kognak abgelöscht», sagte sie, als sie etwas von der Bratenflüssigkeit über seine Fleischportion gab. Es war köstlich. Der Luchs war sich nicht sicher, ob er so etwas schon einmal gegessen hatte, aber so sehr, das stand fest, so sehr hatte er es noch nie genossen. Saltimbocca, spring in den Mund, der Name war Programm. Er aß und trank etwas mehr als ihm gut tat, weil sich Hanna sehr zurückhielt. Als dann nach dem Käse das eigentliche Dessert kam, lehnte er sich zufrieden in seinem Sessel zurück, schob die CD in seine Anlage, schwieg, staunte und registrierte, dass ihm abwechselnd heiß und kalt wurde, ganz ähnlich wie heute Morgen unter der Dusche, nur viel intensiver.

Hanna tanzte.

Richtig beschreiben konnte man das nicht. Es schien ihm, als ob ihr ganzer Körper im Rhythmus der Musik vibrierte, als die pastellfarbenen Chiffonschleier durch den Raum schwebten. Mit ihren zarten bloßen Füßen schien sie die hellen Läufer der Klaviatur nachzuahmen, jeder Ton eine

Bewegung, die sich bis in die Hüften fortsetzte, und gleichzeitig schien ihr Becken so gleichmäßig zu kreisen, so erdschwer, als wäre es der einzige Grund, warum Hanna nicht fliegen konnte.

«Und da meint Schnitzer, dass es nicht passt», jetzt stammelte Luchs, als sie sich wie eine Feder auf dem Stuhl neben ihm niederließ. Sie trug nur noch einen hautfarbenen Body, ein Nichts an Bekleidung, das ihm die Hitze in den Kopf steigen ließ. «Es wird die Sensation des Abends, der Höhepunkt, das einzig wirklich wahre Geschenk für den Alten . . .»

«Pst», sie legte ihren Finger auf seinen Mund.

«. . . zu dessen Emeritierung wir den ganzen Zirkus veranstalten», vollendete er den Satz leise.

«Schnitzer hat es nicht gesehen.»

«Er ist ein Banause. Natürlich tanzen Sie.» Er griff zum Telefonhörer.

«Jetzt muss ich es nicht mehr.»

«Warum nicht?»

«Sie haben es gesehen und für Sie war es gedacht.»

«Für mich?»

Hanna lachte. «Ich möchte Sie glücklich machen.»

«Haben Sie schon einmal über den Altersunterschied zwischen uns nachgedacht, und alles andere, was uns trennt?» Seine Stimme wurde ernst und klang ein wenig traurig.

«Aber nein», lachte Hanna, «das verstehen Sie völlig falsch. Ich möchte Sie nicht heiraten, und die Rolle Ihrer Geliebten stände mir auch nicht gut. Mein Examen bestehe ich auch ohne Protektion und danach strebe ich auch keine Unilaufbahn an. Ich möchte für Sie nur so eine Art ‹Freudenmädchen› sein, im eigentlichen Sinn des Wortes. In den anderen Fällen wäre ich ja mehr ein ‹Problemmädchen› oder so ähnlich. Es ist ganz einfach, Sie sagen mir, was Sie sich wünschen und ich drehe dann dreimal an dem Ring an meinem Finger.»

Sie hielt die rechte Hand mit einem schmalen Goldring hoch.

«Wie im Märchen.»

«Richtig.» Sie sah ihn erwartungsvoll an. «Und nun?»

Plötzlich hörte Luchs sich sagen: «Ich wäre gern der Nachfolger von dem Alten . . ., also Dekan. Aber vergessen Sie das gleich wieder. Es war nicht ernst gemeint.»

Hanna ließ die Hände sinken. «Schade, ich hatte gehofft, Sie würden gern mit mir schlafen wollen. Das könnten wir gleich tun, das andere dauert etwas länger.»

«Das heißt», sagte der Luchs listig, «es geht hier mehr um Ihre Wünsche als um meine?»

«Es, es geht um uns, wir», stammelte Hanna, als der Luchs nun wiederum ihr den Finger auf die Lippen legte und die Träger des Bodys über ihre Schultern streifte.

«Tanz, Hanna», ordnete er an, als hätte er sein Ziel schon erreicht, und ließ nicht lange offen, ob er das Fest meinte oder ob sie dem Wunsch gleich und in seinen Armen nachzukommen hatte.

Zwei Tage später regnete es. Erst leise aber beständig, später stärker. Gegen Abend verbargen sich selbst die Sterne hinter einer Wolkenwand. Es goss in Strömen. Die Bühne auf dem Innenhof der Fachschaft stand unter Wasser. Die Feier wurde mit trockenen Ansprachen im zugigen Treppenhaus absolviert, das Buffet war mäßig und der Wein ging schneller aus als vermutet.

«Fürs Wetter kann ich nichts», sagte Schnitzer immer und immer wieder und zunehmend beleidigter, auch ohne dass ihn jemand darauf ansprach. Dann endlich hatte der Himmel ein Einsehen. Es war kühl, es windete, aber der Regen hatte aufgehört.

«Und, tanzen Sie?», fragte Schnitzer Hanna, die aus dem Fenster in den Innenhof starrte.

«Sie sehen doch, dass das nicht geht.»

«Das habe ich gern, erst den Schmarrn, den keiner sehen will um alles in der Welt durchsetzen wollen, dann mich beim Chef anschwärzen und zum Schluss kneifen.»

«Blödmann», erwiderte Hanna leise, und hoffte, dass er es nicht gehört hatte.

Zwei Minuten später gingen im Innenhof die Scheinwerfer an und durch die Lautsprecheranlage hörte man im ganzen Treppenhaus Schnitzers Stimme:

«Meine Damen und Herren, liebe Festgäste, zum Abschluss dieses Abends sehen Sie im Innenhof auf der Bühne den Tanz von Herodias' Tochter, Herodes zu Gefallen. Ich wünsche Ihnen viel Freude dabei und hoffe, dass niemand von uns deshalb den Kopf verliert. Es tanzt the one and only: Hanna Ölschlegel!»

Was hätte sie tun sollen? Der Luchs, der einzige, der ihr hätte raten können, war nicht zu sehen.

Sie zog ihre Schuhe und Strümpfe aus, und als sie den Hof durchschritt und unzählige Kommilitonen, Ehrengäste und die Mitglieder des Lehrkörpers an den Fenstern hingen, setzte ihre Musik ein. Sie tanzte. Ein Takt, zwei Takte, viel mehr nicht, dann rutschte sie auf dem nassen Holz, verlor die Balance, stürzte und fiel.

Den Kopf hatte sie nicht verloren, Knöchelbruch hieß die Diagnose. Sie machte das Beste daraus. Zeitung lesen, Recherchen anstellen, in eine politische Partei eintreten, Zweckfreundschaften schließen, es war erstaunlich, was von einem Klinikbett aus alles zu organisieren war. Später, als dann der Gehgips kam, begann sie ein vierzehntägiges Volontariat bei der örtlichen Tageszeitung. Kultur war ohnehin ihr Interessengebiet, und so fiel es nicht besonders auf, dass sie nicht nur Material über Herbert, den Schnuckelbär sammelte, sondern auch einiges über dessen Bruder herausfand.

Das war investigativer Journalismus. Die Bürger hatten es verdient, Bescheid zu wissen. Auch wenn das letztendlich nichts ändern würde.

«Mit einem Gehgips bei dem Verkehr kopflos über die Straße rennen.» Der Sanitäter schnalzte mit der Zunge. «Was hat sie denn dort gewollt?»

«Wahrscheinlich den Brief einwerfen», sagte sein Kollege. «Komm!»

Er wandte sich an eine attraktive Brünette, die aus dem «Stop-and-go-Verkehr» ausgeschert war und ihren Wagen schräg auf dem Gehsteig parkte.

«Kann ich helfen?»

«Wenn's so gut san und den Brief dort in den Kasten werfen.»

«Schon passiert.»

«Ihren Namen bräucht ich noch», rief der Sanitäter.

«Anne . . .», dann setzte die Sirene des Sanitätswagen ein.

Hanna konnte den Namen nicht mehr verstehen. Sie lag schon im Inneren des Wagens auf der Trage und hatte einen wunderbaren Traum.

«Sie lächelt», sagte der Sanitäter zu seinem Kollegen, als er ihr wie beiläufig über die Wangen strich. «Eigentlich ist sie noch ein Kind.»

Hanna spürte die Berührung und sah, wie der Luchs sich liebevoll über sie beugte.

«Günther?», fragte sie. Er nickte und hatte Tränen in den Augen.

«Werden Träume wahr?»

«Irgendwann einmal», sagte er, «wenn wir so dicht träumen, dass sie sich mit der Wirklichkeit verweben können.»

«Dauert das noch lange?»

«Für jeden von uns kommt die Zeit. Und deshalb ist es gut, nicht nur auf unsere Taten, sondern auch auf unsere Träume zu achten.»

Um sie herum war nichts als Leben. Schnuckelbär Herbert saß auf einem Wirtshausstuhl und alle Entrechteten und Enttäuschten der Stadt kamen zu ihm und holten sich Rat und Beistand. Ihr Papa saß vor einem Glas Bier und seine Augen glänzten selig. Mama stand hinter dem Tresen und wartete nicht mehr, sondern freute sich, in Papas Nähe zu sein. Anne trug ein Krankenschwesternhäubchen und kümmerte sich liebevoll um ein unterernährtes Baby aus Senegal. Der Assistent Schnitzer stand an der Wandtafel vor einer langen Namensliste, und jeder, der etwas sagen oder beitragen wollte, wurde zugelassen. «Danke für Ihr Engagement», sagte er freundlich, wenn sich die Leute wieder verabschiedeten. An dem Fleischstand auf dem Wochenmarkt gab es Würste kostenfrei. Und Hanna?

Hanna tanzt.

Mit schnellen Schritten wirbelt sie über den rauen Wirtshaustisch zur spiegelglatten Bühne auf dem Fachschaftsfest und wechselt dann unmittelbar von Regenwolke zu Regenwolke in den verhangenen Himmel. Leichter und immer leichter werden ihre Schritte, bis sie sich völlig schwerelos fühlt und mit wehenden Schleiern körperlos über den Dingen schwebt.

Jesus und die Ehebrecherin

Jesus aber ging zum Ölberg. Frühmorgens kam er wieder in den Tempel und das ganze Volk kam zu ihm, und er setzte sich nieder und lehrte sie. Da führten die Schriftgelehrten und Pharisäer eine Frau herbei, die man beim Ehebruch ertappt hatte, stellten sie in die Mitte und sprachen zu ihm: «Meister, diese Frau wurde auf frischer Tat ertappt als Ehebrecherin. Im Gesetze hat uns Mose befohlen, solche zu steinigen; was sagst du dazu?»

Das sagten sie, um ihn auf die Probe zu stellen, damit sie einen Grund hätten zur Anklage gegen ihn. Jesus aber bückte sich nieder und schrieb mit dem Finger auf die Erde.

Da sie aber nicht nachließen mit ihren Fragen, richtete er sich auf und sprach zu ihnen: «Wer von euch ohne Sünde ist, der werfe als erster einen Stein auf sie.» Und er bückte sich abermals und schrieb auf die Erde.

Da sie aber dies hörten, gingen sie davon, einer nach dem anderen, von den Ältesten angefangen bis zu den letzten; und es blieb Jesus zurück und die Frau, die in der Mitte stand.

Da richtete Jesus sich auf und sprach zu ihr: «Frau, wo sind sie? Hat dich keiner verurteilt?»

Sie sagte: «Keiner, Herr!» Da sprach Jesus zu ihr: Auch ich verurteile dich nicht. Geh hin und sündige von jetzt an nicht mehr!»

Vgl. Johannes, 8. Kapitel, 1–11; hier zit. n. der Übersetzung von Prof. Dr. Josef Kürzinger, a. a. O.

Jürgen Alberts

Der Ehebrecher

«Ich möchte beichten, Pater.»

«Gelobt sei Jesus Christus. Wie lange liegt die letzte Beichte zurück?»

«Es ist das erste Mal.»

«Sie haben noch nie gebeichtet?»

«Noch nie.»

«Sind Sie nicht getauft worden?»

«Ich bin nie in die Kirche gegangen.»

«Also liegt die letzte Beichte ganz lange zurück?»

«Nein, es ist wirklich das erste Mal.»

«Würden Sie mir sagen, wie alt Sie sind? Sie müssen meine Frage nicht beantworten, wenn Sie nicht wollen.»

«Ich bin gekommen, um zu beichten. Ich habe ein Verhältnis mit dem Erzbischof.»

Als sie ihm das erste Mal auf der Straße begegnete, konnte sie nicht anders, als ihm so lange zu folgen, bis er in seinen Wagen stieg. Noch lange schaute sie ihm hinterher. War es sein Gang, der sie so faszinierte? Seine kerzengerade Haltung? Sein Blick? Sie konnte es nicht sagen. Waren es seine Hände, seine zusammengewachsenen, dunklen Augenbrauen? Oder die Art, wie er den Kopf wandte?

Anna wusste nur eins. Sie musste diesen Mann wiedersehen. Ganz gleich, wieviel Zeit sie das kosten würde.

Das Autokennzeichen hatte sie sich nicht gemerkt, dazu

war sie viel zu aufgeregt gewesen. Und mit Wagentypen kannte sie sich nicht aus. War es ein Volvo oder ein Citroën gewesen, in dem er davonbrauste? Sie konnte sich nicht mal daran erinnern.

Die Nachfrage bei einigen Geschäften in der Straße, in der Anna diese Begegnung widerfahren war, gestaltete sich äußerst peinlich.

Nein, an so einen Mann kann ich mich nicht erinnern. Das muss ja wohl ein Engel sein, der Sie da gestreift hat. Nein, woher sollte ich wissen, wie er heißt. Nein, der war nicht hier. Nein, nein. Könnte es Dr. Pflüger gewesen sein, der kommt um diese Uhrzeit immer, um seine Wäsche abzugeben.

Anna suchte im Telefonbuch nach Dr. Pflüger. Telefonierte mit drei Aspiranten. Der Gesuchte schien nicht dabei zu sein.

«Was heißt das, Sie haben ein Verhältnis zum Erzbischof?»

«Wie ich es sage.»

«Ein sexuelles Verhältnis? Sie brauchen nicht zu antworten, wenn Sie nicht möchten.»

«Er hat sich in mich verliebt, glaube ich.»

«Sind Sie verheiratet, wenn ich fragen darf?»

«Ja.»

«Und was sagt Ihr Mann dazu?»

«Dem habe ich nie etwas von meinen Affären gesagt.»

«Warum hintergehen Sie Ihren Mann?»

«Es würde alles nur noch schwieriger machen.»

«Seit wann besteht dieses Verhältnis?»

«Wir haben uns zum ersten Mal vor drei Monaten getroffen. Erst nur einmal die Woche, später häufiger.»

«Und nun bereuen Sie Ihre Verfehlung?»

«Ich weiß nicht, ob ich sie bereue. Ich muss mit jemand darüber reden.»

Manchmal war Anna ziellos durch Straßen gefahren oder hatte sich in ihrer eigenen Stadt verlaufen, stets in der Hoffnung, diesem Mann wieder zu begegnen. Sie hatte sich treiben lassen, ganz ohne Plan. Vielleicht half ihr der Zufall ein zweites Mal. Anna hatte ihrem Mann erzählt, sie sei einer neuen Geschichte auf der Spur. Wie damals, als sie herausgefunden hatte, welches Spiel der Oberbürgermeister mit dem größten Bauunternehmer der Stadt trieb. Zwei Herren, die im Intim-Club «Herz-Ass» ganz nebenbei auch ihre finanziellen Begehrlichkeiten befriedigten. Ihr Mann hatte sie damals gewarnt. Anna war nicht ohne Blessuren davongekommen. Die Frontscheibe ihres Wagens war eingeschlagen worden. Das Bild der toten Katze auf dem Fußabtreter vor ihrem Haus stand ihr noch deutlich vor Augen.

«Ich dachte, Sie seien gekommen, um bei mir zu beichten.»

«Pater, es ist mir nicht leicht gefallen, diesen Weg zu beschreiten.»

«Sie brauchen sich keine Sorgen zu machen. Selbst in diesem außergewöhnlichen Fall gilt das Beichtgeheimnis. Wenn Sie Ihre Sünde bereuen . . .»

«Wissen Sie denn, ob der Erzbischof schon früher mal . . . Verhältnisse unterhielt?»

«Darüber ist mir nichts bekannt. Und selbst wenn ich es wüsste . . .»

«Wollen Sie diese Beziehung denn nun beenden?»

«Darüber habe ich schon nachgedacht.»

«Sie sollten damit Schluss machen.»

«Wenn es nach mir ginge . . .»

«Sie müssen sich dazu entschließen.»

«Das fällt mir nicht leicht.»

«Werden Sie so bedrängt?»

«Manchmal wird es mir zu viel. Das Versteckspiel, die

Heimlichkeiten ... Es darf niemand etwas davon erfahren.»

«Und warum besprechen Sie das nicht mit Ihrem Mann? Ihrem Partner müssten Sie doch vertrauen können ... und er Ihnen natürlich auch.»

Ein paar Tage später traf sie ihn wieder. In der Unterführung am Hauptbahnhof. Er stand plötzlich vor ihr. Beinahe wären sie zusammengestoßen. Er wich nach rechts aus und sie, mit einem Mal hellwach, ebenfalls. Dann machte er einen Schritt nach links, wohin sie ebenfalls auswich. «Ist das ein *pas de deux?*», fragte er lächelnd. Diese Stimme. Nie würde sie diese Stimme vergessen. «Ist das ein *pas de deux?*» Sie klang wie ein Gebirgsbach, wie ein Amselgesang, wie ein ... ihr fehlten die Worte, obwohl Sprache ihr Metier war. Sie war ihm mit einigem Abstand gefolgt. Ließ ihn an langer Leine. Wollte wissen, wohin er ging. Diesmal würde sie sich das Autokennzeichen merken. Sie kannte jemanden in der Zulassungsstelle, der ihr weiterhelfen würde. Wenn Anna erst den Namen hatte. Dann war er in den Kirchhof eingebogen. Wie er dahinglitt, als sei die Beschwerlichkeit des Gehens für ihn aufgehoben. Und schon war er in der Kirche verschwunden. Anna blieb eine Zeit lang vor dem hohen Dom stehen, bevor sie zögernd das Kirchenschiff betrat.

«Lassen Sie meinen Mann aus dem Spiel. Um den geht es nicht. Ich weiß nicht mehr weiter.»

«Wollen Sie denn das Verhältnis fortsetzen? Ich meine, der Erzbischof ist schon ein wenig zu alt für solche ... wie soll ich sagen, Tändeleien.»

«Zu alt ist niemand. Wenn es einen gepackt hat, kann man nichts dagegen tun. Ich hätte es auch nicht für möglich gehalten.»

«Sie sind sich also nicht sicher, was Sie tun sollen?»

«Deswegen bin ich hier, um mit Ihnen zu reden.»

«Und wie steht der Erzbischof dazu?»

«Wir haben noch nicht darüber gesprochen. Ich glaube, er würde das Verhältnis gerne fortsetzen.»

«Aber er ist ein Mann der Kirche, vergessen Sie das nicht.»

«Ich denke jeden Tag daran. Das ist ja das Schlimme. Wenn er nicht katholisch wäre . . .»

«Sind Sie katholisch?»

«Ich wurde evangelisch getauft, habe mich aber nie für Kirche interessiert.»

«Deswegen haben Sie noch nie gebeichtet. Aber dennoch liegt Ihnen daran, mit mir zu sprechen.»

«Ich hätte niemand, mit dem ich besser darüber reden könnte. Ich kenne mich mit Kirchenmännern nicht so gut aus. Sie sind erst der zweite.»

«Lieben Sie den Erzbischof? Sie brauchen meine Frage nicht zu beantworten, wenn Sie nicht möchten.»

«Nicht so, wie es den Anschein hat.»

Anna überlegte lange, wie sie es anstellen konnte, sich mit diesem Mann zu treffen. Unmöglich konnte sie sich ihm in den Weg stellen, wie bei ihrem zweiten Incontro in der Unterführung, und sagen, ich habe mich in Sie verguckt. Er würde sie abweisen. Ein Mann der Kirche. Hielten die nicht Zölibat? Keuschheitsgebot? Ehelosigkeit?

Nach dem jahrhundertealten Weiherecht, das Papst Paul IV. im Jahre 1972 neu formulieren ließ, begründete die Verletzung der Enthaltsamkeit den kirchenrechtlich strafbaren Tatbestand des Sakrilegs. Diakone, Priester und Bischöfe waren zu völliger Enthaltsamkeit verpflichtet. So viel hatte Anna herausgefunden.

Wenn sie ein Verhältnis mit einem Kirchenmann einging, gefährdete sie dessen Lebensperspektive. Das wurde ihr schnell bewusst. Aber das Verlangen, diesem Mann nahe zu sein, mit ihm zu reden, Zeit zu verbringen, war stärker als die Angst vor möglichen Gefahren. Was galten schon die Kirchengesetze? Es musste ja nicht gleich jeder erfahren.

«Wenn Sie ihn nicht lieben, warum beenden Sie dann das Verhältnis nicht?»

«Ich kann mich gegen das Gefühl nicht wehren.»

«Welches Gefühl?»

«Gegen diese ungeheure Anziehung.»

«Aber gibt es denn bei Ihnen nur ein Gefühl und nicht auch ab und zu ein wenig Verstand?»

«Das sagen Sie als Priester. Sie haben sich doch auch oft gegen den Verstand entscheiden müssen.»

«Wie meinen Sie das?»

«Halten Sie das Zölibat nicht für sehr unverständig?»

«Wollen wir über mich sprechen oder über Sie?»

Anna fand den Namen schnell heraus. Sie hatte mit einer alten Frau gesprochen, die am Altar die Blumen für die Sonntagsmesse richtete. Ein sehr freundlicher Mann, hatte sie gesagt, wirklich sehr freundlich. Und er hat immer ein Lächeln für uns Alleinstehende übrig. Manchmal saß sie stundenlang auf der harten Kirchenbank, nur um zuzusehen, wie der Mann seine Gebete am Altar verrichtete. Wie konnte sie ihn ansprechen? Mit dem können Sie einfach so reden, hatte die alte Frau ihr gesagt, der macht keinen Unterschied zwischen oben und unten, der will nichts Besonderes sein. Wir beten und lachen oft zusammen, hatte sie hinzugefügt.

«Ich möchte beichten, Pater.»

«Gelobt sei Jesus Christus. Wie lange liegt die letzte Beichte zurück?»

«Nur einen Tag.»

«Ach . . . haben Sie sich nun doch entschlossen?»

«Ja.»

«Und wie lautet Ihr Entschluss?»

«Ich habe Sie belogen.»

«Auch Lügen kann eine Sünde sein.»

«Ich weiß.»

«Warum haben Sie mich belogen?»

«Ich wollte mit Ihnen sprechen.»

«Aber das ist doch keine Lüge.»

«Ich habe Sie in einem speziellen Punkt belogen.»

«Und warum?»

«Ich wollte Ihre Stimme hören.»

«Was meinen Sie damit?»

«Wie ich es sage, ich wollte Ihrer Stimme zuhören.»

Anna hatte sich einen Beichtspiegel besorgt. Vielleicht bot die Beichte eine Möglichkeit, sich diesem Mann zu nähern. Das 6. Gebot – Ehelosigkeit – Keuschheit – Schamhaftigkeit, so lauteten die Überschriften. Sie las die Fragen, die sich eine Beichtwillige zu stellen hatte: Habe ich die eheliche Treue verletzt durch Gedanken und Vorstellungen? Wünsche und Begierden? Ehebrecherische Absichten? Lüsterne Blicke, Unterhaltungen, Berührungen? Durch mich selbst? Durch unsittliche Reden? Habe ich mich vergangen: mit Verheirateten? Personen gleichen Geschlechts? Habe ich vollendeten Ehebruch begangen? Bei allem frage dich: Wie oft?

Anna studierte auch die Fragen über die Schamhaftigkeit ein. Sie wollte beim zweiten Mal auf alles gefasst sein. War ich unschamhaft durch vorwitzige Blicke?, derbes oder zweideutiges Reden?, anstößige Scherze?, leichtfertiges Entblößen und ungeziemendes Zurschaustellen?, durch gedankenloses Mitmachen schamloser Mode-, Bade- und Tanzunsitten?, durch Besuch fragwürdiger Filme?, durch Lesen leichtfertiger Bücher?, leichtfertiges Anhören oder Anschauen anstößiger Sendungen? Manche Fragen hatte Anna auswendig gelernt. Sie musste lange in der Schlange warten, bis sie den Beichtstuhl betreten konnte. Sie ließ zwei Frauen vor, damit sie bei i h m beichten konnte und nicht beim Erzbischof.

«Sie haben also gar kein Verhältnis mit dem Erzbischof?»

«So ist es.»

«Finden Sie es nicht sehr abgeschmackt, so eine Behauptung aufzustellen.»

«Ich wollte Ihre Aufmerksamkeit erregen.»

«Und wozu?»

«Weil ich mich in Sie verguckt habe.»

«Wie bitte?»

«Schon beim ersten Mal, als wir uns begegnet sind, wusste ich, dass ich Sie wiedersehen muss.»

«Aber ich bin ein geweihter Priester.»

«Ich weiß.»

«Niemals werde ich gegen die Gebote meines Glaubens verstoßen.»

«Was konnte ich anderes tun, als Sie auf diese Weise anzusprechen?»

«Da hätte es andere Möglichkeiten gegeben. So, nun verlassen Sie bitte den Beichtstuhl. Es warten noch viele Gläubige, die ehrlich der Absolution bedürfen.»

«Wann kann ich Sie wiedersehen?»

«Gar nicht.»

«Aber das halte ich nicht aus.»

«Sie werden es aushalten müssen. Die Beichte ist beendet.»

«Können Sie mir nicht verzeihen?»

«Ich weiß nicht, was es da zu verzeihen gibt.»

«Ich wollte doch nur in Ihrer Nähe sein, auch wenn wir durch dieses Gitter getrennt sind.»

«Bitte, gehen Sie.»

«Aber ich muss Sie wieder sehen.

Nachdem Anna herausgefunden hatte, wo der Priester wohnte, enthielt sie sich ganze zwei Wochen. Länger schaffte sie es nicht. Zwei Wochen, in denen sie täglich an ihn dachte. Ihrem Mann sagte sie, sie stehe kurz vor dem Abschluss der Recherche. Wenn es stimme, dass der Erzbischof ein Verhältnis mit der Frau des Oberbürgermeisters habe . . . Ihr Mann hatte sie erneut gewarnt. Diesmal werde sie nicht so glimpflich davonkommen. Außerdem ginge dies die Öffentlichkeit nichts an, überhaupt nichts. Anna versprach ihm, er werde den Artikel als erster zu lesen bekommen, noch bevor sie ihn an die Redaktion schickte. War es ein Fehler gewesen, diesem Priester ein Lügenmärchen zu erzählen? Hatte sie alles damit verdorben? Auf jeden Fall hatte sie auf sich aufmerksam gemacht. Anna war sicher, dass sie durchaus eine Chance hatte, ihn wieder zu sehen.

«Ich möchte beichten, Pater.»

«Gelobt sei Jesus Christus. Wie lange liegt die letzte Beichte zurück?»

«Zwei Wochen, ich habe . . .»

«Ach . . . Sie sind es.»

«Ja, ich kann nicht anders, als wieder hierher zu kommen.

Können wir uns nicht treffen? Sagen Sie wann? Ich werde da sein.»

«Ich bin Priester.»

«Aber Sie sind auch ein Mann.»

«Ich treffe mich nicht mit Frauen.»

«Machen Sie eine Ausnahme. Ich werde jeden Tag wieder kommen, nur um Ihre Stimme zu hören. Sie tauchen in meinen Träumen auf . . .»

«Unschamhaftige Träume?»

«Das auch.»

«Und Sie schämen sich nicht, mich damit zu belästigen?»

«Können wir uns nicht wenigstens einmal treffen? Ich meine, außerhalb des Beichtstuhls.»

«Wie stellen Sie sich das vor?»

«Ganz einfach: ein Mann trifft eine Frau.»

«Nein, im Gegenteil, sehr schwierig: ein Priester trifft eine Frau.»

Nur um seine Ruhe zu haben, ließ Florentin sich auf ein Treffen ein. Wie kam diese Frau dazu, sich ihm derart zu nähern? Was führte sie im Schilde? Der Gedanke, dass sie ein Verhältnis mit seinem Vorgesetzten hatte, war wie ein Schock für ihn gewesen. Der Erzbischof unterhält eine sündige Beziehung. Florentin hatte sich dabei ertappt, dass er dies für möglich hielt. Wer ist schon frei von Begierden? Gut, das war gelogen. Aber was wollte sie nun mit ihm anstellen? Florentin spürte, dass ihn diese Frau interessierte. Sie hatte ihm nur ihren Vornamen gesagt: Anna.

Der Treffpunkt war gut gewählt. Ein Waldcafé außerhalb der Stadt. Dort kannte ihn niemand. Er war noch nie in dieser Gegend gewesen. Florentin hatte Annas Drängen nachgegeben. Nur einmal wollte er sich mit ihr treffen, ein einziges Mal. Danach musste Schluss sein. Er wollte nicht in die

Lage kommen, seinem Erzbischof diese Geschichte beichten zu müssen. So würde es aussehen, als habe ein Mitglied der Gemeinde ihn um ein privates Gespräch gebeten. Florentin suchte im Bücherschrank nach den apokryphen Schriften. Er wollte Anna überraschen.

«Sie haben sich verspätet. Ich dachte schon, Sie kommen gar nicht.»

«Ich hatte es versprochen. Aber ich musste noch zu einem Trauerbesuch. Das hat länger gedauert als ich geplant hatte.»

«Schön, dass Sie trotzdem gekommen sind. Ich wäre hier sitzen geblieben, bis das Café geschlossen hätte.»

«Frau Anna, ich will eines gleich klarstellen . . .»

«Sagen Sie nichts, auf keinen Fall etwas Voreiliges.»

«Doch, ich muss das klarstellen. Ich bin Priester und habe mich in dem Sakrament weihen lassen.»

«Ich weiß, ich habe alles darüber gelesen.»

«Aber Sie scheinen es nicht begriffen zu haben.»

«Da täuschen Sie sich. Ich weiß, dass wir kein Verhältnis miteinander haben können . . . Sie würden Ihren Beruf aufgeben müssen . . .»

«Meine Berufung.»

«Aber es wird doch nicht verboten sein, sich zu treffen.»

«Zu welchem Zwecke?»

«Miteinander zu reden, zum Beispiel.»

«Würden Sie sich daran halten?»

«Wenn Sie es so verlangen, ganz bestimmt.»

«Ich muss mich darauf verlassen können. Reden können wir, aber mehr nicht.»

Florentin zeigte Anna die Stelle im Judas-Evangelium, die von der Amtskirche schon vor vielen Jahrhunderten aus dem Kanon verbannt worden war. Wie Jesus in den Tempel kommt. Wie die Schriftgelehrten und Pharisäer eine Ehebrecherin hereinführen, von der sie sagen, sie sei auf frischer Tat ertappt worden. Wie sie die Frau steinigen wollen, nach den Gesetzen des Moses. Wie Jesus sie verteidigt: Der werfe den ersten Stein, der ohne Sünde ist. Wie die Pharisäer und Ältesten mit Jesus streiten. Wie er sie mit seinen Worten bezwingt, denn auch sie hatten oftmals die Ehe gebrochen. Wie sich die Widersacher aus dem Staube machen. Wie Jesus sich der Ehebrecherin zuwendet, und sie gemeinsam den Tempel verlassen. Wie Judas den beiden folgt und mit ansieht, wie sich die beiden hinter einem Busch am Rande der Stadt vereinen.

Anna war so überrascht von diesem Ende der Geschichte, dass sie Florentins Hand ergriff. Er ließ es geschehen.

«Anna, wir dürfen uns nicht mehr treffen.»
 «Und doch bist du wieder gekommen, Florentin.»
 «Solange wir reden . . .»
 «Was sollte daran gefährlich sein?»
 «Ich werde es beichten müssen.»
 «Was? Dass du dich mit mir triffst?»
 «Ja, das auch.»
 «Und was noch?»
 «Dass ich zu oft an dich denke.»
 «Ist das dir nicht angenehm?»
 «Was wird dein Mann dazu sagen?»
 «Was sagt denn dein Erzbischof dazu?»
 «Solange ich ihm nichts davon erzähle . . .»
 «Genauso sollten wir es machen.»
 «Ich habe nochmal nachgeforscht. Dieses Judas-Evangelium ist gefälscht worden, man weiß nur nicht, von wem und wann das geschah.»
 «Du meinst, Jesus hat sich doch nicht mit der Ehebrecherin eingelassen.»

«So, wie wir die Stelle in der Bibel kennen, entspricht sie mehr dem, was wir über Jesus wissen. Er sagt zu ihr: «Ich verurteile dich nicht. Geh hin und sündige von jetzt an nicht mehr.»

«Muss Liebe denn immer gleich Sünde sein?»

«Zwischen uns schon, Anna.»

Zwei Wochen später verbrachten Anna und Florentin ein paar Tage im Siegerland. Druidenstein, Otto-Turm, Tüsche-bachs Weiher. Sie wanderten jeden Vormittag ein paar Stunden, sprachen unaufhörlich miteinander. Erzählten sich ihr ganzes Leben. Anna konnte nicht genug von Florentins Stimme bekommen. Dieser melodische Gesang, diese beflügelnde Harmonie. Manchmal sprach er eine ganze Stunde, ohne dass sie ihn unterbrach. Wie Florentin Priester geworden war. Und dass er während der Schulzeit oft unkeusche Gedanken hatte. Wie Anna Journalistin wurde. Und dass sie ihren Mann häufiger betrogen hatte. Ohne die Absicht, ihn damit zu verletzen, hatte sie betont, sie nehme ihm ja nichts weg. Florentin glaubte ihr das nicht, sie gaukle sich etwas vor.

Wenn sie die Aussicht über die sanft geschwungenen Täler mit ihrem dunklen Baumbestand schweifen ließen, überkam Anna stets die Furcht, dass sie sich bald wieder trennen mussten.

Diesmal war es Florentin, der Anna bat, doch noch einen Tag länger zu bleiben. Er belauschte sie, ziemlich erregt, als sie ihrem Mann am Telefon erzählte, aus der Geschichte vom Erzbischof und seiner Konkubine werde wohl doch nichts, stattdessen sei sie einer anderen Sensation auf der Spur.

«Ich möchte beichten.»

«Gelobt sei Jesus Christus. Wie lange liegt die letzte Beichte zurück?»

«Vor vier Wochen habe ich zum letzten Mal gebeichtet.»

«Welche Verfehlungen hast du dir zu Schulden kommen lassen?»

«Ich habe eine schwere Sünde begangen. Ich habe mich einer Frau zugewandt.»

«Du hast was?»

«Ich habe mich einer Frau zugewandt.»

«Du bist Priester, mein Sohn. Ich werde dir die Beichte nicht abnehmen. Wir sehen uns nachher in meinem Büro.»

«Ich möchte beichten.»

«Das hat Zeit.»

«Nein, ich bedarf dringend der Absolution.»

«Du weißt selbst, dass ich dir sie jetzt nicht erteilen kann. Erst müssen wir miteinander sprechen.»

Anna sah Florentin an, dass er es nicht ausgehalten hatte. Es war doch nichts vorgefallen zwischen ihnen. Sie hatten in getrennten Zimmern geschlafen. Außer einem Begrüßungskuss am Morgen und einem Abschiedskuss am Abend. Gut, sie hatten ein paar Mal während des Spaziergangs Händchen gehalten, aber was war denn dabei.

Florentin war so außer sich, dass er kaum ein Wort herausbrachte. Der Erzbischof habe ihn auf die Konsequenzen hingewiesen, der Erzbischof werde ihn bei der Kirchenleitung melden müssen. Der Erzbischof habe ihn gezwungen, das Verhältnis umgehend zu beenden. Haben wir denn ein Verhältnis? hatte Anna gefragt.

Sie saßen im Waldcafé und schwiegen eine Weile. Die Serviererin brachte Kaffee und Marmorkuchen und wünschte einen guten Appetit.

Anna sah aus dem Fenster.

Florentin griff nach ihrer Hand.

Dann beugte er sich zu ihr hinüber und küsste sie. Erst

ganz flüchtig auf die Wange, dann lange auf den Mund. Anna glaubte, ein Räuspern am Nebentisch vernommen zu haben. Ich weiß nicht, wie diese Geschichte ausgeht, sagte Florentin leise. Ich auch nicht, Anna schüttelte den Kopf.

«Ich habe mich in einen Priester verliebt, Gernot.»

«Mach keine Scherze.»

«Doch, wirklich. Bei der Recherche . . .»

«Die Story über den Erzbischof?»

«Ja.»

«Anna, schau, wie du da wieder rauskommst.»

«Bist du nicht eifersüchtig?»

«Auf einen Priester?»

«Nicht?»

«Hast du mit ihm geschlafen?»

«Wo denkst du hin.»

«Du kannst so einem nicht den Kopf verdrehen.»

«Gernot, das weiß ich selbst.»

«Warum erzählst du es mir dann?»

«Weil ich deinen Rat möchte.»

«Du hast mir deine Eskapaden bisher doch auch immer verschwiegen. Damit konnte ich gut leben. Nicht dass du glaubst, ich hätte nicht gelegentlich etwas mitbekommen. – Ein Priester, mein Gott.»

«Macht es dir wirklich nichts aus?»

«Anna, wie lange sind wir schon zusammen? Bald sind es dreißig Jahre.»

«Ich glaube, er hat sich in mich verliebt.»

«Und du? Wie steht es bei dir?»

«Ich auch. Ein wenig.»

Das Verhör in der Audienz des Erzbischofs dauerte kaum mehr als eine Stunde. Florentin war zu keinem Zugeständnis bereit. Er habe so etwas noch nie in seinem Leben gespürt. Aber das heilige Sakrament. Für ihn sei diese Beziehung wie eine Neugeburt. Aber die Kirchengesetze. Er wolle auf keinen Fall von Anna lassen. Aber die Exkommunizierung.

Der Erzbischof hatte gedroht, gefleht, Florentin unter Druck gesetzt und ihm geschmeichelt, ihn angebrüllt und lächerlich gemacht. Die Beisitzer hatten stumm alles protokolliert und sich dann zur Beratung zurückgezogen.

Als Florentin das dunkel getäfelte Audienzzimmer verließ, hatte er nur einen Gedanken: So schnell wie möglich muss ich Anna treffen.

«Könntest du dir vorstellen, mit mir zu leben?»

«Ich bin verheiratet.»

«Aber du liebst deinen Mann doch nicht.»

«Wie kommst du darauf?»

«Sonst würdest du dich nicht mit mir treffen.»

«Eine Frau kann mehrere Männer gleichzeitig lieben. Genauso wie ein Mann.»

«Ich brauche dich, Anna.»

«Deswegen müssen wir ja nicht gleich heiraten.»

«Deinetwegen verliere ich meinen Beruf.»

«Meinst du, sie werden dich tatsächlich exkommunizieren?»

«Davon gehe ich aus.»

«Und dann?»

«Dann möchte ich mit dir . . .»

«Wie stellst du dir das vor?»

«Wie ich es sage.»

«Aber ich habe doch einen Mann.»

«Ich weiß, Anna.»

Gernot Reimann stand am Telefon. Er hielt den Hörer in der Hand, obwohl der Teilnehmer längst aufgelegt hatte. Was bildete sich dieser Ex-Priester ein? Wie kam er dazu, ihn in seinem Büro anzurufen? Konnte Anna ihre Affären nicht für sich regeln? Auch Gernot hatte mal diese, mal jene Nebenbeziehung gehabt. Reizvolle Intermezzi, mehr waren sie für ihn nie gewesen. Musste es denn unbedingt ein Priester sein? Er hatte ihr damals geraten, sich sofort von diesem Kerl zu trennen. Hätte Anna sich das nicht denken können?

Geben Sie Anna frei, hatte der Katholik gefordert. Dreimal hintereinander. In einem solch rüden Ton. Als sei Anna eine Immobilie, die zum Verkauf stehe. Die Drohung war unüberhörbar gewesen.

Gernot entschloss sich, nach Hause zu fahren. Er wollte Anna gegenüberstehen und ihr ins Gesicht schauen, wenn er sie zur Rede stellte.

«Ich habe ihm angeboten, bei uns zu wohnen.»

«Was hast du?»

«Er muss seine Dienst-Wohnung innerhalb einer Woche räumen. Die Kirchenleitung hat ihm ein Ultimatum gestellt. Die haben eine solche Angst, dass etwas über uns beide herauskommt . . .»

«Und dann soll er hier . . .»

«Gernot, es ist nur für den Übergang.»

«Meinst du, ich will mit einem Katholen am Frühstückstisch sitzen? Wahrscheinlich werden wir vor jedem Essen beten müssen.»

«Er ist ein sehr liebenswerter Mann.»

«Das ist mir egal, Anna. Ich will ihn hier nicht haben. Du hättest mal hören sollen, wie er mich bedroht hat.»

«Wann?»

«Am Telefon. Ich soll dich freigeben. Richtig aufbrausend, der Kerl. Und woher hat er meine Telefonnummer?»

«Das war bestimmt nicht Florentin!»

«Wer soll es dann gewesen sein?»

«Florentin kann gar nicht drohen. Der hat eine sehr sanfte Art zu sprechen.»

«Ach, hast du noch andere Liebhaber?»

«Das wüsste ich aber.»

Anna brachte Florentin auf ihrer Parzelle unter. Im Winter wurde das Häuschen selten genutzt. Immer wieder hatte Anna ihn gefragt, warum er ihren Mann angerufen habe. Florentin stritt das Telefonat ab. Er wisse doch überhaupt nicht, wo Gernot arbeite. Vielleicht habe jemand anderes versucht, ihre Beziehung zu stören. Das könne er sich eher vorstellen, sagte er.

In vier Koffern war Florentins ganze Habe, die schnell in den kleinen Schränken verstaut war. Während der Bullerofen langsam die Räume erwärmte, küssten sich Anna und Florentin. Sie half ihm aus den Kleidern und zog sich dann selbst aus. Während er sie mit unsicheren Händen berührte, verwöhnte sie ihn ausführlich mit Zärtlichkeiten. Es dauerte lange, bis sie zusammen kamen. Anna kehrte in dieser Nacht nicht in ihr Haus zurück.

«Wieso drängen Sie sich in unsere Beziehung? Wissen Sie, wie lange Anna und ich schon ein Paar sind?»

«Bald dreißig Jahre.»

«Und Sie bilden sich ein, das könnten Sie ungeschehen machen.»

«Nein. Wie kommen Sie darauf?»

«Am Telefon neulich . . .»

«Ich habe Sie nicht angerufen. Wer immer das war, ich

war es nicht. Sie müssten doch spätestens jetzt an meiner Stimme erkannt haben, dass ich es nicht gewesen sein kann.»

«Wie lange wollen Sie hier noch wohnen?»

«Ich bin dabei, mir eine neue Wohnung zu suchen.»

«Ich gebe Ihnen vier Wochen. Dann sind Sie verschwunden. Und zwar für immer.»

«Soll das eine Drohung sein?»

«Verstehen Sie das, wie Sie wollen. Verschwinden Sie aus dem Leben meiner Frau.»

«Will Anna das auch?»

«Ich will es. Das sollte Ihnen reichen.»

«Herr Reimann, bitte verstehen Sie mich nicht falsch. Ich will Sie nicht verletzen, ich habe nur . . .»

«In vier Wochen sind Sie weg.»

Gernot Reimann stellte Anna das gleiche Ultimatum. In vier Wochen solle die Sache bereinigt sein. Er war so wütend, dass er während des Gesprächs einen Aschenbecher in den Glasschrank warf. Anna ließ sich nicht einschüchtern. Ob er jetzt doch eifersüchtig auf diesen Priester sei? Das machte Gernot noch wütender. Wenn Anna das Verhältnis zu diesem Katholen nicht beende, dann werde er ihn aus dem Weg räumen lassen. Und wie willst du das anstellen, wollte Anna wissen.

«Ich weiß nicht, was mit Gernot passiert ist. Ich habe ihn noch nie so erlebt. Wahrscheinlich war es ein Fehler, ihm von dir zu erzählen.»

«Anna, wenn du nicht willst, dass ich hier in deiner Nähe bin . . . ich kann zu meinem Bruder nach Süddeutschland ziehen . . .»

«Nein, das will ich auf keinen Fall . . .»

«Aber ich darf mich nicht in eure Beziehung drängen.»

«Das tust du doch gar nicht. Bisher haben andere Männer Gernot nie etwas ausgemacht.»

«Weil du ihm nichts von ihnen erzählt hast.»

«Er spielt sich wie ein russischer Großfürst auf.»

«Ich glaube, du tust ihm unrecht. Er will dich nicht verlieren.»

«Wenn er so weitermacht, dann wird er mich verlieren. Ich brauche meine Freiheit. Er hat doch auch immer seine Mädels gehabt.»

«Aber er liebt dich, das spüre ich genau.»

«Liebe heißt auch nachsichtig sein.»

Anna blieb drei Tage mit Florentin auf der Parzelle. Sie unternahmen Ausflüge. Jeden Nachmittag schliefen sie miteinander. Dann ging Florentin zum Abendgebet in den Dom. Anna telefonierte lange mit Gernot. Sie könne es nicht leiden, wenn er so aufbrausend werde. Gernot versuchte, ruhig zu antworten. So schwer ihm das fiel. Anna habe ihn bis aufs Äußerste gereizt. Sie hätte sich mit jedem Mann einlassen können, aber warum gerade so ein Katholе. Das ginge ihm nicht in den Kopf. Ob ihm der Altersunterschied etwas ausmache, wollte Anna wissen. Nicht das Alter, sondern sein heiliges Getue ginge ihm auf den Sack. Diese sanfte Art zu reden, einfach ekelhaft. Er mache jedem Gegenüber schon ein schlechtes Gewissen, wenn er nur guten Morgen sagen würde. Anna hatte gespürt, dass die Tage der Trennung ihnen beiden gut tat. Sie hätten sich sonst stärker verletzt.

«Und was wollen Sie dafür haben?»

«Fünfzigtausend.»

«Euro?»

«Dollar.»

«Und Sie können mir absolute Sicherheit geben, dass es keine Spuren gibt?»

«Absolute Sicherheit gibt es nicht, aber meine Firma hat bisher noch nie einen Klienten enttäuscht.»

«Würden Sie den Auftrag übernehmen?»

«Wenn Sie ihn mir jetzt erteilen, Herr Reimann.»

«Lassen Sie mir ein paar Tage Bedenkzeit. Ich rufe wieder an.»

Das Gespräch mit dem Chef vom Dienst war ziemlich heftig gewesen. Iwersen war gleich zur Sache gekommen: Anna habe seit fast zwei Monaten keine anständige Reportage geliefert, er werde sie ab sofort aus der Gehaltsliste streichen. Anna berichtete von der Story, die sie komplett erfunden hatte: Der Erzbischof liebt die Frau des Oberbürgermeisters ... Iwersen war interessiert. Anna schränkte ein, sie könne die Story noch nicht hart machen. Und warum hast du keinen Detektiv drauf angesetzt? Iwersen bekam schnell heraus, dass an der Geschichte weniger dran war als Haare auf einer Glatze. Anna beichtete ihm, sie habe sich verliebt. Zu allem Unglück in einen Priester. Das sei der wahre Grund, dass sie nicht zum Arbeiten komme. Iwersen hatte umgehend ein Einsehen gehabt. Ich lasse doch nicht meine beste Reporterin ziehen, weil sie in Liebeshändel verstrickt ist. Aber in spätestens einem Monat wolle er eine hundertpro Story haben. Anna sagte sie ihm zu.

«Es ist mit meiner Geduld zu Ende. Sie packen jetzt Ihre Sachen und verschwinden. Und zwar auf der Stelle.»

«Herr Reimann, mein Bruder hat abgelehnt, mich für eine Übergangszeit aufzunehmen. Ich müsste in eine Pension gehen, aber dafür fehlt mir das Geld.»

«Geld spielt keine Rolle, wieviel brauchen Sie?»

«Ich kann kein Geld von Ihnen nehmen.»

«Stellen Sie sich nicht an. Sie nehmen meine Frau und wollen kein Geld . . .»

«Wenn ich wüsste, wohin ich gehen könnte, ich würde es tun . . .»

«Und zwar ohne eine Adresse zu hinterlassen.»

«Das kann ich Anna nicht zumuten.»

«Und ob Sie das können.»

«Wenn Anna . . .»

«Sie ist immer noch meine Frau.»

«Aber wir lieben uns.»

«Sie sind ein Flirt. Meine Frau hatte viele solche Beziehungen. Eines Tages wird die Verliebtheit verflogen sein und dann wird Anna auch Sie vergessen. Das hat sie noch bei jedem Jüngling so gemacht.

«Aber noch ist unsere Liebe nicht verflogen.»

«Dem werde ich nachhelfen. In zwei Stunden haben Sie meine Parzelle geräumt. Sonst lasse ich die Hunde los.»

Als Gernot nach der Auseinandersetzung die Parzelle verlassen hatte, überfiel Florentin ein Heulkrampf. Er konnte sich kaum fassen. Die Tränen liefen über sein Gesicht. Er schluckte. Wieder und wieder. Er hätte zu gern Anna angerufen, aber sie hatte ihm verboten, sie während der Arbeit zu stören.

Am Nachmittag tauchte sie auf. Früher als erwartet. Diesmal war es Florentin, der Anna rasch entkleidete.

Nachdem sie miteinander geschlafen hatten, schlug Florentin vor, ein wenig durch die Gegend zu fahren. Gernot sei da gewesen, es habe eine heftige Auseinandersetzung zwischen ihnen stattgefunden.

Florentin übernahm das Steuer. Unterwegs sprach Anna über Träume. Anna liebte Träume. Sie hatte schon eine große Sammlung angelegt. Per Zeitungsanzeigen hatte sie Leser und Leserinnen aufgefordert, ihr einen Traum zu schenken. Es kamen hunderte von Einsendungen. Deutsche Träume, so sollte ihre Sammlung heißen.

Anna entdeckte Gernots Wagen erst, als sie die Bergeskuppe fast erreicht hatten. Sie zückte ihr Handy. Tippte eine Nummer ein. Wen sie denn anrufen wolle, fragte Florentin. Anna zeigte mit dem Daumen nach hinten. Nun erkannte auch Florentin ihren Verfolger. Er trat auf das Gaspedal und beschleunigte die Fahrt. Während Anna darauf wartete, dass sich ihr Mann meldete, schoss sein Wagen über den Parkplatz. Florentin bog mit einem gewagten Manöver in eine Parklücke ein und brachte das Auto vor einem Touristenbus zum Stehen.

Gernot sah die Leitplanke zu spät, bremste scharf ab und riss dabei das Steuerrad herum. Der Wagen prallte gegen einen Begrenzungsstein und überschlug sich zweimal, bevor er in die Tiefe stürzte.

Vom barmherzigen Samariter

Es war ein Mensch, der ging von Jerusalem hinab nach Jericho und fiel unter die Räuber; die zogen ihn aus und schlugen ihn und gingen davon und ließen ihn halbtot liegen. Es begab sich aber von ungefähr, dass ein Priester dieselbe Straße hinabzog; und da er ihn sah, ging er vorüber. Desgleichen auch ein Levit; da er kam zu der Stätte und sah ihn, ging er vorüber. Ein Samariter aber reiste und kam dahin; und da er ihn sah, jammerte ihn sein, ging zu ihm, goss Öl und Wein auf seine Wunden und verband sie ihm und hob ihn auf sein Tier und führte ihn in eine Herberge und pflegte sein. Des andern Tages zog er heraus zwei Silbergroschen und gab sie dem Wirte und sprach zu ihm: Pflege sein, und so du was mehr wirst dartun, will ich dir's bezahlen, wenn ich wiederkomme.

Welcher dünkt dich, der unter diesen dreien der Nächste sei gewesen dem, der unter die Räuber gefallen war? Er sprach: Der die Barmherzigkeit an ihm tat. Da sprach Jesus zu ihm: So gehe hin und tue desgleichen!

Vgl. Lukas, 10. Kapitel, 25–37; hier zit. in der Übersetzung D. Martin Luthers, a. a. O.

Regula Venske

Oh Happy Day

«Um Gottes willen!»

Johannes Heilwig, ein Mann in den besten Jahren, Pastor an einer der großen Hamburger Kirchen, hörte zum ersten Mal in seinem Leben einen Schuss.

Im letzten Krieg hatte er nicht mitkämpfen müssen, er gehörte zu jener Generation, die der Gnade der späten Geburt teilhaftig geworden war. Als Kind hatte er die Aufregung der Erwachsenen und ihre Angst kaum begriffen, ja kaum gespürt. Zusammen mit seiner Mutter war er im Hause seiner Großeltern, einem protestantischen Pfarrhaus im Siegerland, aufgewachsen, und seiner Mutter, der jungen, hübschen Kriegerwitwe, die manche für seine große Schwester hielten, war es erstaunlich gut gelungen, den Sohn von ihrem Leid nichts spüren zu lassen. Wenn es denn wirklich ein Leid gewesen war. Er hatte es sich nie eingestanden, aber mitunter hatte Johannes wohl geahnt, dass er den Vater mehr vermisste als die Mutter den Mann.

Als Heranwachsender glaubte er zu jenen zu gehören, die aus der Geschichte gelernt hätten und das Gelernte weiter geben würden. Wäre er nicht als Theologiestudent von vornherein vom Wehrdienst befreit gewesen, er hätte den Dienst an der Waffe gewiss verweigert. Johannes Heilwig war Pazifist. Aber wie sich ein Schuss anhörte, wusste natürlich auch er. Und dieser trockene und viel zu laute Knall war eindeutig ein Schuss gewesen, und der ihm folgende auch. Dann war ein Rumpeln zu hören, ein Poltern, ein Klirren und Knirschen und Brechen. Ein Möbelstück mochte umgestürzt sein, etwas war zu Bruch, etwas war zu Boden gegangen.

«Um Gottes willen! Was geht da vor!?»

Madame Veruscha bäumte sich mit der nur ihr eigenen Kraft auf – ihren kraftvollen, muskulösen Körper hatte Heilwig stets besonders geschätzt. Wie eine lästig gewordene Bettdecke schüttelte sie ihn von sich ab. Schon hatte sie sich aus dem Bett gewunden und stürzte hinüber zur Tür, die in diesem Moment vom Flur her aufgestoßen wurde.

Johannes Heilwig, Pastor an einer der großen Hamburger Kirchen, hatte zwar noch nie eine Pistolenmündung gesehen. Aber als er nun direkt in eine blickte, wusste er natürlich sofort, was das war. Auch ohne seine Brille. Zum Nachdenken blieb keine Zeit. Die schwarz behandschuhte Hand am Ende der Pistolenmündung machte keinen Vertrauen erweckenden Eindruck. Instinktiv griff Heilwig nach der herabgefallenen Decke. Keinesfalls wollte er in seiner ganzen Blöße erschossen werden. Sein Glied – eben hatte es noch so prächtig nach Madame Veruscha verlangt – war das erste, was an ihm starb. Er dachte es flüchtig, als er auch seinen Kopf unter die Decke duckte. Gewiss war es keine schusssichere Decke, das wusste er. Immerhin dämpfte sie das Geräusch, das der dritte Schuss machte. Ob das Kreischen und Jaulen, das Heilwig ebenfalls mit anhören musste, vor oder nach dem Schuss oder die ganze Zeit über in seinen Ohren dröhnte, konnte er später nicht sagen.

Es dauerte eine ganze Weile, ehe Heilwig sich wieder unter der Decke hervorwagte. Erst einmal lag er zitternd da, auf sein Ende wartend und seinen Geist Gottes Güte anbefehlend. Beim *zweiten Vaterunser* streifte ihn ein flüchtiger Gedanke an seine Frau. Um Gottes willen, Christa! Bliebe er am Leben, könnte er ihr noch alles erklären. Sonst würde sie die Situation gewiss missverstehen. Vermutlich wäre sie sogar wütend auf ihn, würde sich wieder einmal gedemütigt fühlen. Dabei war die Blamage für ihn doch viel größer. Wie würden seine Kollegen den Kopf schütteln. Und was sollte die Bischöfin denken? Unter diesen Umständen erschossen aufgefunden zu werden, und nackt dazu. Und wie würden die Spötter und Zweifler grinsen. Ein gefundenes Fressen für die Journaille, das war er nun, und ebenso für seine Kritiker im Kirchenrat und die Kritikerinnen im Frauenkreis seiner Gemeinde.

Aber vielleicht würde ja mit Gottes Güte gar nichts an die Öffentlichkeit dringen? Vielleicht leisteten die Herren von der Kripo der armen Christa beim Überbringen ihrer Botschaft taktvoll Hilfestellung? Dennoch, ihm war, als höre er seine Frau schon um ihn jammern und wehklagen. Ach, dieses Leid, dieses große, unverschuldete Leid.

Nach einer Weile stellte Johannes Heilwig fest, dass er lebte. Er atmete noch, aber es war inzwischen verdammt stickig unter der Decke geworden. Das Kreischen und Jaulen in seinen Ohren oder im Raum um ihn herum war verstummt. Vorsichtig schob er die Decke beiseite und blinzelte in die Richtung, in die Madame Veruscha vor geraumer Zeit gehüpft war – waren es fünf Minuten? sieben? oder zehn? Mit zitternden Fingern tastete er nach seiner Brille, die er auf dem Beistelltischchen abgelegt hatte. Als er sich aufgerichtet und sie aufgesetzt hatte, bot sich ihm ein schrecklicher Anblick. Mitten im Zimmer lag Madame Veruscha auf dem Fußboden, bäuchlings, leblos, zusammengekrümmt. Unter ihrer linken Schulter hatte sich eine Blutlache ausgebreitet.

Johannes Heilwig, Pastor an einer der großen Hamburger Kirchen, schluckte zweimal. 110, schoss es ihm durch den Kopf. Oder 112? Auf dem Beistelltischchen stand ein Telefon, aber er sollte besser sein Handy benutzen. Es steckte in der Innentasche seines Jacketts. Natürlich hatte er es vor seiner Verabredung mit Madame Veruscha abgeschaltet, wie immer. Heilwig übte zwar einen Beruf aus, bei dem er mehr reden als handeln musste, aber er war durchaus ein Mann der Tat. Leise – Gott allein wusste ja, ob er jetzt allein in der Wohnung war oder ob der Killer noch irgendwo lauerte – schob er sich aus dem Bett und schlich auf Zehenspitzen zu dem stummen Diener hinüber, an dessen Schulterbügel er sein Jackett aufgehängt hatte. Dabei musste er mit einem großen Schritt über die niedergestreckte Frau hinübersteigen. Flüchtig fragte er sich, ob die Polizei auch Zehenabdrücke nahm. Und ob sie wohl seine Zehenabdrücke auf dem Teppichboden finden und wieder erkennen könnten? Dann hatte er den stummen Diener erreicht. Wie schnell würden die Herren eintreffen? Besser war es, ihnen nicht nackt gegenüberzutreten.

Als erstes griff Heilwig nach seinen Strümpfen. Bei Madame Veruscha zog er sie immer aus, auch für ihre Fußmassage war Veruscha berühmt. Wenn er in späteren Jahren an diese Nacht zurückdachte, würde er sich immer wieder aufs Neue darüber wundern, dass er sich zuerst die Strümpfe angezogen hatte. Wie merkwürdig. Fast wunderte er sich darüber noch mehr als über alles andere, was nun folgen sollte. Es war untypisch für ihn. Normalerweise zog er als erstes die Unterhose an, wie jeder normale Mensch. Aber alles andere, was nun kam, war gleichermaßen untypisch für ihn. Eine Ausnahmesituation, würde Johannes Heilwig später darüber denken.

Während er hastig in seine Kleider schlüpfte, vermied er es, zu der Frau in ihrem Blut hinüberzublicken. Er brauchte alle Kräfte, um sich auf das Nächstliegende zu konzentrieren. So zog er sich recht und schlecht an. Bei seinem Oxford-Shirt verknöpfte er sich, ohne es zu merken. Den Schlips mit dem Paisley-Muster steckte er in die Jackentasche. Dann holte er sein Handy hervor.

Kühl und glatt lag es in seiner Hand. So elegant. So effizient. Ein Leichtes, den Knopf zu drücken, die Pinzahl einzugeben und Hilfe herbeizurufen. Wieder dachte er an seine Frau. Ob er Christa anrufen sollte? Würde sie ihm mit Rat und Tat zur Seite stehen, wie sie es vor zweiunddreißig Jahren gelobt hatte, in guten wie in schlechten Tagen? Die guten Tage lagen hinter ihnen. Jetzt fingen die schlechten an. Die Zeichen waren eindeutig.

Endlich blickte Heilwig zu Madame Veruscha hinüber. Ihre rabenschwarzen Haare lagen in wirren Strähnen um ihren Kopf herum und hatten schon all ihren Glanz eingebüßt. Ihr Unterrock aus grauer Seide, den hochzuschieben er stets so genossen hatte, war von selbst hochgerutscht und gab einen weißen Oberschenkel den Blicken des Betrachters preis. Veruschas herrliche Flanke. Und zwischen all dem Schwarz wie Ebenholz und Weiß wie Elfenbein und grau wie ein verbotener Unterrock sickerte es hervor, rot wie Blut.

Und da merkte Heilwig, dass es ihm hochkam. Es gelang ihm, einen ersten Schwall hinunterzuschlucken, schon stieg der nächste hoch, und es gab kein Halten mehr für ihn. Johannes Heilwig, Pastor an einer der großen Hamburger Kirchen, schaffte es nicht mehr ins Bad. Ausgerechnet er, der nie in seinem Leben die Kontrolle über sich verloren hatte, nie maßgeblich an den Saufgelagen seiner Kommilitonen im Göttinger Wingolf beteiligt gewesen war, kotzte direkt aufs Sofa. Auf ein rotes, halbseiden-plüschiges Sofa zudem, in einem, wenn man es bei Tageslicht betrachtete – was Heilwig freilich nie getan hatte – doch zugegebenermaßen recht zweifelhaften Etablissement. Sein ganzes Abendessen gab er von sich, drei Rühreier mit Krabben auf Vollkornbrot, und auch den kleinen gemischten Salat, das kleine Helle, die rote Grütze und den doppelten Espresso dazu. Kurzum, er kotzte sich an diesem Abend die Seele aus dem Leib – so würde er in späteren Jahren darüber denken.

Nachdem er sich erleichtert hatte, begannen seine Beine zu zittern. Sie zitterten so stark, dass Heilwig sich auf die Armlehne des Sofas stützen musste. Am liebsten hätte er sich hingesetzt, aber auf dem Sofa konnte man ja nun nicht mehr Platz nehmen. Um zurück zum Bett zu gelangen, hätte er noch einmal an der leblosen Frau vorbeigemusst. Das gaben seine Nerven nicht her. Heilwig zog die Krawatte aus der Tasche seines Jacketts und wischte sich damit über Stirn und Mund. Dann steckte er sie wieder in die Tasche. Am liebsten hätte er den schmutzigen Stofflappen an Ort und Stelle fortgeworfen, aber das verbot sich von selbst. So etwas gehörte sich nicht.

Und dann kam Heilwig ein ganz ungeheuerlicher Gedanke. Er fand ihn selbst ungeheuerlich, schon als er ihn dachte. Wenn er die Krawatte wieder einsteckte, konnte er gehen, ganz einfach gehen, ohne dass man ihm so leicht auf die Spur kommen konnte. Irgendjemand hätte wahrscheinlich irgendwann die Krawatte als die seine erkannt. Sicher war sie ein Weihnachts- oder Geburtstagsgeschenk von Christa oder einem der Jungen gewesen. Er erinnerte sich im Moment nicht, aber Christa würde es wissen. Solche Sachen wusste sie immer bis auf die Jahreszahl peinlich genau. Ob man dagegen aus den unappetitlichen Resten auf dem Sofa Rückschlüsse auf ihn ziehen könnte, war doch mehr als fraglich. Wie viele Männer, Feriengäste wie Einheimische, mochten heute Abend Krabbenbrot mit Rührei und rote Grütze gegessen haben. Selbst wenn es da heutzutage vermutlich genetische Test- und Zuordnungsmöglichkeiten gab, seine DNA-Daten waren nirgends gespeichert. Und man würde wohl kaum einen Hamburger Pastor zur Speichelprobe vorladen, nur um den Mord an einer – nun ja, dachte Heilwig – aufzuklären.

Was nützte es der armen Veruscha, wenn er bliebe? Zu retten war sie nicht mehr, das sah man ja. Und als möglicher Augenzeuge der Bluttat hatte er nichts wahrgenommen, was der Aussage lohnte. Er hatte seine Brille nicht aufgehabt, und der Killer hatte schwarze Handschuhe getragen. Womöglich hatte er vorhin auch ein Stück eines schwarzen Pullovers gesehen? Aber was brachte das schon. Und was gingen ihn die Bandenkriege zwischen diesen Zuhältern an? Russen, Albaner, Kroaten, Rumänen. Mit denen hatte er doch nicht das Geringste zu tun. Dies hier war nicht sein Leben. War nie sein Leben gewesen. Gewiss, drei oder vier Mal im Jahr war er in den vergangenen zwei, drei Jahren auf die Insel gefahren und hatte Madame Veruscha besucht. Aber es hatte doch im Prinzip nichts zu bedeuten. Im Prinzip, dachte Heilwig, war er Christa stets treu gewesen. Das eine hatte ja, wie man heutzutage glücklicherweise wusste, mit dem anderen rein gar nichts zu tun.

Was nützte es schließlich der toten Veruscha, wenn auch sein Leben in Trümmer ginge? Er konnte noch so viel Gutes bewirken, wenn man ihn ließ. Christa und er waren ein gutes Team. Sie würde ihm helfen, wenn er sich fortan mit noch größerer Hingabe seiner Berufung verpflichtet wüsste. Mit dieser Schmach hingegen könnten sie beide nicht weiter leben. Sie würde es nie verstehen. Würde ihn nie verstehen. Und wie könnte er seinen Söhnen je wieder in die Augen blicken?

Beim Gedanken an Matthias, Christoph und Benjamin stand Heilwigs Entschluss fest, ohne dass er ihn weiter zu formulieren brauchte. Er guckte sich noch einmal im Zimmer um und vergewisserte sich, dass er nichts liegen gelassen hatte. Prüfend klopfte er gegen sein Jackett. Handy, Brieftasche, das kleine, abgewetzte Lederetui mit dem Neuen Testament, Stuttgarter Ausgabe, alles da. Also worauf wartete er noch! Nichts wie weg!

Johannes Heilwig, Pastor an einer der großen Hamburger Kirchen, schlich auf Zehenspitzen durch den Flur dieser fremden Wohnung, die mit einem Schlag – vielmehr drei Schüssen – ihr Geheimnis und ihren Zauber eingebüßt hatte. Als er an der Tür vorbeikam, die schräg gegenüber von Madame Veruschas Schlafzimmer lag – sonst war sie stets geschlossen gewesen – konnte er sich einen Blick in den Raum nicht verkneifen. Er sah ein Sofa, zwei schwere Sessel aus schwarzem Leder, einen umgestürzten Rollwagen, der wohl als Hausbar gedient haben mochte. Etliche Whisky- und Kognakflaschen waren durchs Zimmer gekullert, manche waren heil, von manchen war nur ein Scherbenhaufen geblieben. Es stank nach Alkohol. Aber noch mehr stank es nach dem ganzen Elend der Menschheit. Ekel erregend! Wie konnte Gott nur diese stinkende Menschheit lieben. Diese verachtenswerten Kreaturen. Sünder allesamt, in ihrem widerwärtigen Fleisch, mit ihrer ungezügelten, abstoßenden Gier. Und er war einer von ihnen. Und da, quer über einen Schreibtisch gekrümmt, lag das zweite Opfer. Der Mann, dem dieses Massaker vielleicht in erster Linie gegolten hatte. Na ja, ob er wirklich ein *Opfer* war, daran durfte man trotz seines unglücklichen Endes wohl zweifeln.

Die Tür des Appartements stand nur angelehnt, und Heilwig überlegte, ob sich dahinter eine Falle verbergen konnte. Aber dann gab er sich einen Ruck. Wäre er Katholik gewesen, hätte er sich in diesem Moment gerne bekreuzigt, das würde er später denken. So begnügte er sich damit, ein verstohlenes Kreuzzeichen mit der rechten Hand leicht vor sich hin in die Luft zu machen. Mochte sich der Herr dieser beiden Sünder annehmen. Mochte der Herr sich auch seiner erbarmen. Wenn er hier heil heraus kam, würde er sich eine Buße auferlegen, die sich gewaschen hatte. Allein schon, dass er fortan ohne Veruschas Tröstungen weiterleben musste, war hart genug. Aber ihm würde auch noch eine andere Sühne einfallen.

Vorsichtig öffnete er die Tür mit der Spitze seines rechten Schuhs und spähte ins Treppenhaus. Im Haus, einem dreigeschossigen Wohnhaus mit je zwei Appartements in jeder Etage, war alles ruhig. Entweder waren die anderen Mieter nicht da, oder sie hatten die Schüsse aus der Nachbarwohnung lediglich für ein anderes Fernsehprogramm gehalten. Vielleicht steckten sie auch mit den Killern unter einer Decke, gehörten zur selben Mafia oder wurden für ihr Schweigen bezahlt, was wusste er.

Gern hätte er die Wohnungstür leise hinter sich zugezogen. Das hätte ihm vielleicht weiteren Aufschub, eine Gnadenfrist bis zur Entdeckung der Leichen gewährt. Aber es verbot sich von selbst, den Griff anzufassen, er musste die Tür wohl oder übel offen stehen lassen.

Johannes Heilwig, Pastor an einer der großen Hamburger Kirchen, blickte sich nicht um, als er die Wohnung verließ. Im Dunkeln stieg er leise die Treppe hinunter.

Shoot! Und noch einmal Shoot! Diese verdammte Nervosität! Ausgerechnet heute, wo er zum ersten Mal die neue beige Leinenhose angezogen hatte, musste ihm so etwas passieren. So schnell, wie er weder gucken noch denken konnte, war ihm die Kaffeekanne aus der Hand geglitten, an der Kante des Tisches abgerutscht – da hatte er noch gedacht, sie auffangen zu wollen – und dann auf dem Küchenfußboden in tausend Stücke zersprungen. Und der Kaffee war überall hingespritzt, auf Schränke und Wände, auf den Frühstücks-

tisch, auf sein Müsli und die vorletzte Ausgabe des SPIE-
GEL, durch dessen Titelgeschichte er sich nun schon seit geraumer Zeit kämpfte. Und, wie sollte es anders sein, auch
auf sein frisch gebügeltes weißes T-Shirt, die neue Hose und
die weißen Leinenschuhe.

Jürgen Harms, Realschullehrer für Religion und Biologie,
machte seinem Ärger mit ein paar kräftigen Flüchen Luft.
Aber es war natürlich nicht nur der Ärger über sein Missge-
schick, der sich lautstark entlud. Es war die Nervosität, die
sich in ihm aufgestaut hatte, die geballte Angst, alles Schlot-
tern und Zähneklappern der vorigen Nacht. Kein Auge
hatte er zugetan. Ihm war Angst und Bange gewesen wie nie
zuvor in seinem vierunddreißigjährigen Leben. Seit er vor
knapp einem halben Jahr in dieses Haus gezogen war, hatte
er geahnt, dass es einmal so kommen würde. Einmal würde
etwas passieren, etwas Richtiges, etwas ganz Schlimmes, in
diesem Haus, in der angrenzenden Wohnung.

Von Anfang an war ihm das gegenüber liegende Appartement suspekt gewesen. Merkwürdige Typen gingen da ein
und aus, zu merkwürdigen Zeiten, schauten auf merkwürdige Weise im Treppenhaus an ihm vorbei und trieben merkwürdige Geschäfte. Und die Wohnungsinhaberin, diese Vera
Grechowa, war doch nie im Leben die diplomierte Sozial-
wissenschaftlerin, als die sie sich ihm vorgestellt hatte. Nach
einem sehr zweifelhaften Lebenswandel sah sie aus, und
zwar einem Lebenswandel, dem sie nicht erst seit gestern
nachging. Er war doch nicht blöd! Und die Geräusche, die
sie hervorbrachte und mit denen sie ihn quälte, wenn er an
seinem Schreibtisch saß und Hefte korrigierte oder sich auf
die Vorbereitung seiner Unterrichtsstunden zu konzentrieren versuchte, waren eindeutig genug.

Vielleicht war es nur eine gerechte Strafe, dass er neben
dieser Grechowa zu wohnen kam, so hatte Jürgen Harms

manchmal gedacht. In den guten Stunden, wenn er sich in der Badewanne entspannte und sich amüsieren konnte über die Turbulenzen in seinem Leben. Ja, er war selbst Schuld daran. Schließlich hatte er den Supergau provoziert. Er war es gewesen, der im Frühjahr beschlossen hatte, dass er bei Sabine ausziehen wollte. So formulierte er es immer, bei Sabine, nie dachte er, dass er *bei sich* ausgezogen war. Oder bei sich und Sabine. Nein, das dort war Sabines Leben gewesen, ihr kleines Spießerleben, das sie leider auch ihm hatte aufzwängen wollen. Aber ihm war das brave, berechenbare Dasein in der Doppelhaushälfte, mit seinen Hypotheken und Rentenansprüchen und Geburtstagsfeiern im Kreise der immer selben Kollegen – und vor allem mit den Fragen der Familienplanung, mit denen Sabine ihn zunehmend bedrängt hatte – zu guter Letzt unerträglich geworden.

Abwechslung und Aufregung hatten ihm gefehlt, Herausforderungen, Spannung und Abenteuer. Das alles bekam er hier nun reichlich geboten, wenngleich in etwas anderer Form als erhofft. Er war von der Traufe in den Regen geraten, war von einer spießigen Doppelhaushälfte in einer ebenso spießigen Neubauwohnung, die allerdings an einen Puff angrenzte, gelandet. Zum Lachen war das, wenn man es mit etwas Abstand betrachtete.

Gestern Nacht allerdings hatte ihm der nötige Abstand gefehlt. Da hatte er völlig verkrampft in seiner Wohnung gehockt und mit heißen Ohren in die Nachbarwohnung hinübergelauscht. Waren das Schüsse gewesen? Schrie da jemand um Hilfe? Sollte er die Polizei alarmieren?

Aber was, wenn die Bullen kamen und sich herausstellte, dass alles ganz harmlos war? Wie schnell machte man sich doch zum Gespött der Leute. Er sah sie schon lachen, Sabine, seine Schüler, nicht zuletzt die Kollegen.

Und wenn doch etwas war?

Wenn er als Lebensretter in die Zeitung käme, würden es alle lesen. Nicht nur die Kollegen und Schüler und Sabine und seine Schwiegereltern. Auch – und das wäre immerhin was – die fesche Evi Rupieper, die seit Schuljahresbeginn Englisch und Sport unterrichtete und mit der er sich in den letzten zwei, drei Wochen beim Augenpetting im Lehrerzimmer näher gekommen war. Worauf wartete er eigentlich noch? Nichts wie zum Hörer gegriffen! Im Geiste hatte er die Schlagzeilen schon vor sich gesehen. *Mutiger Lehrer verhindert Blutbad. Jürgen Harms, der Held der Insel!* Oder: *Modernes Vorbild für Zivilcourage: Jürgen Harms, Lehrer des Jahres* ...

Aber leider würden auch die Gangster, wer immer es war und was immer sich da abspielte in der Nachbarwohnung, dann auf ihn aufmerksam. Auch irgendwelche Killertypen sähen sein Gesicht in den Nachrichten. Und wer weiß, vielleicht käme er als Nächster auf deren Liste.

Wie schon ein paar Mal bei anderen Gelegenheiten, hatte er den Tag verflucht, als er nach der Trennung von Sabine ausgerechnet in diesen Neubau zog. Und natürlich verfluchte er auch sich selbst, sein Phlegma, seine Laschheit und Unentschlossenheit. Ein Hasenfuß war er, das war leider wahr. Davon durfte die neue Kollegin nichts merken.

Sabine hatte es wahrscheinlich gewusst. Sabine hatte ihn immer verstanden. Und hätte auch verstanden, warum er sich gestern Nacht nicht einmal traute, durch den Türgucker zu spähen. Denn was, wenn der Typ oder die Typen im Treppenhaus die Bewegung hinter dem Spion wahrgenommen hätten? Solche Killer verwandelten doch im Nu eine Wohnungstür in ein Sieb. Der Gefahr hatte er sich nicht aussetzen wollen. Nur wusste er nicht, ob er das als Feigheit oder Klugheit interpretieren musste.

Falls er Sabine je von der vergangenen Nacht erzählen

sollte, fände sie sicher ein paar tröstende Worte für ihn. Vielleicht hatte er sich ihr gegenüber doch manchmal etwas zu undankbar verhalten.

Nachdem eine Weile alles ruhig gewesen war, hatte Harms irgendwann einen verstohlenen Blick aus dem Fenster geworfen. Natürlich hatte er kein Licht im Zimmer angehabt, und er hatte darauf geachtet, vorsichtig hinter dem Vorhang hervorzulugen. Auf der Straße war alles ruhig gewesen. Aber dann, irgendwann gegen Mitternacht, hatte er einen Mann im Dunkeln aus dem Haus stolpern sehen. Ein groß gewachsener, hagerer Typ mit traurig herabhängenden Armen und einem gebeugten Gang, der aussah, als ob er das Leiden Christi persönlich auf seinen Schultern trüge. Es war ihm so gar nichts Killerhaftes anzusehen gewesen. Geradezu ein Asket, hatte Harms verwundert gedacht. Einen Mörder hatte er sich immer ganz anders vorgestellt. So konnte man sich also in seinen Mitmenschen täuschen.

Dann trat er vom Fenster zurück und ließ den Vorhang über die Schrecken der Nacht fallen.

Und dann war endlich Ruhe im Karton gewesen. Aber Harms hatte sich, ohne Schlaf zu finden, im Bett hin und her gewälzt. Am frühen Morgen stand sein Entschluss fest. Was immer sich hier abgespielt hatte, er würde sich eine neue Wohnung suchen. So viel er gehört hatte, suchte Evi Rupieper ebenfalls eine passende Bleibe. Da sie erst zum Antritt ihrer neuen Stelle auf die Insel gezogen war, war sie fürs erste in einer Ferienpension abgestiegen. Vielleicht sollte er ihr vorschlagen, eine Art Wohngemeinschaft zu gründen? Eine – Zweckwohngemeinschaft? So könnte er es nennen, das war gar nicht einmal so abwegig gedacht, auch wenn er dabei insgeheim vielleicht noch andere Zwecke als sie verfolgte.

Ob so ein Coup gut gehen konnte?

Und noch ein Grund für einen Wohnungswechsel war ihm eingefallen, als er sich schlaflos im Bett hin und her gedreht hatte. Ein Umzug böte auch Gelegenheit, sich auf anständige Weise von Rebecca, seiner Putzfrau, zu trennen. Eine elegante Ausrede ließe sich dann gewiss leichter finden.

Von Anfang an hatte er ein schlechtes Gewissen dabei gehabt, als Weißer eine Schwarze für sich putzen zu lassen. Das sah doch irgendwie nach Herrenmenschentum aus. Diesen Gedanken hatte er sogar bei ihrem letzten Zusammentreffen Sabine gegenüber geäußert. Eigentlich hatte er auf Sabines Zuspruch gehofft, hatte gedacht, sie würde ihn dafür loben. Hatte sie nicht immer geklagt, wie wenig sensibel er sei? Aber kaum hatte er ihr seine Skrupel gestanden, hatte Sabine sich furchtbar empört und war regelrecht aufgebraust. Das sei wieder typisch für ihn. Schämen solle er sich, nie habe es ihn gestört, sie, Sabine, als Putze für sich schuften zu lassen. Offenbar dürfe man die weiße Ehefrau ungestraft ausbeuten, nicht aber die armen Neger! Echte Männerlogik sei das!

Er hatte zwar ein bisschen verstanden, was sie eventuell meinte, aber dennoch, es gab Unterschiede. Womöglich war Rebecca ja sogar illegal hier. Er hatte sie nie nach ihrer Arbeitserlaubnis gefragt. Aber man las ja so allerlei. Wie die armen Leute zu Fuß durch die Sahara wanderten, wie sie unterwegs überfallen, beraubt oder sogar vergewaltigt wurden. Viele verdursteten. Wie sie dann in ihren seeuntüchtigen Bötchen versuchten, die Straße von Gibraltar zu überqueren. In Schlauchbooten, mit fünfzig Mann in einem Boot, das musste man sich einmal vorstellen! Und immer ertranken welche dabei. Eine furchtbare Welt!

Und dann diese Schlepperkartelle, diese skrupellosen Menschenhändler und Menschenschmuggler! Angeblich waren die Gewinne im Schleppergewerbe inzwischen höher als im Drogengeschäft. Und manchmal ließen sich die Schlepper ihre Dienste sogar mit Organspenden bezahlen. Wobei *Spende* natürlich nicht das richtige Wort dafür war. Er konnte und wollte diese Ausbeutung – diese *Ausblutung*, dachte er – nicht länger unterstützen. Und hatte er etwa nicht seinen Anteil daran, wenn er Rebecca engagierte? Ja, leider ja, auch wenn er ihr Arbeit gab. Selbst wenn die Frau gutes Geld bei ihm verdiente, irgendwie stützte er damit doch das System. Auf diese Weise würde sich in Afrika nie etwas ändern!

Und außerdem wurden ihre Ecken in letzter Zeit immer runder. Neulich hatte sie seinen Schreibtisch mit der Lederpolitur eingewichst. Sicher könnte er auch eine nette Ostdeutsche finden, oder eine Polin, dachte Harms, die vielleicht doch etwas mehr von europäischen Raumpflegestandards verstanden.

Nun denn, heute würde sich Rebecca allerdings gründlich entfalten können; sie hatte ja im Groben durchaus eine zupackende Art. Nachdem die Kaffeekanne zu Boden gegangen war, sah die Küche aus wie ein Schlachtfeld. Überall war die Plurche hingespritzt. Aber besser schwarze als rote Spritzer.

Während er den Umschlag mit den fünfundzwanzig Euro für Rebecca neben der Kaffeepfütze auf den Küchentisch legte, merkte Jürgen Harms, dass sein alter Galgenhumor zurückgekehrt war. Er kicherte. Wenigstens das.

Ein Blick auf die Uhr zeigte ihm, dass es schon kurz nach halb acht war. Er musste machen, dass er fort kam. In der 8b wollte er in der ersten Stunde einen Test schreiben lassen. «*Der Nächste bitte!* Worin unterscheidet sich die christliche von allen anderen Religionen? Definiere die Begriffe Nächstenliebe, Karitas, Diakonie und Solidarität!»

Er warf sich die schwarze Lederjacke über und klemmte

sich seine Aktentasche unter den Arm. Leise zog er die Tür ins Schloss und drehte den Schlüssel um. Dabei entging ihm nicht, dass die Tür zu Vera Grechowas Wohnung einen Spalt breit offen stand. War da eben ein Geräusch zu hören gewesen? Ein leises Ächzen, ein Stöhnen?

Nun aber genug, nichts mehr wollte er in diesem Moment von seinen Nachtmaren wissen. Heute Mittag würde er weiter sehen; erst einmal riefen ihn seine Pflichten.

Jürgen Harms, Realschullehrer für Religion und Biologie, stellte die Ohren auf taub und hastete los.

Langsam rumpelte der überfüllte Zug durch die Sommerlandschaft, vorbei an endlosen Rapsfeldern, deren leuchtendes Gelb das Auge blendete. Maggie blinzelte, unterdrückte tapfer ein Gähnen und schaute sich im Wagen um. Alle Sitzplätze waren besetzt, ein Geruch von Erschöpfung und Müdigkeit hing in der Luft, bevor noch der Tag richtig begann. Dieser Frühzug vom Festland auf die Insel war immer voll bis auf den letzten Platz. Natürlich nicht mit Urlaubern. Die kamen erst später, lagen jetzt noch in ihren Betten und schliefen den Rausch vom Vorabend aus. Oder trieben Frühsport, joggten einmal um den Häuserblock, durch Parkanlagen oder um den See. Oder sie saßen am Frühstückstisch, strichen Diätmargarine auf ein Diätbrötchen und gaben einen Klecks Diätmarmelade hinzu. Währenddessen verdienten sie vielleicht gerade eine weitere Million, indem sie ein paar Börsengeschäfte tätigten. Was wusste sie. Erst einmal rückten die Schwarzarbeiter an, die schwarzen Arbeiter, ohne die wohl die Hotels und Ferienzimmer, die Imbissstuben und Restaurants, ja sämtliche touristische Einrichtungen auf der Insel längst zusammengebrochen wären. Und sicher auch die Wohnung, in der sie arbeitete. Deutsche kamen da doch nur als Kunden hin. Die Frauen, die sich verkauften –

oder verkauft wurden, dachte Maggie –, stammten aus Russland, wie Vera, mit der sie meist zu tun hatte, oder aus der Ukraine, wie die andere, die sie an Wochenenden gelegentlich sah. Maria, ja, so nannte sie sich. Die Männer, die an den Frauen verdienten, kamen ebenfalls aus Russland. Und sie, die Putzfrau aus Ghana, durfte hinter ihnen den Dreck aufwischen. Wahrlich eine internationale Gesellschaft. Wenn sie darüber nachdachte, wusste sie nicht, ob sie lachen oder weinen oder sich einfach bloß wundern sollte.

Wie oft hatte sie schon mit ihrer Freundin Rebecca darüber diskutiert. Becca versuchte immer wieder, ihr zuzureden, die Stelle dort aufzugeben. Natürlich hatte sie Recht. O ja. Es war nicht gut, von bösen Menschen Geld anzunehmen. Es war kein gutes Geld, das Maggie in dieser Wohnung verdiente. Doch tat sie selbst ja nichts Böses. Sie putzte nur und schrubbte, saugte Staub, scheuerte, wischte und wienerte und machte auf ihre Weise den Spuren der Sünde den Garaus. Vielleicht tat sie also in gewisser Weise sogar ein gutes, ein Gott gefälliges Werk? Jedenfalls verschaffte sie den Leuten, die dort arbeiteten, und vor allem denen, die dort hinkamen, die Illusion, die Welt sei ein sauberer Ort.

Und wenn sie ehrlich war, arbeitete sie lieber für eine Frau wie Vera, die auch vom Leben gebeutelt war, als für so einen wie den Lehrer nebenan, für den Rebecca die Wohnung besorgte. Der schaute sie immer so merkwürdig an. Auch Rebecca war froh, dass er meist vor ihr das Haus verließ. In den Frühjahrsferien hatte sie sich gar nicht wohl gefühlt, als er um ihren Putzeimer herumlungerte und mit albernen Späßchen versucht hatte, ein Gespräch anzuknüpfen. Kein Wunder, dass seine Frau von ihm nichts mehr wissen wollte. Hatte ihn aus der gemeinsamen Wohnung geworfen, so viel sie wusste. Der waren seine Späßchen gewiss mit der Zeit auch auf die Nerven gegangen.

Maggie kicherte leise vor sich hin. Sie warf einen liebevollen Blick zu Rebecca hinüber, die auf dem Fensterplatz ihr gegenüber saß und gleich nach Abfahrt des Zuges wieder eingeschlafen war. Nicht auszudenken, sie hätte die Freundin nicht. Wie zwei Schwestern waren sie für einander da, lebten zusammen, teilten Kummer und Sorgen, aber auch die Freuden, die das Leben ihnen schenkte, gingen sonntags gemeinsam in die Kirche und nahmen Anteil am Schicksal ihrer Familien daheim. Auch Rebeccas Kinder lebten in Afrika. Sie hatte sie sogar noch längere Zeit nicht mehr gesehen als Maggie ihre beiden. Zuletzt war Maggie vor zwei Jahren nach Hause gekommen, als ihr Vater gestorben war. Damals war sie erst zu Daddys Beerdigung zu Hause eingetroffen, und bei der Gelegenheit hatte sie endlich auch ihre Kinder wieder gesehen. Frank war inzwischen schon elf, ein großer, kräftiger Bursche, dem das Lernen leicht fiel und auf den Maggie ihre ganze Hoffnung setzte. Er würde die Schule hoffentlich besser durchhalten als sein Vater und dann einen richtigen Beruf erlernen. Vielleicht könnte sie ihn nach Amerika schicken. Und Juliet war neun und half brav mit im Hause ihres Onkels, bei dem die Kinder aufwachsen konnten. Dafür unterstützte Maggie den Bruder und seine Familie mit dem, was sie in Deutschland verdiente.

Ich habe dreiundzwanzig Kinder, hatte Daddy immer gesagt. Aber so tüchtig wie Maggie ist kein zweites unter ihnen. Auch von den Söhnen keiner.

Wie hatte sie um ihn getrauert, als er starb. Immer noch litt sie darunter, dass sie es nicht rechtzeitig nach Hause geschafft hatte, um ihn noch einmal zu sehen und zu sprechen. Um von ihm gesegnet zu werden. Er hatte sich Zeit gelassen mit dem Sterben, hatte lange auf die Rückkehr seiner Lieblingstochter gewartet, der alte Mann. Achtundneunzig, ein gesegnetes Alter. Aber sie war nicht losgekommen von Deutschland, hatte ja noch das Geld für den Flug zusammenkratzen müssen. Tag und Nacht hatte sie geschuftet, hatte tagsüber bei Privatleuten geputzt und frühmorgens und nachts in Firmen und Büros mit verschiedenen Putzkolonnen, bis sie endlich halbwegs genug Geld für das Ticket zusammen hatte. Den Rest hatte ihr Becca geliehen.

Aber als sie zu Hause ankam, war ihr Daddy seit zwölf Stunden tot.

Der Schmerz würgte sie immer noch.

Immerhin war sie rechtzeitig zu seiner Trauerfeier gekommen und konnte dafür sorgen, dass alle sich mit Respekt benahmen. Die Brüder und die Schwägerinnen und die beiden letzten Frauen ihres Vaters stritten sich schon um sein Haus. Man hatte Daddy in eine schäbige rotkarierte Decke gewickelt. Als erstes bettete sie ihn um. Sie hatte eine federleichte, blütenweiße Steppdecke aus Deutschland mitgebracht, und ein ebenso blütenweißes, spitzenbesetztes Kissen. *Viel Glück*, war mit rotem Garn in eine Ecke des Kissens gestickt. Es war eine Ausstattung, wie sie einem Familienoberhaupt und Dorfältesten gebührte, und alle hatten zugegeben, dass der Verstorbene darin wunderschön aussah.

Ja, sie hatte dafür gesorgt, dass auf Daddys Beerdigung alles mit Würde vonstatten ging.

Unwillkürlich zog Maggie den Rucksack, der auf ihren Knien lag und den sie bis dahin locker mit der Hand am Gurt gehalten hatte, fester zu sich heran. Mit beiden Armen umschlang sie ihn und hielt ihn beinahe zärtlich an sich gedrückt. Der Rucksack enthielt ihren größten Schatz, ein Video vom Begräbnis ihres Vaters. Fast kam es Maggie vor, als könne sie die dicke braune Versandtasche, in der ihr Bruder ihr die Kassette geschickt hatte, durch das Kunstleder hindurch fühlen. Von Zeit zu Zeit nahm sie das Video zu dieser

Arbeitsstelle mit und gönnte sich eine kleine Verschnauf-pause, während Vera noch schlief. Natürlich konnte sie sich nicht die gesamte Aufzeichnung anschauen, aber doch wenigstens einen Teil derselben. Die ganze Kassette dauerte zweieinhalb Stunden, Maggie hatte sie erst ein einziges Mal in einem Stück angesehen.

Nicht von jeder Leichenfeier gab es einen so langen und so kunstvollen Film, aber ihr Vater war ja ein respektabler Mann gewesen, ein Farmer mit Leib und Seele, der Jams-wurzeln und Maniok, Bananen und Kakao angepflanzt und es in der Blüte seiner Jahre zu einigem Reichtum gebracht hatte. Es war nicht seine Schuld, dass der Chief ihm sein Land weggenommen und ihn zum Farmarbeiter degradiert hatte, und dass seine Söhne mit seinem Geld schlechte Ge-schäfte in Kumasi machten.

Wie schön Daddy in seinem Sarg ausgesehen hatte! Und wie kraftvoll hatte der Priester für ihn gesungen und gebetet. Und wie einträchtig sagten die Brüder schließlich das *Va-terunser* auf, als hätten sie sich nie um sein Erbe gezankt und würden sich auch in Zukunft nicht zanken. Auch sie selbst war auf dem Video zu sehen, wie sie sich das Haar raufte und an die Brust schlug in ihrer großen Trauer. Ganz außer sich war sie gewesen, sie erkannte sich selbst kaum wieder. Daher stellte sie, sobald sie selber im Bild erschien, den Re-korder meist aus und ging dann wieder ans Putzen.

Neben dem Videogerät gab es in dieser Wohnung ein Re-gal mit Dutzenden von Kassetten. Sie hatten merkwürdige Titel, und wenn sie auch ein wenig Deutsch lesen konnte und verstand, so hatte sie sich unter den meisten Titeln doch nicht so recht etwas vorstellen können. Oder vorstellen wollen. Einmal hatte die Neugierde sie getrieben, eines von diesen Bändern in den Rekorder zu schieben. *Schwarze Sklavinnen Teil II*, es war widerlich gewesen. Weiße Männer waren darin zu sehen, die mit Ketten gefesselte schwarze Frauen ausgepeitscht, sie bespuckt und gedemütigt hatten. Ein Weißer hatte einer Frau einen Knüppel in den Hintern geschoben. Ihr Herz hatte sich vor Schmerz und Empörung zusammengekrampft, mit zitternden Fingern hatte sie das Gerät abgeschaltet. Was bildeten die sich ein! Und genauso hatte sie auch damals der Mann in der Ausländerbehörde angesehen, ja, genau so, als hätte er ebendiesen Film im Kopf gehabt in jenem Moment. Und deshalb war Maggie nicht mehr hingegangen, hatte den Gang aufs Amt von Tag zu Tag vor sich hergeschoben. Sie hatte sich gefürchtet vor dem Blick dieses Mannes. Und dann war ihre Aufenthaltsgenehmigung abgelaufen, erst eine Woche, dann zwei und dann drei, und da war ihre Angst vor dem Mann und seinem Blick immer größer geworden, bis sie beschlossen hatte, einfach nicht mehr daran zu denken. Man war auch ohne Stempel in seinem Pass ein Mensch. Sie kannte viele, die so lebten, nur erwischen lassen durfte man sich nicht. Aber sie tat ja nichts Verbotenes und hatte auch nicht vor, je etwas Verbotenes zu tun, und deshalb würde sie mit der Polizei auch nicht in Berührung kommen, so hoffte sie.

Inzwischen hatte der Zug den Damm erreicht, der die Insel mit dem Festland verband. Kleine Wellen spritzten vor den Zugfenstern hoch, schäumten und tanzten, als wollten sie mit ihnen spielen. Maggie gab Rebecca einen liebevollen Stups.

«Aufwachen, Becca! Wir sind gleich da!»

Aber sie musste ihre Freundin mehrmals an der Schulter rütteln, bis sie endlich aus ihren Träumen erwachte.

Bald darauf stiegen die beiden Freundinnen lachend und schwatzend hintereinander die Teppe zu ihren Arbeitsstellen empor. Zwar wunderten sich beide ein wenig, als sie sahen, dass die Tür zu Maggies Wohnung offen stand. Aber sie hatten längst aufgegeben, sich über das, was in dieser Wohnung geschah, den Kopf zu zerbrechen. Während Rebecca die Tür zu Jürgen Harms' Appartement aufschloss, verabschiedeten sie sich voneinander, wünschten sich viel Spaß und verabredeten, später am Vormittag gemeinsam einen kleinen Imbiss einzunehmen.

Maggie stieß die Tür zu ihrer Putzstelle weiter auf.

«Hello?», rief sie leise und horchte, während sie den Kopf zur Seite wandte und ihrer Freundin verschwörerisch ein Auge zukniff, in die Wohnung hinein.

Falls Vera noch schlief, wollte Maggie sie auf keinen Fall wecken. Und es war anzunehmen, dass sie schlief, denn wäre Vera wach gewesen, hätte sie doch sicher gemerkt, dass der letzte Kunde in seiner Eile die Tür offen gelassen hatte. Schnell huschte sie daher durch den Flur in das hinterste Zimmer, in dem der Videorekorder stand. Sie hatte solche Sehnsucht nach ihrem Vater. Nur schnell einmal den Anfang der Kassette sehen, das wollte sie, und dann würde sie sofort mit der Arbeit beginnen.

Den Vorspann des Films sah sie im Schnelldurchlauf. Da sah man das schöne fruchtbare Land der Aschanti-Region, man sah den Lake Bosomtwe, auf dem eine Schwanenfamilie stolz umherschwamm, während die Lebensdaten ihres Vaters und die Namen der Hinterbliebenen sowie die Adresse des Video-Produzenten eingeblendet wurden. Im Hintergrund hörte man Trommeln. Dann folgte Gesang. Maggie drückte die Taste und ließ den Film jetzt mit normaler Geschwindigkeit laufen. Daddy hatte sich das Lied zu seiner Beerdigung gewünscht. Es war auch eines ihrer Lieblingslieder, und der Chor hatte es so wunderschön gesungen, erst verhalten, besinnlich fast, dann immer kraftvoller, sich immer weiter steigernd. In einem mitreißenden Crescendo schwangen sich die Stimmen schließlich zu einem mächtigen Jubeln empor.

Mit unterdrückter Stimme, kaum hörbar, sang Maggie mit.

Oh happy day! Oh happy day! When Jesus washed, oh yeah, oh when he washed, when my Jesus washed, he washed my sins away . . .

Jetzt sah man ihren Vater im Sarg. Hier lag er noch in die rote Decke gebettet. Jetzt sah man ihre Brüder gemeinsam mit dem Priester im Kreis um den Sarg herumstehen. Der Priester sprach ein paar Worte und betete dann das *Vaterunser*. Den Brüdern sah man den vorausgegangenen Streit noch an, später hatten sie einträchtiger nebeneinander gestanden und auch wirklich gebetet, nicht nur, wie hier, finster auf den Boden gestarrt oder pflichtschuldig vor sich hin gemurmelt.

In Gedanken sprach Maggie die Worte mit.

Give us this day our daily bread . . .

Was war das eben gewesen? Hatte da jemand gestöhnt? Einen Moment lang schwieg Maggie irritiert, dann betete sie weiter.

. . . as we forgive those that trespass against us . . .

Da war es wieder. Ein leises Stöhnen, ein Wimmern.

And deliver us from evil . . .

Plötzlich wusste Maggie, dass vorhin im Flur etwas anders gewesen war als sonst. Sie war so schnell hindurchgegangen, dass sie weder nach rechts noch links geschaut hatte. Aber mit der Tür zum Zimmer vom Boss hatte etwas nicht gestimmt. Sie sah es jetzt ganz deutlich vor sich. Die Tür, die sonst immer verschlossen war, die Tür zum allerheiligsten Zimmer, das sie nicht betreten, in dem sie nicht einmal sauber machen durfte, hatte ebenfalls offen gestanden.

Sie drückte auf die Stopptaste und stand auf, um nachzugucken. Schon wieder hatte sie ein leises Ächzen gehört.

Die folgenden Minuten durchlebte Maggie wie in Trance.

Sie hätte später nicht mehr sagen können, in welcher Reihenfolge sie das Grauenhafte sah. Das Chaos, die umgestürzten Möbel, die zerbrochenen Flaschen, das Blut, den fetten toten Mann. Und dann Vera Grechowa, die arme Vera – auch wenn sie sich manchmal unausstehlich aufgeführt hatte –, die halb auf dem Bett, halb auf dem Fußboden lag. Jesus, der über und über mit Blut besudelte Teppich! Offenbar hatte Vera erst in der Mitte des Zimmers gelegen und sich irgendwann mit letzter Kraft zum Bett hinübergeschleppt. Dabei hatte sie das Telefon vom Beistelltischchen heruntergerissen. Der Hörer war heruntergefallen. Vielleicht hatte sie Hilfe herbeirufen wollen, es aber dann nicht geschafft?

An der linken Schulter hatte sie eine üble Fleischwunde, aus der immer noch etwas Flüssigkeit sickerte. Maggie lief zum Schränkchen im Bad hinüber und holte ein paar frische Handtücher heraus. Sie drückte sie vorsichtig auf die Wunde. Verzweifelt dachte sie, dass sie nicht wusste, was sie machen sollte. Mit solchen Verletzungen kannte sie sich nicht aus. Vera war sehr blass, sie atmete kaum. Aber sie schien zu leben. Ab und zu entrang sich ihr ein gurgelnder Laut.

Wasser, dachte Maggie. Man musste ihr Wasser geben. Wer weiß, wie lange sie schon so lag. Völlig konfus hastete sie noch einmal ins Badezimmer und füllte Wasser in einen Zahnputzbecher. Zurück im Zimmer bemühte sie sich vergeblich, der kaum bei Bewusstsein befindlichen Frau etwas Wasser einzuflößen. In ihrer Not spritzte sie ihr ein paar Tropfen ins Gesicht.

Hilfe! Ich muss Hilfe herbeiholen, dachte Maggie. Erst da dachte sie an Rebecca. Becca konnte sich besser auf Deutsch verständigen als sie. Es war besser, wenn sie telefonierte.

Völlig außer sich stürzte Maggie zur Nachbarwohnung hinüber und klingelte Sturm. Rebecca, die sämtliche Kaffeepfützen inzwischen aufgewischt hatte und gerade dabei war, den Küchenfußboden auf Hochglanz zu polieren, ließ sofort alles stehen und liegen und folgte ihrer Freundin. Nach einem kurzen Blick auf die verletzte Frau lief sie jedoch in Jürgen Harms' Küche zurück, um ihr Handy aus der Handtasche zu holen. In der Sündenwohnung würde sie nichts anfassen, nicht einmal ein harmloses Telefon, das hatte Rebecca schon vor Zeiten für sich beschlossen, als Maggie sie einmal zum Videogucken einladen wollte. Noch während Rebecca wieder zu ihrer Freundin zurücklief, gab sie die Notrufnummer ein.

«Ein Mann tot. Eine Frau, viel viel Blut verloren. Machen Sie schleunigst, bitte.»

Noch während Rebecca sprach, hatte sie die wichtigste Entscheidung bereits gefasst. Sie mussten verschwinden von hier, und zwar alle beide, Maggie und sie. Maggies Visum war abgelaufen, das wusste sie. Die Freundin durfte der Polizei nicht in die Finger fallen. Auch wenn sie nur eine harmlose Zeugin war, irgendwann würde sie ihre Papiere vorlegen müssen. Natürlich könnte sie, Rebecca, an Maggies Stelle hier warten, bis die Polizei oder der Rettungswagen kam. Aber angesichts ihrer völlig aufgelösten Freundin schien das keine gute Idee zu sein. Rebecca bezweifelte, dass Maggie es schaffen würde, allein von hier wegzukommen. Die war ja völlig hinüber. Ein Schock, o ja, Maggie hatte einen Schock, und fortan würde Rebecca wissen, was gemeint war, wenn jemand davon sprach.

Wie nicht anders zu erwarten, wollte Maggie von Rebeccas Überlegungen nichts wissen.

«Aber Vera! Wir können sie doch jetzt nicht allein lassen», protestierte sie, und wie um sie zu bestätigen, stieß die Schwerverletzte gerade in diesem Moment ein Furcht erregendes Röcheln aus.

«Helfen können wir ihr auch nicht», sagte Rebecca. «Alles, was wir tun können, haben wir getan. Jetzt ist es eine Aufgabe für Profis.»

«Und wenn unsere Schwester stirbt?», flüsterte Maggie. «Soll niemand ihre Hand halten? Ich bleibe hier.»

Sie ergriff die Hand der fremden Frau und streichelte sie. Dann fing sie erneut an, ein *Vaterunser* zu beten. Rebecca wartete geduldig ab, bis ihre Freundin ans Ende gekommen war.

«Amen», wiederholte sie. «Und jetzt müssen wir los.»

Damit legte sie den Arm um ihre Freundin und zog sie mit festem Griff hoch.

«Mach schnell, sie können jeden Moment hier sein!»

Aber noch immer konnte sich Maggie nicht losreißen. Sie schnappte sich eines der Handtücher, die sie geholt hatte, tunkte einen Zipfel in den Zahnputzbecher und begann, Veras Gesicht behutsam mit dem feuchten Tuch abzutupfen. Dabei sprach sie in beruhigendem Singsang auf die Frau ein.

«Bitte, Maggie!», flehte Rebecca.

In der Ferne hörte sie Sirenen, die rasch näher kamen. Die Rettungskräfte waren eingetroffen. Voller Panik dachte Rebecca, dass ihnen der Fluchtweg nun abgeschnitten war. Aus dem Haus kamen sie nicht mehr hinaus. In ihrer Not schüttelte und puffte sie Maggie, dann zerrte sie die sich immer noch sträubende Freundin mit sich, zu Jürgen Harms' Wohnung hinüber. Geistesgegenwärtig nahm sie Maggies Rucksack, ihre Jacke und ihre Straßenschuhe mit. Sie stieß Maggie in die Wohnung hinüber, zischte ihr zu, sich nur ja nicht zu rühren, und schloss hinter ihr ab. Dann wartete Rebecca oben auf dem Treppenabsatz auf die Polizei.

Eine Weile kümmerte sich niemand um sie. Die Sanitäter hatten genug damit zu tun, erste lebensrettende Maßnahmen für Vera Grechowa zu ergreifen, bevor sie die Verletzte ins

Krankenhaus bringen konnten. Und die beiden Polizisten, die mit gezückten Waffen die Treppe hoch gerannt waren, entdeckten alsbald die Männerleiche im Zimmer nebenan und telefonierten ihre Kollegen von der Kriminalpolizei, den Fotografen und den Gerichtsmediziner herbei. Nur hastig hatte Rebecca angedeutet, dass sie eigentlich in der Wohnung nebenan putzen wollte, aber hier hinein gegangen sei, weil die Tür offen gestanden und sie einen komischen Laut gehört hatte. Das war im Grunde nicht einmal eine Lüge, tröstete sie sich im Stillen.

Man hatte sie gebeten, im hinteren Wohnraum zu warten. Da saß sie, stierte Löcher in die angestaubte Zimmerdecke, und machte sich Sorgen um Maggie. Ab und zu schnappte sie Gesprächsfetzen aus den Nebenräumen auf.

«So ein Muskeldurchschuss blutet immer wie die Sau, Muskeln sind eben gut durchblutet», erklärte der Gerichtsmediziner den Polizisten. «Die Frau hat Glück gehabt, dass keine größere Arterie getroffen wurde, das hätte sie nicht überlebt. Hat sich wohl geistesgegenwärtig ein wenig zur Seite gedreht.»

«Vielleicht sollte sie auch nur eine Warnung erhalten», vermutete ein Polizist.

Nachdem ein paar Stunden vergangen waren, fiel den Herren endlich ihre Existenz wieder ein.

«Und nun zu dir», eröffnete der Kriminalkommissar seine Zeugenbefragung. Rebecca erzählte ihm noch einmal, dass sie eine Putzstelle bei Jürgen Harms nebenan hätte, dass die Tür zu dieser Wohnung offen gestanden, dass sie Geräusche gehört hätte und hineingegangen sei. Nein, angefasst hätte sie nichts. Oder doch? Ja. Ja, vielleicht das Wasserglas, ein Handtuch, ja, die Schranktür, sie sei so durcheinander, sie wisse es nicht.

Der Kriminalkommissar trug das Seine dazu bei, Rebecca

durcheinander zu bringen. Während er sie befragte, wanderte er im Zimmer umher und schaute sich, scheinbar unbeteiligt, diesen und jenen Einrichtungsgegenstand an. Plötzlich fesselte etwas seine Aufmerksamkeit. Als Rebecca seinem Blick folgte, sah sie, dass der Videorekorder eingeschaltet war. Ein grünes Lämpchen blinkte, eine Kassette steckte noch im Abspielfach.

Mit spitzen Fingern, aber doch zielstrebig ergriff der Kriminalkommissar die neben dem Gerät liegende Videohülle.

«Funeral of Kwadwo Adu. Klingt nicht gerade nach Porno», murmelte er. «Wissen Sie, wer das ist?»

«My Daddy», hörte Rebecca sich sagen. «Kwadwo Adu is my Daddy.»

Der Kriminalkommissar griff nach einer braunen Versandtasche, die auf dem Regal neben dem Rekorder abgelegt war. «Mrs Maggie Akua Biyaah ...», buchstabierte er. «Haben Sie nicht gesagt, dass Sie Rebecca Akossia Irgendwas heißen?»

Rebecca schüttelte langsam den Kopf. Sie streckte eine Hand nach dem Briefumschlag aus und nahm ihn dem Mann sanft aus der Hand.

«Maggie Akua Biyaah, das bin ich», sagte sie mit leiser, fester Stimme.

Gütergemeinschaft der ersten Christen –
Ananias und Saphira

Ein Mann aber, mit Namen Ananias samt seiner Frau Saphira verkaufte einen Acker und entwendete etwas vom Gelde mit Wissen seiner Frau und brachte einen Teil und legte es zu der Apostel Füßen. Petrus aber sprach: Ananias, warum hat der Satan dein Herz erfüllt, dass du den heiligen Geist belögest und entwendest etwas vom Gelde des Ackers? (. . .) Als Ananias aber diese Worte hörte, fiel er nieder und gab den Geist auf. Und es kam eine große Furcht über alle, die dies hörten. (. . .)

   Und es begab sich über eine Weile, bei drei Stunden; da kam seine Frau herein und wusste nicht, was geschehen war. Aber Petrus sprach zu ihr: Sage mir, habt ihr den Acker so teuer verkauft? Sie sprach: Ja, so teuer. Petrus aber sprach zu ihr: Warum seid ihr denn eins geworden, zu versuchen den Geist des Herrn? Siehe, die Füße derer, die deinen Mann begraben haben, sind vor der Tür und werden dich hinaustragen. Und alsbald fiel sie zu seinen Füßen und gab den Geist auf. Da kamen die Jünglinge und fanden sie tot, trugen sie hinaus und begruben sie neben ihrem Mann. Und es kam eine große Furcht über die Gemeinde und über alle, die dieses hörten.

Vgl. Apostelgeschichte, 4. Kapitel, 32–5. Kapitel, 11; hier zit. in der Übersetzung D. Martin Luthers, a. a. O.

Gisbert Haefs

Matzbach und ein paar Gutmenschen

«Eigentlich war es ganz einfach.» Baltasar Matzbach betrachtete den wachsenden Stapel Banknoten. «Und offensichtlich sowieso.»

Tutzing unterbrach das Geldzählen und blinzelte Matzbach an. «Fühlen Sie sich überbezahlt? Soll ich aufhören? Kein Problem . . .»

«Niemand ist je überbezahlt, außer fast allen.» Baltasar grinste. «Lassen Sie sich also nicht bremsen. Außerdem, wie heißt es so schön, *pacta sunt servanda*.»

«Hab ich das letzte Mal vom ollen Franz-Josef gehört.»

«Mussten Sie den öfter bezahlen?»

«Den hätt' ich mir nicht leisten können. Auch nicht wollen.»

«Nein? Sie als Jurist nicht? Oder nicht als Landtagsabgeordneter der CDU?»

«Weder noch. Aber wieso, sagen Sie, war es offensichtlich?»

Matzbach schob die Unterlippe vor. «Dauert länger.»

«Länger als was?»

«Als das Geldzählen.»

«Ich kann langsamer zählen. Oder nach dem Zählen länger zuhören.»

«Vielbeschäftigte Männer haben keine Zeit.» Matzbach gluckste. «Heißt es doch immer, oder?»

«Nicht, wenn's um Knete geht.» Tutzing seufzte leise.

«Zwanzigtausend. Fertig. Also? Wieso war es offensichtlich? Für die Polizei wohl nicht.»

Matzbach betrachtete den Stapel mehr oder minder frischer Euronoten. «Netter Anblick. Tja. Für die Polizei war es vermutlich auch offensichtlich, aber sie hatten keinen Ansatz. Hebel. Motiv.»

«Und Sie haben ein Motiv gefunden. Klar. Aber wie sind Sie darauf gekommen?»

«Sie selbst haben es mir geliefert.» Matzbach grinste leicht, lehnte sich im Ledersessel des Abgeordneten zurück und verschränkte die Hände hinter dem Kopf.

Waldemar und Gunilla Tutzing waren beide Anfang siebzig, gesund, fit und nicht reich, aber doch betucht. Der einzige Sohn machte Karriere, dass es eine Wonne war, ihm aus der Ferne zuzuschauen und ihm nicht zu oft zu begegnen. Das Haus am Stadtrand von Köln – Richtung Bergisches Land – mochte ihnen zuweilen groß vorkommen; jedenfalls äußerten sie das Bekannten gegenüber. Aber so furchtbar groß war es eigentlich nicht, auch der Garten genügte für ein wenig Betätigung, ohne in Arbeit auszuarten, und Köln mit allen Angeboten in Sachen Kultur, Zerstreuung und Konsum lag hinter der nächsten Kreuzung.

Im Prinzip gab es also keinen Grund für Verzweiflung, Überdruss oder gar Anfälle von Metaphysik. Jedenfalls war das Matzbachs Meinung, die er ohne höfliche Umschweife kundtat, als Claus Tutzing ihm die Affäre bis dahin geschildert hatte.

«Das mit der Metaphysik sehe ich anders», sagte Tutzing.

«Müssen Sie ja auch, als Vertreter des hohen C. Des großen C?» Baltasar senkte den Blick auf seine Füße. «Ah, sagen wir, des tiefergelegten C.»

«Soll ich weitermachen?»

«Bitte, please, s'il vous plaît.»

Tutzing streifte den Bücherstapel auf Matzbachs Schreibtisch mit einem Blick, der Besorgtheit ob dubioser Statik bergen mochte, und zog den Stuhl ein wenig weiter zum Fenster.

Matzbach goss Kaffee nach; dabei bekleckerte er den Brief eines alten Bekannten, den Tutzing «als Akkreditiv, wenn Sie so wollen» präsentiert hatte.

«Ihre Beglaubigung ist nicht mehr makellos», sagte er. «Aber was soll man von Politikern schon erwarten?»

Tutzing enthielt sich eines Kommentars und sprach weiter. Die Eltern, sagte er, hätten vor etwa einem Jahr – «trotz Ihrer Spitzfindigkeiten» – metaphysische Bedürfnisse entwickelt und sich einer neuen freikirchlichen Gruppierung angeschlossen. Matzbach verzichtete darauf, etwas gegen dieses «trotz» zu sagen, das nur zulässig gewesen wäre, wenn Tutzings Eltern ihn vor dem Anschluss, Beitritt oder Übertritt (Übertretung? dachte er) konsultiert hätten: eine Möglichkeit, die er weit von sich gewiesen, selbst wenn er die Leute gekannt hätte.

Tutzings Beziehung zu den Eltern war gut, aber locker, wie er sagte; man telefonierte gelegentlich und sah sich an Geburtstagen und bei größeren Feiern. Er habe von der neuen Religiosität erst erfahren, als diese bereits durch den Beitritt vollzogen worden war.

«Sie haben – ah nein, mein Vater hat mich angerufen und gesagt, er will das Haus verkaufen; sie wollen in eine kleinere Wohnung ziehen. Zur Miete.»

«Hat Sie das überrascht?»

«Irgendwie schon. Ich meine, sie haben kein Geld gebraucht, um zu leben – gute Pension und ausreichend Rücklagen, also warum wollen sie das Haus verkaufen? Und wenn schon – warum kaufen sie dann keine Eigentumswohnung anstatt?»

«Haben Sie nachgefragt?»

Tutzing schien einen Moment zu zögern. «Njaa», sagte er dann, «nicht so direkt. Geht mich ja eigentlich nichts an, und jede Frage, die etwas ... sagen wir: genauer ist, klingt dann zwangsläufig so, als ob ich mich nach meinem Erbe erkundigen will, oder?»

Matzbach lächelte milde. «Was Sie natürlich keinesfalls tun wollten.»

«Natürlich nicht.» Tutzing wischte sich über den Mund. «Bei der Gelegenheit haben wir dann über diese Sekte geredet. Beziehungsweise: Mein Vater hat mir davon erzählt, aber nicht so, als ob er wirklich darüber sprechen will, sondern nur als beiläufige Mitteilung. Klang ungefähr so, als ob er sagen wollte: Du hältst bestimmt nichts davon, aber das ist uns ganz egal; wir wollen darüber auch gar nicht reden. Nur, dass du Bescheid weißt.»

Matzbach schloss die Augen. «‹Wer mich liebt, der verlasse Vater und Mutter und folge mir nach›, ja? Oder verlasse den Sohn.»

«Ich bin nicht besonders bibelfest, aber so ähnlich heißt das wohl.»

«Und weiter?»

«Dann wollte er noch wissen, was ich, als Politiker, von der Chance halte, statt der einzelnen staatlich geförderten oder tolerierten Religionsgruppen und ihrer teuren Gebäude – also Kirchen, Moscheen, Synagogen, Tempel, was auch immer – überall sowas wie einen Pantheon einzurichten.»

«Wie soll das aussehen?»

Tutzing lachte gepresst. «Riesendome, stelle ich mir vor, mit jeweils einer Ecke für Katholiken, Evangelische, Juden, Moslems, Hindus und wen auch sonst noch immer. Müssen sich darin abwechseln, je nachdem, wer gerade Festtag hat.»

«Nett.» Matzbach lächelte. «Könnte von mir sein, die Idee. Und? Was haben Sie ihm gesagt?»

«Was soll man zu sowas schon sagen? Dass ich mich nicht relevant äußern kann, ohne zuvor die zuständigen Leute konsultiert zu haben.»

«Ah ja, Politchinesisch, wie? Und was weiter?»

Tutzing breitete die Arme aus. «Tja, das war's dann.»

«Wie meinen?»

«Ich habe nie mehr von ihnen gehört – bis auf, ja, bis zum Unfall.»

«An den Sie nicht glauben?»

«Eben. An den ich nicht glaube.»

Man habe das Auto im Bergischen Land gefunden: unter einer Landstraße, am steinigen Rand eines Bachs. Offenbar, so hieß es, habe der Fahrer die Kontrolle über das Fahrzeug verloren; der Wagen habe das Brückengeländer durchbrochen und sei zwanzig Meter in die Tiefe gestürzt. Beide Insassen – Fahrer und Beifahrerin – seien vermutlich sofort tot gewesen.

«Was war das für ein Wagen?»

Tutzing schob die Unterlippe vor. «Er hat immer einen Mercedes gehabt – aber das war ein gebrauchter Polo.»

«Hm.» Baltasar runzelte die Stirn. «Alles versilbert – Haus und Benz?»

«So sieht's aus. Die Polizei wollte zunächst überhaupt nichts tun – ein blödsinniger Unfall, wie er jeden Tag passiert. Ich musste ein paar Hebel bewegen, damit sie sich ein bisschen genauer um die Sache gekümmert haben.»

«Und? Was ist dabei rausgekommen?»

«Sie haben das Haus verkauft und eine kleine Wohnung in Deutz gemietet, in der Nähe des Hauptquartiers dieser Sekte. Sie hatten einiges an Bildern und teuren Möbeln – auch das haben sie verscherbelt, so weit es nicht in die Wohnung passte. Und anderes Zubehör auch – Pelze, zum Beispiel, und eben den Mercedes.»

Matzbach zündete sich eine Macanudo an; den gequälten Gesichtsausdruck seines Besuchers übersah er. Nachdem er die erste Wolke verwedelt hatte, sagte er:

«Was haben Ihre Eltern mit der Knete gemacht? Das, was ich vermute?»

«Ich weiß nicht, was Sie vermuten, aber es ist fast alles an diese Neuen Christen gegangen.»

«Fast?»

«Es gibt da noch ein Konto . . .» Tutzing kniff die Augen zusammen. «Auch sowas, was ich nicht verstehe. Die Eltern hatten immer Konten bei der Dresdner und der Sparkasse. Das, auf das die Pension kommt, haben sie beibehalten, alle anderen aufgelöst. Aber dafür ein neues eröffnet, und zwar bei einer Raiffeisenbank in einem Kaff kurz hinter Aachen.»

Matzbach fuchtelte mit der Zigarre. «Rechtsrheinisch», sagte er, «dann Köln, dann weit linksrheinisch? Da, wo man sie nicht suchen würde?»

«So sieht's aus. Wir haben da keine Verwandten, und von Freunden meiner Eltern in der Gegend da am Dreiländereck wüsste ich auch nichts.»

«Wieviel haben die auf diesem Grenzland-Konto geparkt?»

«Hunderttausend.»

Matzbach pfiff leise. «Euro oder Mark?»

«Euro.»

«Und der Rest?»

«Den Ermittlungen zufolge etwas mehr als eine Million. Ist alles an diese Gemeinschaft gegangen. Und zwar vor dem Tod – Wochen, teilweise Monate vorher. Immer dann, wenn irgendwas liquidiert war oder fällig wurde.»

Eine Weile erörterten Matzbach und Tutzing die Befunde

der amtlichen Ermittlung – so weit diese Tutzing zugänglich gemacht worden war. Insgesamt war das nicht viel. Morgens hatten sich die Eltern in Köln aufgehalten, zuerst daheim, dann im Meditationszentrum der Gemeinschaft. Danach waren sie ins Bergische Land gefahren, um alte Bekannte zu besuchen. Auf der Brücke gab es ein paar Schleuderspuren, die aber keine eindeutigen Schlüsse zuließen. Ein Bauer, der an einem nahen Hang Gesträuch gestutzt hatte, wollte einen größeren blauen Wagen gesehen haben, der den Polo der Tutzings geschnitten und bedrängt hätte, hatte aber weder eine Marke noch gar ein Kennzeichen erkennen können.

«Könnte also sein», sagte Tutzing, «dass es Absicht war. Oder der Bauer ist kurzsichtig, und alles war wirklich ein Unfall.»

Matzbach summte vor sich hin; dann sagte er: «Moon, Bhagwan, Scientology, sowas? Kassieren die arglosen Neulinge ab und bringen sie dann um? Aber wozu?»

«Keine Ahnung.» Tutzing legte einen Finger an die Nase und schnaubte. «Beziehungsweise . . . Da gab es so ein paar blödsinnige Andeutungen.»

«Von wem? Und wieso blödsinnig?»

«Angeblich – steht so in den Ermittlungsunterlagen, aber ich weiß auch nicht . . . Na ja, jedenfalls soll eine von dieser Truppe gesagt haben, das wäre die gerechte Strafe Gottes – ah nein, das Göttliche, die halten nichts von jenseitigen Geschlechtszuweisungen. Also, die gerechte Strafe des Göttlichen dafür, dass die beiden einen Teil des Geldes abgezweigt haben, statt alles abzuliefern.»

«Das hieße», sagte Matzbach, «dass die von dem Geheimkonto gewusst haben?»

«Könnte auch heißen, dass die einfach nur geschätzt haben, was Haus und Auto und so weiter wert sind, und dass sie dann der Meinung waren, die Summe müsste höher sein als das, was schließlich in die Gemeinschaftskasse geflossen ist.»

Matzbach kratzte sich den Hinterkopf. «Na schön. Alles angeblich, vermutlich, irgendwie . . . Was meinen denn die Ermittler? So als Fazit?»

Tutzing klopfte auf den dicken Umschlag, den er neben seine Kaffeetasse gelegt hatte. «Alles da drin, Kopien. Sollte ich eigentlich nicht, aber . . .» Er hob die Schultern.

«Können Sie es zusammenfassen? Vielleicht fällt mir noch eine Frage ein, die ich Ihnen jetzt stellen könnte. Statt hinterher, wenn Sie nicht mehr hier sind.»

Tutzing nickte. «Seh ich ein. Also, kurz gesagt: Man findet das alles zweifelhaft. Es wird empfohlen, die Neuen Christen genauer zu beobachten. Der Unfall, heißt es, könnte arrangiert worden sein, und die Geldschneiderei der Leute . . . Zwischen Gehirnwäsche und Geldwäsche wäre alles vorstellbar. Man regt an, sich mit der Frage zu befassen, was mit der ganzen Knete geschieht. Aber bis jetzt war wohl kein Richter oder Staatsanwalt der Meinung, die, sagen wir, Indizien reichten für eine weitergehende Untersuchung aus.»

«Und Sie, als Hinterbliebener? Können Sie mit Ihren Beziehungen nichts bewirken? Anklage erheben?»

Tutzing grunzte. «Würde ich ja, wenn ich mehr als eine hauchdünne Chance sehen könnte. Ich, eh, als Politiker, eh, muss mich bei solchen Dingen – sagen wir mal: vorsichtig bewegen.»

«Und die Eltern . . . also der Vater, mit dem Sie zuletzt geredet haben, hat wirklich sonst nichts gesagt?»

«Nur diese blödsinnige Pantheon-Anfrage, sonst nichts.»

Sie schwiegen eine Weile; schließlich sagte der Abgeordnete: «Und dann hab ich das alles mit Ihrem alten Bekannten da» – er blickte auf den besudelten Briefumschlag – «beredet und betrunken und überhaupt. Er hat mir von Ihnen erzählt, deshalb . . .»

«Was hat er gesagt?»

Tutzing setzte ein schiefes Grinsen auf. «Ich weiß nicht, ob ich das wiederholen soll.»

«Immer zu. Ich finde, ich sollte wissen, was Ihr Kenntnisstand ist, damit ich eine Vorstellung davon habe, ab wann Sie zufrieden oder enttäuscht sind. Und was ich Ihnen zumuten kann.»

Tutzing kicherte hohl. «Na ja, wenn Sie darauf bestehen . . . Also, er hat gesagt, dass Sie ein unmögliches Monstrum sind, feist, verfressen und faul; hat Sie als Mischung aus Kater Garfield und Shakespeares Falstaff bezeichnet, den das Schicksal – ah nein, die Parzen, hat er gesagt; also, den die Parzen als Hobbydetektiv über die Menschheit gebracht haben.»

Matzbach strahlte. «Nett. So spricht ein wahrer Freund. Noch was?»

«Ja. Dass Sie mal im Lotto gewonnen und Schlager komponiert und irgendwas erfunden haben und deshalb nicht einfach zu kriegen sind. Man müsste Sie, sagt er, entweder mit sehr viel Geld oder mit etwas bestechen, was Sie interessiert.»

«Zu Ihrem Glück», sagte Matzbach mit einem breiten Grinsen, «interessiert es mich. Ein bisschen. Was legen Sie noch drauf?»

Tutzing schielte auf den Briefumschlag, die Kaffeeflecken, dann wieder auf den überladenen Schreibtisch und die Regale, wo sauber gestapelte Unterhosen, geballte Socken und Bücher koexistierten; dann sah er Matzbach direkt an. «Zehn Riesen?»

«Zwanzig Kilo Euro», sagte Baltasar. «Plus Spesen.»

Tutzing stöhnte. «Mann! Ganz schön teuer. Und mit was für Spesen rechnen Sie?»

«Erstens ist das gar nicht so teuer. Für Sie jedenfalls. Wir wissen doch alle, wie arg unterbezahlt unsere Abgeordneten sind. Zwanzig, das sind genau zwanzig Prozent dessen, was Sie direkt geerbt haben, oder? Und wenn ich was rauskriege, was Ihnen die Möglichkeit gibt, diese heiligmäßige Bruderschaft zu belangen und die übrige Knete bei denen wieder abzuziehen, sind die zwanzig ein Trinkgeld. Zweitens, was Spesen angeht – ich werde wohl dies und das tun müssen, Leute bestechen, Ausweise fälschen, derlei. Kostet alles ein bisschen.»

Den Rest des Tages verbrachte Matzbach mit dem – nicht besonders erhellenden – Studium der Kopien, die Tutzing ihm überlassen hatte. Im Prinzip hatte der Abgeordnete alles korrekt zusammengefasst; in den Unterlagen fand Baltasar keine Anregungen.

Abends rief er ein paar Leute an und verabredete sich mit ihnen für den nächsten Morgen. Danach hockte er sich vor seinen Computer – für ihn immer noch ein relativ neues Spielzeug – und fahndete im Internet und allen möglichen elektronisch greifbaren Archiven nach Material über die Sekte, der Tutzings Eltern beigetreten waren.

Irgendwann, lange nach Mitternacht, hatte er das Gefühl, in eine phasenverschobene Geisterstunde geraten zu sein. Er starrte auf den toten Schirm des Monitors, wo sich nun vielleicht unsichtbare Phantome balgten und um Wortfetzen zankten. Dass die Phantome ohne jegliche Substanz waren, mochte ihnen das Balgen erschweren, erleichterte Matzbach aber keineswegs das Nachdenken. Die zahlreichen Ausdrucke auf dem Ablagehocker erschienen ihm wie Spielkarten in einer angeblich transzendenten Pokerpartie, bei der es, wie bei jeder anderen, um Geld ging, um Nerven. Und außerdem um so etwas wie Macht.

Seufzend stand er von seinem Stuhl auf, zog mit den Zähnen den Korken aus einer halb vollen Flasche Pomerol und füllte ein Glas.

«Hirnrissiger Schwachsinn», murmelte er dabei. «Politisch korrekte Theognostik, bah.»

Bei Pomerol und einer Cohiba bedachte er, halb hingegossen auf der mit Sudelseide camouflierten Récamière, die bizarren Funde.

Die Neuen Christen hatten eine von Eigenlob und unkorrigierbar korrektem Multikulti-Schmus strotzende Homepage («Heimseite», knurrte er, «mit einem Einwurfschlitz für E-Post»), auf der sie die endgültige Überwindung der durch vielfältige Diskriminierung bewirkten Zersplitterung allen Glaubens verhießen. Die christliche Dreifaltigkeit – Gott das Elter, das Geisterne und das Kind – sei nur ein Aspekt des Göttlichen An Sich, wie Allah und das von den Juden verehrte unnennbare Wesen mit dem Pseudonym Tetragrammaton sowie Schiwa, Kali, Huitzilopochtli, Zeus, Odin, Minerva, Manitu, Ahriman und Tausende anderer. Alle heiligen Schriften und schriftlosen Überlieferungen seien gewissermaßen unvollständige oder entstellte Kopien der einen Ewigen Seite, auf der sich Das Schöpfende/Das Göttliche offenbart habe. Zur Wahren Wahrnehmung des Göttlichen sei zunächst und vordringlich das Diskriminieren (im Sinne von: das Unterscheiden) abzuschaffen, da die Einheit als solche erst erfahrbar werde, wenn die durch Sprachen, Traditionen und biologische Zufälle wie Geschlecht bewirkte Zertrümmerung der Einheit beendet sei ...

Die Neuen Christen bezeichneten sich eigentlich als neue Synkretologen und wollten «Christen» nur insofern sein, als ihre ersten Aufgaben im christlich geprägten Abendland zu bewältigen seien. Ihre weiteren Mitteilungen bestanden aus einem immer undurchsichtiger werdenden Gemenge von neuen Wörtern (geschlechtsneutral und versuchsweise geschichtslos beziehungsweise Geschichte und Herkunft neutralisierend) und einerseits vollmundigen, andererseits eben wegen der Neutralisierung verwaschenen oder verwabernden Verheißungen, Ankündigungen, Aufgabenstellungen, Aufrufen.

In den sonstigen Materialien aus diversen Quellen – Archive, Zeitungsmeldungen, amtliche Verlautbarungen, private Gerüchtenetze – fand Matzbach die gewöhnlichen Dinge: Meldungen über Geldschneiderei, Klagen ehemaliger Synkretologen über Telefon- und sonstigen Terror nach ihrem Aussteigen, Mutmaßungen über nicht genau definierte kriminelle Aktivitäten . . .

Am folgenden Morgen suchte Matzbach einen Hacker auf, der ihm schon mehrmals bei der Beschaffung unzugänglicher Fakten geholfen hatte. Als sie die Gebiete und Richtungen festgelegt hatten, in denen der Mann suchen sollte, feilschten sie noch eine Weile um den Preis für die spezifische Dienstleistung. Matzbachs Zetern, der verlangte Preis in Euro stelle eine Verdoppelung der bisherigen DM-Preise dar, beantwortete der Hacker mit dem Hinweis darauf, dass er ja nicht der einzige sei, der die Währungsumstellung genutzt habe, um Preise anzupassen – alter DM-Betrag gleich neuer Euro-Betrag.

Danach begab sich Matzbach in die Redaktionsgebäude einer Kölner Zeitung, wo er sich – abermals gegen reichlich Knete – von einem alten Bekannten einen Presseausweis basteln ließ und sich nach einigen Namen aus dem Umfeld der Synkretologen erkundigte.

Nachmittags fuhr er ins Bergische Land und suchte den Bauern, der den Unterlagen zufolge einen großen blauen Wagen gesehen haben wollte, der die alten Tutzings in ihrem Polo bedrängt habe.

«Ich weiß von nichts», sagte der Mann, der gepressten Futtermais auf einen Anhänger gabelte.

«Sie wussten aber doch mal was», sagte Matzbach.

«Mag sein, aber das ist schon lange her; da lässt das Gedächtnis nach.» Der Bauer grinste flüchtig und stützte sich auf die Gabel.

Matzbach nickte. «Ja, das ist bei Gedächtnissen manchmal so. Lassen einfach nach. Komisch, so ein Gedächtnis.» Er legte eine Hundert-Euro-Note auf die Kante des Anhängers.

«Tja», sagte der Bauer. «Also – hm, nein, auch wenn ich nachdenke ...»

Beim fünften Hunderter erinnerte er sich daran, dass er der Polizei gegenüber behauptet hatte, etwas gesehen zu haben. Beim neunten Hunderter wurde der Phantomwagen zu einem blauen BMW – «Siebener, mein Nachbar hat so einen ähnlichen» –, und beim fünfzehnten erinnerte er sich daran, fürs Vergessen dieses Wagens tausend Euro von einem älteren Mann mit borstigen Brauen bekommen zu haben.

Abends suchte Matzbach dann das Gemeindehaus der Synkretologen auf. Es lag – religiös passend, wie er fand – in einem ungewissen Niemandsland, von dem keiner so recht wusste, ob es noch zu Köln-Deutz, oder schon zu Leverkusen gehörte. Ein mehr oder minder stummes Faktotum, zu gleichen Teilen Sakristan, Köhler und Glöckner von Notre-Dame, führte den an neuen religiösen Bewegungen brennend interessierten Journalisten B. Matzbach zu Rudolf Stein, der sich «Meister» nennen ließ. Auf dem Weg durch kahle Wandelgänge stellte Matzbach insgeheim Mutmaßungen darüber an, ob es sich um eine Reinkarnation von Rudolf Steiner handeln konnte, dem im Zuge der Ent-Diskriminierung das «-er» abhanden gekommen sei.

Der Meister, ein älterer Mann mit borstigen Brauen,

sonderte im Wesentlichen das ab, was auf der Homepage und in den überall im «Tempel» reichlich ausliegenden Pamphleten so verwegen formuliert war. Mehr als das Gemenge aus «korrekt» gepanschter Sprache und bis zur Unkenntlichkeit verwässerten Versatzstücken aus sämtlichen Welt- und Naturreligionen mochte er nicht absondern. Es wimmelte von «gnostischer Neutralität», den «Wirkungen des Theon, das sich in allem manifestiert», und anderen bemerkenswerten Varianten. Der «Meister» saß neben einer arg jugendstiligen Statue ohne Gesichtszüge.

Direkt nach den Tutzings zu fragen, erschien Baltasar schwierig. Als er nach abenteuerlichen Umwegen auf Gerüchte zu sprechen kam, nach denen jemand den Bau eines Pantheons erwogen habe, seufzte Stein.

«Die zu früh von uns gegangenen Tutzings», sagte er. «Eine hübsche Idee, aber natürlich völlig undurchführbar.»

«Wie hatten die sich das denn vorgestellt? Und – wieso zu früh von uns gegangen? Wer ist das?»

«Verdiente Mitglieder; sie hatten einen Autounfall. Über die Einzelheiten des Projekts weiß ich nichts.»

Andere, mit denen Matzbach ins Gespräch kam, als man sich vor dem «kommunen Meditieren» mit geweihtem Valpolicella und vom Meister eigenhändig gebrochener Baguette stärkte, wussten mehr; er hörte von Entwürfen für große Hallen, in denen alle Manifestationen des «Theon» gleichrangig verehrt werden sollten, bis die Einheit endlich allen offenbar werde. Niemand schien jedoch zu wissen, was mit den Entwürfen geschehen sei, und es gab mehr als eine Andeutung, dass «der Meister» und Waldemar Tutzing nicht die besten Freunde gewesen seien.

«Das ist wohl immer so», sagte ein Mann mittleren Alters mit einem verstohlenen Seitenblick zu Stein, der sich weiter vorn aufhielt, «wenn jemand gute Ideen hat und ein anderer ... na ja, zürnt, weil sie nicht ihm selbst gekommen sind.»

«Ist viel darüber geredet worden? Mit Herrn Tutzing?»

«Ja, immer wieder; zuletzt noch am Morgen des Tages, an dem später der Unfall geschah.»

«Wissen Sie noch, wo der Meister an diesem Tag war?»

Der Mann überlegte; dann sagte er: «Ich glaube, er war morgens hier. Dann ist er weggegangen oder gefahren, kurz nach den Tutzings; er hatte wohl etwas Dringendes zu erledigen.»

«Hat er all das hier gegründet?» Matzbach machte eine umfassende Armbewegung, die den Tempel und alle Versammelten einschloss.

«Ja.»

«Und deswegen ist er auch der Leiter und Lenker, nehme ich an?»

«Es gibt demokratische Verfahren», sagte sein Gesprächspartner leise. «Grundsätzlich jedenfalls. Bisher nie angewendet, aber wenn sich jemand besser für das Führungsamt eignete, könnte man ...»

Er sprach nicht weiter; Stein kam schlendernd näher. Matzbach verabschiedete sich bald. Er hatte das Gefühl, nichts Wichtiges übersehen zu haben.

Am nächsten Morgen suchte er den Hacker auf, der ihm breit grinsend die Ergebnisse seiner Forschungen präsentierte.

«Reicht das, um die festzunageln?», sagte er.

Matzbach nickte. «Ich glaube schon. Du hast dein Geld redlich unredlich verdient, mein Lieber.»

Als Baltasar bis zu diesem Punkt berichtet hatte, schüttelte Tutzing den Kopf; seine Miene drückte mittlere Verzweiflung aus.

«Entweder habe ich etwas übersehen», sagte er, «oder Sie haben mir nicht alles gesagt. Was soll denn da reichen? Diese Luxemburger Konten?»

«Zum Beispiel. Ihre Eltern hatten nicht nur ein Konto bei dieser Bank hinter Aachen, sondern auch eines in Luxemburg. Und dort gibt es auch ein sehr gut bestücktes Konto von Herrn Stein.»

«Und was soll das beweisen? Außer dem Offensichtlichen?»

«Offensichtlich ist, dass Stein die Gelder, die für die Gemeinde der Synkretologen bestimmt waren, für sich persönlich genommen hat. Außer ihm wird wohl keiner an das auf seinen Namen lautende Konto herankommen.»

«So viel zum Bankgeheimnis.» Tutzing schnitt eine Grimasse. «Wenn Ihr kleiner Hacker das knacken kann . . .»

«Grämen Sie sich nicht.» Matzbach kicherte. «Nach Ihren Konten habe ich ihn nicht suchen lassen. Aber nach etwas anderem. Hier.» Er schob ihm einen weiteren Zettel hin.

«Was ist das? Eine Autonummer? Und die Abmeldung . . . ah. Einen Tag nach dem Unfall?»

«Genau. Stein hat nicht nur ein Konto, sondern auch einen Wohnsitz in Luxemburg. Der blaue BMW war dort gemeldet. Nach dem Unfall hat er ihn verschrotten lassen. Wir werden also keine Kotflügel finden, an denen Spuren der Farbe des Polo sind. Aber er hat einen bösen Fehler gemacht – dem Bauern Schweigegeld zu geben, und dann auch noch so wenig, dass ich ihn mühelos überbieten konnte.»

«Sie meinen, damit kann man ihn festnageln?»

«Ich würde mich nicht wundern, wenn ein Staatsanwalt, der vielleicht Sympathien für Sie und Ihre Partei hat, ein paar Dinge merkwürdig fände.» Matzbach zählte die einzelnen Punkte an den Fingern ab. «Ihre Eltern verlassen den Tempel. Stein ebenfalls. Der Polo wird von einem blauen

BMW gegen das Geländer gedrückt – Stein besaß einen blauen BMW; er dürfte ihnen wohl von Köln aus gefolgt sein. Vielleicht haben die ja morgens erwähnt, dass sie jemanden im Bergischen besuchen wollen. Am nächsten Tag lässt er den Wagen in Luxemburg demolieren. Ohne das Schweigegeld für den gesprächigen Bauern ergäbe es nichts, aber *mit* dem Geld . . . Böser Fehler, und völlig überflüssig.»

«Wieso ist denn die Polizei nicht darauf gekommen?»

«Schon mal was von Datenschutz gehört? Der Hacker muss sich nicht daran halten, er kann herrlich und in Freuden illegal arbeiten. Die Polizei darf nicht. Hm, sollte jedenfalls nicht. Ich nehme an, die hatten einfach nichts, was nach Luxemburg führt.» Matzbach schnalzte leise. «Apropos Luxemburg – ich nehme an, dass beide, also Ihr Vater und Stein, sich zufällig gleichzeitig dort aufgehalten haben und Stein ihn beobachtet hat. Deshalb wusste er, dass da noch mehr Geld war, als Ihre Eltern den Synkretologen übergeben haben, deshalb das Gerede von wegen Strafe Gottes, uh, des Theon. Aber das war nicht der Grund. Für den Mord, meine ich.»

«Sie sehen mich immer noch ratlos.»

«Freut mich, freut mich. Also.» Matzbach beugte sich vor und sprach leiser. «Diese Idee mit dem Pantheon.»

Tutzing schüttelte den Kopf. «Aber das ist doch horrender Blödsinn!»

«Für Sie und mich, ja. Aber nicht für Leute, die an genau diese Art von Blödsinn glauben. Sehen Sie mal – für mich, als praktizierenden Agnostiker, ist die Vorstellung absurd, Kriege im Namen Gottes zu führen oder Leute zu verbrennen, weil sie andere, vielleicht nur in Details abweichende Meinungen haben. Wie wir wissen, kommt so etwas anderen durchaus nicht absurd vor. Ich finde die Pantheon-Idee nett; vielleicht könnten wir damit wirklich so etwas wie ein friedliches Nebeneinander der Religionen erreichen. Hm. Man sollte, nach der Kirche, auch die Politik vom Staat trennen; vielleicht könnten wir dann in Frieden leben.»

Tutzing fasste sich an den Kopf, schwieg aber.

Matzbach fuhr fort: «Ihr Vater – oder beide Eltern, egal; sagen wir, beide haben diese Idee vorgebracht. Wir finden es nett oder absurd, aber die Synkretologen, die ja so etwas inhaltlich verfechten, sind Feuer und Flamme. Nicht mehr lange, und die hätten versucht, derlei irgendwo zu realisieren. Und dann hätte wahrscheinlich Ihr Vater den dubiosen Herrn Stein beerbt – ausgebootet – abgesetzt – seinen Posten samt Zugriff auf etliches Geld übernommen. Deshalb. Klar?»

«Aber wie sind Sie bloß darauf gekommen?»

«Intuition.» Matzbach fasste sich an die Nase. «Meine Nase, gewissermaßen. In der Apostelgeschichte gibt es einen oberflächlich ähnlichen Vorgang – Leute, die der Gemeinde nicht alles Geld abliefern, und dafür werden sie vom Herrn gestraft, fallen tot um. Natürlich ist das Humbug; wenn es irgendwo eine präzise Beschreibung der Machenschaften bei einer Sektengründung gibt, dann da, in der Apostelgeschichte. Also, habe ich mir gesagt, glaube ich einfach auch heute in Köln nicht an die Strafe seitens des Theon. Es geht immer um Geld oder Macht, auch wenn Religion vorgeschoben wird. Macht innerhalb der Truppe, zum Beispiel. Wie bei Ihnen, Junge, in der Politik.»

«Ah bah. Weiter!»

«Als ich angefangen habe, mich mit den Synkretologen und ihren – sagen wir mal Positionen zu befassen, hatte ich das Gefühl, amoklaufende Gutmenschen starren mich an. Wenn etwas nicht politisch korrekt ist, ist es wahrscheinlich gut, und exzessive politische Korrektheit lässt auf böse unkorrekte Hintergedanken schließen. Wer Euphemismen in

Umlauf bringt, die Sprache verändert, den Gehalt von Wörtern umwertet, um die Welt nach seinem Vorbild zu bessern, nennt irgendwann mal, wahrscheinlich bald, die Verbrennung von Ketzern ‹Glaubensakt›, *auto da fe*, und Massenmord ‹ethnische Säuberung› oder, warum nicht, ‹religiöse Läuterung der Population›. Nachdem ich mir dies klargemacht hatte, wusste ich, oder habe ich gerochen, dass die Erklärung irgendwo in diesem Bermudadreieck von Einfluss, Geld und Glaube dümpeln muss.»

Tutzing schwieg immer noch, wobei er die Augen geschlossen hielt und den Kopf schüttelte.

Matzbach setzte hinzu: «Sagen wir mal so: Je lauter der Gutmensch, desto böser. Und diese Homepage ist ziemlich lautstark.»

Tutzing öffnete die Augen und klopfte auf die Papiere, die Baltasar ihm ausgehändigt hatte. «Aber das kann ich doch alles gar nicht verwenden.» Er klang beinahe kleinlaut. «Was meinen Sie denn, was ein Richter sagt, wenn ich ihm mit Informationen komme, die ein namenloser Hacker illegal besorgt hat?»

Matzbach lachte. «Seien Sie nicht albern. Sobald die Behörden wissen, wo sie zu suchen haben, werden sie die gleichen Informationen legal beschaffen können. Außerdem, Sie guter Christenmensch mit dem hehren C – Sie und die Kollegen von den anderen politischen Sekten sind doch immer noch imstande gewesen, ein störendes Gesetz zu ändern, bis es Ihnen nicht mehr die Laufbahn versperrt, oder?»

Verrat des Judas

Und Judas Ischarioth, einer von den Zwölfen, ging hin zu den Hohen Priestern, dass er ihn an sie verriete. Da sie das hörten, wurden sie froh und verhießen, ihm Geld zu geben. Und er suchte, wie er ihn bei guter Gelegenheit verriete.

Und am ersten Tage der ungesäuerten Brote, da man das Osterlamm opferte, sprachen seine Jünger zu ihm: Wo willst du, dass wir hingehen und dir das Osterlamm bereiten, dass du es essest? Und er sandte seiner Jünger zwei und sprach zu ihnen: Gehet hin in die Stadt, und es wird euch ein Mensch begegnen, der trägt einen Krug mit Wasser; folget ihm, und wo er hineingeht, da sprecht zu dem Hausherrn: Der Meister lässt dir sagen: Wo ist das Gemach, darin ich das Osterlamm mit meinen Jüngern essen kann? Und er wird euch einen großen Saal zeigen, der mit Polstern versehen und bereit ist; daselbst richtet für uns zu. Und die Jünger gingen weg und kamen in die Stadt und fanden's, wie er gesagt hatte, und bereiteten das Osterlamm.

Am Abend aber kam er mit den Zwölfen. Und als sie zu Tische saßen und aßen, sprach Jesus: Wahrlich, ich sage euch: Einer unter euch, der mit mir isset, wird mich verraten. Und sie wurden traurig und sagten zu ihm, einer nach dem anderen: Bin ich's? Er aber sprach zu ihnen: Einer aus den Zwölfen, der mit mir in die Schüssel taucht.

Vgl. Markus, 14. Kapitel, 10–20; hier zit. in der Übersetzung D. Martin Luthers, a. a. O.

Carmen Korn

Unter Partisanen

Der Schraubverschluss der Flasche fiel auf den Tisch, als Arie sie zu sich zog, um Olivenöl auf einen Kanten Brot zu träufeln. Es war das erste Geräusch am Tisch seit einer Viertelstunde. Vorher hatten sie nur schweigend gesessen und in die tiefschwarze Nacht geschaut, die sich vor der Terrasse auftat. Den Zikaden zugehört.

Sie waren müde. Aus den Ruinen Häuser zu bauen, strengte ihre Körper ungeheuer an, obwohl keiner von ihnen älter als vierzig Jahre alt war. Doch nur Arie war diese harte Arbeit gewohnt. Er hatte sein Haus bereits zu Ende gebaut. Das Haus, auf dessen Terrasse sie schweigend saßen.

Arie war als erster in das verlassene Dorf gekommen, dessen Häuser zerfielen. Schlichte Häuser, deren Trockenmauern vor zweihundert Jahren aufgeschichtet worden waren, schon länger als zwei Jahrzehnte verlassen von den Menschen, denen es zu mühsam geworden war, im August die Feigen zu den Märkten an der Küste zu tragen und im November die Oliven von den Bäumen zu pflücken.

Weit unten im Tal war eine Sirene zu hören, deren hastige Töne einander überschlugen. Die Ambulanz vielleicht. Die Carabinieri. Jos blickte zu Arie, wie er immer zu seinem Freund blickte, wenn Sirenen die Luft zerrissen. Das war in Deutschland so gewesen und in den Tagen in Holland, und es hatte sich nichts daran geändert, seit sie hier in Testa di Lucio saßen, dem armseligen Nest in Ligurien.

Der Einzige von ihnen am Tisch, der hierher gehörte, war der alte Bixio, der als Achtzehnjähriger mit den Partisanen nach Testa gekommen war. Keine Straße, die damals zum Dorf führte, nur ein holpriger Weg. Wer unten von Genua kam, ahnte nichts von Testa mit seinen Dutzend Häusern. Ein gutes Versteck für Partisanen. Bixio verstand bis heute nicht, wie die Nazis es in jenem Mai 1944 gefunden hatten. Nur ihm und zwei anderen war die Flucht gelungen.

Arie bemerkte den Blick von Jos, wie er ihn immer bemerkte. Doch er sah nur in die Kerze, die in einem alten Olivenglas stand, und kaute das Brot zu Ende. Erst als es wieder still war im Tal hob er den Kopf und lächelte Jos zu.

Sie kannten sich, seit Arie sechzehn und Jos dreizehn Jahre alt gewesen waren. Nachbarskinder. Der Große hatte sich des Jüngeren angenommen. Jos war ein zerzauster Vogel gewesen damals. Er hatte allein mit seinem Vater gelebt, der daran zerbrechen wollte, dass Jos' Mutter mit einem anderen davon gegangen war. Jos hatte den Schmerz über das eigene Verlassenwerden in einer Wildheit ausgelebt, die ihm beinah das Genick gebrochen hätte. Von einem hohen Baum war er gefallen, und da hatte unten Arie gestanden und den schmalen Jungen einfach aufgefangen.

«*Ancora di vino?*», fragte Bixio. Er hatte eine zerschlissene Einkaufstasche dabei gehabt, als er am frühen Abend aus seinem Häuschen gekommen war, das einzige heile im Dorf, bevor Arie seines gebaut hatte. Bixio stand auf und beugte sich zu der Tasche, die abseits stand, um eine weitere Flasche hervor zu holen. Ohne Etikett. Den Korken nur drauf gedrückt. Ein Rotwein aus dem Piemont, jenseits der Berge. Der tat den jungen Leuten gut. Gab Kraft für die Arbeit in den Ruinen. Bixio war unendlich froh, nicht mehr allein hier oben zu sein, und er holte gern den Wein aus sei-

nem Keller, in dem sonst nur noch der alte deutsche Armee-
karabiner war, den er im Krieg erbeutet hatte, und der Karton mit den Fotos und den Briefen, die seine Gefährten aus
dem Gefängnis geschrieben hatten, bevor sie erschossen
worden waren.

Bixio füllte den dunklen Wein in die Wassergläser, und
nur Hanna zog ihr Glas weg, die eine der beiden Frauen, die
bei ihnen waren. Hanna, die Heilige. Was sie hier oben
wollte, wusste keiner. Sie war eines Tages da gewesen. Vielleicht betrachtete sie die Abgeschiedenheit als klösterlich.
Hanna hatte Angst vor der Welt. Das war allen klar, und jeder von ihnen hatte ein Herz für Gestrauchelte.

Hanna trug tagtäglich den Schutt weg, den sie in den Kellern der Häuser fanden. Trug ihn in Eimern bis zu der unteren Wegbiegung, um ihn dort in den Brennnesseln zu ver-
senken. Blieb auf dem Weg zurück immer vor dem alten
Marienaltar stehen, der bei der Wegbiegung war. Das Bild
der Maria mochte mal in grellen Farben gemalt worden sein.
Doch es war längst vom Regen verwaschen. Nur das Blau
des Mantels leuchtete noch. Manchmal schmückte Hanna
das steinerne Sims des Altärchens mit den kleinen weißen
Glockenblumen, die an der Böschung wuchsen. Immer
stand sie lange still, und meistens betete sie.

«Vielleicht wird euer Haus morgen fertig», sagte Arie und
sah den Holländer an, der vor einem Jahr mit ihm gemeinsam zum Katasteramt in Genua gefahren war, um den Kauf
von sechs Ruinen und dem Stück Land einzuleiten. Pioniere
der ersten Stunde. Ihnen beiden gehörte Testa di Lucio. Ihnen und Bixio. «Morgen werden die Fenster kommen»,
sagte Arie.

Der Holländer hob die Schultern, ein zweifelnder Mann,
der nicht mehr glaubte, dass Dinge zu dem Zeitpunkt ge-
schahen, an dem sie geschehen sollten. Das hier war nicht

sein Traum, den er erfüllte. Es war der Traum seiner Frau Jeltje.

Jos war Jeltje vom ersten Tag an verfallen gewesen, ihres weichen behäbigen Tonfalls wegen, in dem sie Deutsch sprach. Genau so hatte es bei seiner Mutter geklungen.

«Es wird schon klappen», sagte Jeltje und sah Jos liebevoll an, als garantiere er die Fenster. Sie war die jüngste von ihnen und doch bereit, ihrer aller Hüterin zu sein.

Arie kniff die Augen zusammen, als ließe sich so die Nacht jenseits der Terrasse erhellen. Sein Land, das da vor ihm lag. Ausgerechnet er war Grundbesitzer geworden. Anderthalb Hektar, die ihm und dem Holländer gehörten. Ein Hohn des Schicksals. Hatte er nicht die Besitzenden bekämpft?

Mit allen Mitteln, dachte Arie und verzog das Gesicht zu einer schmerzlichen Grimasse. Er griff nach der Flasche, die Bixio auf den Tisch gestellt hatte, und goss sich Wein ein. Er leerte das Glas in großen Schlucken und spürte wieder Jos' Blick. Arie wusste, dass sich Jos noch mehr quälte als er.

Später, als sie sich im Dunkeln auszogen, in dem Zimmer, das Arie und Jos teilten, solange die anderen noch mit im Haus schliefen, da fragte Jos ihn, an was er gedacht habe, als er das Gesicht so schmerzlich verzog.

«Du weißt es doch», sagte Arie und war voller Widerwillen.

«Die Bilder vor meinen Augen werden immer schrecklicher», sagte Jos, «ich träume bald jede Nacht davon.»

«Du warst gar nicht dabei», sagte Arie, «fang nicht an, eine Schuld auf dich zu laden, die du nicht hast.»

«Ich habe dich nicht zurückgehalten.»

«Du bist nicht gefragt worden», sagte Arie. Er ließ sich auf das Feldbett fallen und zog das Laken zum Kinn. Ein Zeichen, dass er nicht länger sprechen wollte.

«Gute Nacht», sagte Jos und legte sich auf seine Liege.

Arie hörte den langen gleichmäßigen Atemzügen zu, die ihn täuschen sollten. Jos schlief nicht. Sie würden beide lange wach liegen und ihrem Gewissen lauschen.

Die Fenster kamen um Viertel vor acht, obwohl der Tischler fast eine Stunde fuhr, um von der Küste herauf zu kommen. Italien blieb eben doch das Land der Wunder. Der Morgen leuchtete blau wie der Mantel der Maria, die Schatten der Nacht schienen auch Jos verlassen zu haben, und Jeltje war glücklich. Die Fenster passten.

Am Mittag wischte Jeltje noch einmal über den alten Tisch, den sie in einem der Keller gefunden hatten, und deckte dann sechs Teller auf. Sonnenlicht tanzte auf dem dicken weißen Porzellan. Bald würde es zu heiß werden im Haus, doch sie mochte die Fensterläden nicht schließen, so sehr genoss Jeltje den Blick durch das blanke Glas.

Erst als sie schon auf das neue Haus getrunken hatten und die dampfenden Spaghetti auf den Tellern waren, die sie aus Aries Küche herüber trugen, stand Jeltje auf und schloss die Läden, die erst klemmten, um dann laut einzuschnappen.

Das nächste störende Geräusch war Jos' Gabel, die ihm aus der Hand glitt und auf den Tellerrand fiel.

«Ich habe mich nur erschrocken», sagte Jos. Die anderen gingen leicht über diese Schreckhaftigkeit weg, doch Arie war beunruhigt. Jos fing an, ein Nervenbündel zu sein.

Am Nachmittag, als sie beide in der kleinsten der Ruinen standen und in den Himmel schauten, den das kaputte Dach großzügig sehen ließ, da sagte Arie: «Es ist Jahre her.»

«Warum sagst du mir das?», fragte Jos.

«Weil es vorbei ist. Keiner von den Toten wird lebendig werden, wenn du jetzt noch durchdrehst.»

«Ich habe Angst, dass sie dich holen kommen», sagte Jos. Arie schüttelte den Kopf.

«Dass die Carabinieri dich aufspüren, wie es die SS mit Bixio und seinen Leuten getan hat.» Jos' Stimme klang atemlos, als liefe er einen Berg hinauf.

«Das lässt sich nicht vergleichen», sagte Arie leise. «Bixios Leute waren unschuldig.»

«Sie haben auch andere getötet, um einer heiligen Sache willen», sagte Jos.

Arie legte ihm die Hände auf die Schultern. «Beruhige dich», sagte er, «da ist nichts heilig, wenn du einen Mann tötest, nur weil er Macht hat, und noch zwei andere dazu, die zufällig in seiner Nähe waren.»

«Er hat seine Macht missbraucht.» Jos flehte fast.

Arie seufzte und guckte zum Himmel hoch. Das Dach sah aus, als ob heute noch die letzten Ziegel fallen wollten.

Sie zuckten zusammen, als sie Schritte hinter sich hörten. Jos drehte sich als erster um und sah Hanna in dem Loch stehen, das mal die Tür gewesen war.

«Ich bringe Weihwasser», sagte sie.

«Danke», sagte Arie, «wir brauchen keine Exorzisten.»

«Dieses Haus wird meines sein», sagte Hanna, «ich will, dass Gott darin einzieht.» Sie schwenkte eine blaue Plastikflasche, auf der noch das Etikett von Aquanori klebte.

«Du kannst nicht bis Valesa gelaufen sein, um Weihwasser zu holen», sagte Arie, «dann wärest du Stunden unterwegs.»

«Die Muttergottes hat es mir geweiht», sagte Hanna, «unten an der Wegbiegung. Ich habe ihr die Flasche hingestellt.»

«Morgen werden wir mit deinem Haus beginnen», sagte Arie und war sich nicht sicher, ob er wollte, dass die heilige Hanna darin einzog. Er hatte genügend mit Jos zu tun.

Erst als sie auf dem alten Maultierpfad waren, um zu prüfen, ob der Bach weiter unten noch Wasser führte, fing Arie doch wieder zu reden an, und was er sagte, ließ Jos jäh stehen bleiben und seinen alten Freund betrachten.

«Du sollst nicht töten», sagte Arie.

«Hanna scheint dich ganz meschugge zu machen», sagte Jos.

Arie stellte sich auf einen Grasbuckel und blickte mit weitem Blick über die Olivenbäume. Er sah aus, als ob er eine Predigt halten wollte. «Gewalt ist Scheiße», sagte er dann nur, «guck doch, was in Palästina passiert.»

«Das, was ihr damals wolltet, war anders.»

Arie schnaubte. «Auf ein hohes Tier schießen?», fragte er.

«Ich ertrage nicht, dass du gegen das Gerüst trittst, das ich mir gebaut habe», sagte Jos.

«Dein Gerüst ist eben nur Flickkram», sagte Arie. Sie waren am Bach angekommen, der dünn vor sich hin rieselte. Das Wasser würde noch knapp werden in diesem August. Arie überschritt den Bach ohne Anstrengung. In besseren Zeiten war der breit genug, um in ihm zwei Schwimmzüge zu tun.

«Was soll das sein?», fragte Jos. «Rubikon oder Rotes Meer?»

«Verstehe ich nicht», sagte Arie.

«Cäsar oder Jesus?»

Arie begriff. «Ist nicht genügend Wasser da, um darauf zu wandeln», sagte er.

«Cäsar hat mit dem Überschreiten des Rubikons einen Bürgerkrieg ausgelöst», sagte Jos.

«Willst du, dass ich einen Bürgerkrieg auslöse?»

«Ich will, dass du ein Held bist und kein Mörder.»

Arie sah ihn betroffen an. «Junge», sagte er und kehrte mit einem großen Schritt an das andere Ufer des Baches zurück. Ihm war danach, Jos in die Arme zu nehmen.

«Ich würde dich gern nochmal auffangen, wenn du vom

Baum springen willst», sagte er. Die Erinnerung an den verzweifelten Wilden, der Jos mit dreizehn Jahren gewesen war, machte ihm immer das Herz weich. Doch Jos löste sich schnell aus der Umarmung.

«Seit diesem Tag, an dem du sie erschossen hast, stockt mir der Atem, wenn ich nur eine Sirene höre», sagte er.

«Ja», sagte Arie, «das war schrecklich. Wenn ich nachts in die schwarze Landschaft gucke, dann sehe ich sie wieder auf der Straße liegen. Alle drei.»

«Ich denke dann nur daran, dass sie dich holen kommen, und es wird ihnen egal sein, ob du der Gewalt abgeschworen hast. Sie werden mindestens so mit dir umgehen, wie sie es unten in Genua mit den armen Schweinen gemacht haben, die gegen die Globalisierung waren.»

«Hör auf», sagte Arie, «lass uns doch diesen Tag nicht so sehr belasten. Wir haben ein zweites Haus zu Ende gebaut.»

Er begann, den Maultierpfad hoch zu gehen.

«Jeltje hat die Vespa genommen und ist nach Valesa hinunter gefahren, um Brathühner zu kaufen. Zur Feier des Tages», sagte Jos. Es tat ihm gut, an Jeltje zu denken.

Seine Mutter fiel ihm ein. Sie hatte ihn schmählich verlassen gehabt, und doch war sie die erste, an die er in seiner Not dachte, als er ein Versteck für Arie suchte. Damals.

Doch Nimwegen war zu klein gewesen, um einen gesuchten Terroristen darin zu verbergen, und zu nah an der deutschen Grenze. Seine Mutter war kaum einen Tag lang auf die harte Probe gestellt worden. Sie hatte Arie nur mal kurz zu Gesicht bekommen und ihn so wenig beachtet wie ihren Sohn.

Dann war auch die Wohnung in Scheveningen schon bereit gewesen. Von einem Unbekannten beschafft. Es hatte sicher geholfen, dass Jos holländisch sprach, sonst wäre Arie noch viel mehr aufgefallen, als er es ohnehin schon tat. Keine

Stadt in Holland war groß genug, um ihn unsichtbar sein zu lassen. Jos hatte aufgeatmet, als sie das Land verließen. Auf einmal war er zu einem Mann geworden, der das Fluchtauto fuhr. Es war ein sehr hoher Baum, von dem diesmal Arie sprang, und für Jos wurde es fast zu schwer, ihn aufzufangen.

«Hoffentlich geht sie zu Rosario», sagte Arie, «der brät die besten Hühner.»

«Sie geht immer zu Rosario», sagte Jos.

Als sie sich den Häusern näherten, hörten sie Jeltjes Transistorradio, das auf höchste Lautstärke gestellt war.

«Anche gli angeli si sporcanno», sangen Dalla und Morandi. Auch die Engel machen sich schmutzig. Jos war Anfang zwanzig gewesen, als er das Lied zum ersten Mal hörte. Bei einem Badeurlaub in Alassio. Damals hatte Arie noch niemanden erschossen, und Jos hätte laut gelacht bei dem Gedanken, dass sie beide eines Tages im Hinterland der ligurischen Küste säßen. Auf Gedeih und Verderb. Hätte er wirklich laut gelacht?

Zeichneten sich Aries politische Aktivitäten nicht schon deutlich ab? Die Rigorosität?

Arie warf einen Blick in Hannas Ruine, bevor sie zum Haus der Holländer gingen. Viel Arbeit, um der Verrückten eine Herberge zu geben.

Hanna saß auf den Stufen zu Jeltjes Küchentür und schnitt den Salat. Die Blätter des Römers, den sie selber zogen, waren groß und hart geworden in der heißen Julisonne.

«Du musst das Bild von Pater Pio wieder wegnehmen», sagte Arie. Hanna hob den Kopf und sah ihn unwillig an.

«Oder willst du ihm eine Baustelle zumuten?», fragte Arie.

«Padre Pio. *Un uomo cangiante*», sagte Bixio hinter ihnen. Auch eine alte Kommunistenseele war bereit, den Pater, den das halbe Land verehrte, wenigstens schillernd zu nennen. Arie sah Bixios Einkaufstasche, die noch schwerer zu sein schien, als an anderen Tagen. Bald würde Jos mit Bixio ins Piemont fahren müssen, um neue Weine einzukaufen. Dort gab es noch Weinbauern, die ihn lose verkauften. Die ligurischen Weine konnte sich kaum einer leisten.

Die drei Männer schoben sich an Hanna vorbei und traten in Jeltjes Haus. Der Holländer hatte Möbel geschleppt, während seine Frau in Valesa gewesen war, um Brathühner zu holen. In der Küche stand ein Buffet, das von Jeltjes Großmutter stammte und bisher, wie alle anderen Möbel, in Aries Haus verwahrt worden war. Auf dem Buffet stand das Porzellan bereit, lag ein Stapel Papierservietten, auf denen Anemonen aufgedruckt waren, und es stand dort ein Glaskrug, der mit einer rötlichen Flüssigkeit gefüllt war.

«Wir müssen Jeltje stoppen», sagte der Holländer, der nach ihnen herein gekommen war, «sonst hängt sie Gardinen auf.»

Jeltjes Lachen kam aus dem Zimmer nebenan. «Trinkt von der Bowle», sagte sie, «noch ist sie kalt.» Sie trat in die Küche und sah Bixio. *Bevi, Bixio. Oggi è una festa.*

Sie nahm Gläser von der Ablage des Steinspülbeckens und füllte sie. «Nichts Schlimmes», sagte sie, «nur Weißwein und Pfirsiche und ein wenig Brandy.»

«Du hast einen Großeinkauf gemacht», sagte der Holländer, «und das alles auf der Vespa transportiert.» Er liebte Jeltje. Er bewunderte sie. Darum war er bereit, ihr Träume zu erfüllen, die nicht die seinen waren.

«Auf unsere Häuser», sagte Arie, «und auf unsere Zukunft.» Er sah Jos an und hob sein Glas.

Jos lächelte, doch im nächsten Augenblick wandte er sich Jeltje zu. «Ich werde den Tisch decken», sagte er.

Er tat es mit Sorgfalt. Faltete die Servietten. Stellte Kerzen

auf. Ging hinaus und schnitt Ölbaumzweige ab, um mit ihnen den Tisch zu schmücken.

Es wurde ein Fest, wie Jeltje es angekündigt hatte. Arie
war es, der ab und zu einwarf, dass der morgige Tag voller
harter Arbeit sei. Doch er hielt sich beim Trinken so wenig
zurück wie die anderen, und Bixios Einkaufstasche war
schließlich leer und Bixio der Betrunkenste von allen.

Der kleine alte Mann wurde fast getragen von Arie und
Jos, als sie ihn nach Hause brachten. Dabei fühlte er sich
kaum müde, nur die Beine trugen ihn nicht mehr.

Bixio saß noch lange am Fenster seines Schlafzimmers
und betrachtete die Venus und den Großen Bären, und zerbrach sich wie so oft schon in all den Jahren seinen Kopf,
wer damals im Mai 1944 der Judas gewesen war.

Es wurde viel geschleppt am nächsten Tag. Das Dach von
Hannas Ruine musste abgetragen werden, und es ging nur
langsam voran. Ihre Köpfe und Körper waren noch schwer
vom Alkohol der vergangenen Nacht.

Schließlich gelang es ihnen, den morschen Firstbalken zu
lösen, doch Arie scheiterte mit dem Versuch, sich ihn auf
den Buckel zu laden und ihn allein fortzutragen.

«So ähnlich muss sich Jesus unter dem Kreuz gefühlt haben», sagte er und war dankbar, als Jos zur Hilfe kam und sie
den Balken gemeinsam zum Schuppen trugen, um ihn dort
später zu zersägen. Gutes Brennholz gab er noch allemal
her.

Hanna schlich um die Ruine herum und war wenig nützlich. Doch am Mittag, als sie den Tisch auf Aries Terrasse
unter den alten Feigenbaum gerückt hatten, um Schatten zu
haben und dort Brot und Käse und Tomaten zu essen, über-
raschte Hanna Arie sehr, denn sie legte ein Bündel Geldno-
ten neben Aries Teller. «Für die Dachbalken», sagte sie.

«Woher hast du das Geld?», fragte Arie. Für ihn war Hanna eine armselige Heilige gewesen, der er Obdach bot.

Hanna hob die Schultern. «Von zu Hause mitgenommen», sagte sie und schien nicht bereit, mehr zu sagen.

«Wenn du mit uns leben willst, musst du von dir erzählen.»

«Erzählt ihr alles?», fragte Hanna.

Arie brach ein Stück vom Brot ab und griff nach dem Olivenöl. «Halt es, wie du willst», sagte er. «Nachher fahren wir hinüber nach Acqui Terme und kaufen Holz. Du kommst mit, Hanna. Vielleicht willst du dir was besseres als Fichte aussuchen.» Er betrachtete das Geldbündel. «Eiche», sagte er, «leisten könntest du es dir.»

Jetzt sahen auch Jeltje und ihr Mann Hanna neugierig an.

Arie wandte sich Jos zu. «Fährt der Fiat?», fragte er.

Jos war der Wagenmeister für die alte Karre geworden, die hinter der Wegbiegung stand, weil sie die steinige Steigung der letzten hundert Meter zum Dorf nur schlecht schaffte.

«Er springt an oder auch nicht», sagte Jos.

«Sorg dafür, dass er es tut», sagte Arie.

«Vielleicht sollten wir einen Kleinlaster kaufen», sagte der Holländer. Arie und er wussten, dass daraus nichts würde. Der Kauf des Landes hatte ihre Möglichkeiten erschöpft.

Das Geld war ihnen beiden knapp.

Doch der Fiat sprang an, und Jos steuerte ihn ohne Pannen nach Acqui Terme. Hanna suchte sich teure Eiche aus und legte dem Holzhändler die Geldscheine in die Hand.

Es war Jos, der dann noch ein paar Kartons Wein bezahlte.

«Habt ihr Bixio heute schon gesehen?», fragte Arie.

Hanna schien das nicht anzugehen. Sie sah aus dem Autofenster und schwieg. Arie seufzte.

«Nein», sagte Jos und schaffte es nach dem vierten Versuch, den Fiat anspringen zu lassen. «Aber jetzt fällt mir auf, dass seine Läden noch geschlossen waren, als wir gingen.»

«*Porca Madonna*», sagte Arie. Es war der schlimmste Fluch, den er auf Italienisch kannte. Er wunderte sich, dass Hanna nicht darauf reagierte.

Von weitem sahen sie schon, dass Bixios Haustür offen stand. War das ein gutes Zeichen? Arie und Jos waren außer Atem, als sie ins Haus traten. Im Schlafzimmer fanden sie Jeltje vor, die auf Bixios Bett saß und ihm die Hand streichelte.

«*Sto gia meglio*», sagte Bixio.

Ging es ihm wirklich schon wieder besser?

«Er hatte einen kleinen Schwächeanfall», sagte Jeltje. «Gelage wie das gestrige sind nichts mehr für einen alten Mann.»

Bixio lächelte. Wie gut, dass ihm diese Kinder beschert worden waren. Jeltje. Die wunderbare Jeltje. Arie und Jos. Wer hätte gedacht, dass ihm seine alten Tage eine tiefe Freundschaft mit zwei deutschen Männern bescherten. War es nicht der Triumph seines Lebens gewesen, sie bekämpft zu haben? Die Männer in den feldgrauen Uniformen der Wehrmacht? In den schwarzen der SS? Bixio hatte es noch vor Augen, wie sie den Berg heraufkamen. Damals. Er würde nicht sterben, bevor er wusste, wer die Partisanen von Testa di Lucio verraten hatte. Albo, der Lastwagenfahrer? Silvio, der sechzehnjährige Junge, der hier in Testa geboren worden war? Neben ihm waren sie die einzigen Überlebenden. Bixio schüttelte den Kopf. Nein.

Jeltje sah ihn besorgt an. Vielleicht war Bixios Krise doch noch nicht vorüber. Er schien kleiner als gestern und viel älter.

«Sollen wir einen Arzt holen?», fragte Jos, der die Sorge in Jeltjes Gesicht gesehen hatte.

«Niente medico», sagte Bixio, *«sto gia meglio.»* Er war sich seiner Sache sicher.

Jeltje ging, eine Suppe zu kochen. Jos ging, den Wein aus dem Auto zu holen und in Bixios kühlen Keller zu tragen. Arie blieb, und Bixio erklärte ihm, warum sie keine Angst um ihn zu haben brauchten. Der Tod würde erst zu ihm kommen, wenn er den Namen des Verräters erführe.

Jos hörte davon, als Arie und er auf dem Weg zur kleinen Ruine waren. «Wie soll das gehen? Den Namen des Verräters erfahren», fragte er, «nach beinah sechzig Jahren?»

«Vielleicht wird es ihm in seinen letzten Tagen nicht mehr so wichtig sein, und Bixio findet Frieden, ohne es zu erfahren.»

Sie waren in Hannas Haus angekommen, und sahen in den Himmel, und Arie dachte an den Dachstuhl, mit dessen Bau er am nächsten Morgen begänne.

«Frieden finden», sagte Jos.

«Ich wünschte, du tätest das auch», sagte Arie.

Jos stieß mit den Schuhen in die kleinen Steine, die den Boden des Hauses bedeckten. Überbleibsel des Schutts.

«Alles, was ich hier mit dir tue, macht keinen Sinn, wenn ich dich für einen Mörder halten muss», sagte Jos.

«Du wusstest es von Anfang an. Drei Tote. Von mir getötet, und wenigstens zwei waren schuldlos.»

«Brenner war es nicht», sagte Jos. Es war das erste Mal, dass er den Namen aussprach. «Wenn ein Tyrann nicht geht, muss er gewaltsam entfernt werden.»

Arie sah ihn traurig an. Konnte es sein, dass jetzt Jos anfing, sich in den alten Ideen zu verfangen?

«Manchmal träume ich, dass sie den Berg hoch kommen und dich mitnehmen. Im Traum bin ich dann erleichtert.»

«Es steht dir frei», sagte Arie, «geh zu den Carabinieri. Sie werden meinen Namen noch in ihren Listen finden.»

Jos schüttelte den Kopf. «Nein», sagte er.

Doch in der Nacht träumte er, dass er genau das täte. Arie weckte ihn, weil Jos nicht aufhörte, im Schlaf zu schluchzen. Er streichelte ihn, wie man ein Kind streichelt, das einen schlechten Traum hat. War Jos für ihn nicht immer ein kleiner Bruder gewesen und würde es bleiben, solange sie lebten? Jos schlief ruhiger, und Arie deckte ihn sorgfältig zu und stand auf, um zum Fenster zu gehen.

Was hatte Jos am Abend gesagt? Manchmal träume ich, dass sie den Berg hochkommen und dich mitnehmen. Vielleicht wäre er selbst ja auch erleichtert. Dann wäre es vollbracht. Warum fielen ihm in jüngster Zeit lauter Bilder aus der Bibel ein? Hannas heilige Nähe, dachte Arie.

Vor dem Schlafengehen war er an der Kammer vorbei gekommen, in der sie unten schlief. Hanna war nicht da gewesen. Einen Augenblick hatte er zögernd in der offenen Tür gestanden und sich beherrscht, nicht hinein zu gehen. Doch sein Blick war durch den kargen Raum gewandert. Unter dem alten Eisenbett, das Hanna in all dem Schrott in den Kellern gefunden hatte, lag ein kleiner Koffer. Dabei waren Hannas Gepäckstücke im Keller. Er wusste es genau. Vielleicht verbarg der Koffer lauter Geldbündel?

Arie hatte gegrinst über den Gedanken und war gegangen.

«Arie», sagte Jos.

Arie drehte sich um. Jos war wach geworden und hatte sich aufgesetzt. «Komm her», sagte er.

Arie setzte sich auf die Bettkante. «Du hast ziemlich heftig geträumt», sagte er. Jos nickte.

«Ich danke dir», sagte Jos und tat, was er nicht oft in ihrer beider Leben getan hatte. Er küsste ihn.

«Morgen gehen wir an den Dachstuhl», sagte Arie. Der Kuss hatte ihn verlegen gemacht. «Ich will Hanna nicht noch lange hier im Hause haben. Ich traue ihr nicht.»

«Das Geldbündel?», fragte Jos.

«Würdest du dein Geld bündeln?»

«Das lohnt sich nicht.» Jos lächelte. «Hanna ist harmlos», sagte er. «Die einzige Gefahr ist, dass du und ich dem Kapuzinerorden beitreten und Wundmale an den Händen haben werden. Um es Pater Pio gleich zu tun. Wir beide sind wahrscheinlich anfällig für jede Art von Wahn.»

Arie stand auf und ließ sich auf das eigene Feldbett fallen.

«Lass uns die Vergangenheit vergessen», sagte er.

Es dauerte eine Weile, bis Arie eine Antwort bekam.

«Ich habe dich verdammt lieb», sagte Jos leise.

Arie hatte keinen anderen Dachstuhl so schnell gezimmert wie den von Hannas Haus. Wenn man auch bedachte, dass er der kleinste war, blieb es doch ein Rekord, ihn an einem einzigen Tag fertig gestellt zu haben.

Dass er Hanna schnell aus seinem Haus haben wollte, war nicht der einzige Grund. Das gute Holz, das am Morgen geliefert worden war, roch so anregend. Ja. Es war eine Freude, das Dach in den Himmel hinein zu bauen.

Erst am Abend, als sie um seinen Tisch saßen, spürte Arie, was er getan hatte. Das erste Glas Wein schon ließ ihn schwer werden wie einen Stein, und er glaubte, nie mehr vom Stuhl hoch zu kommen. Bixio wirkte jugendlich gegen ihn. Die Dämmerung senkte sich über das Land vor ihnen und hüllte die Olivenbäume ein, deren kleine harte Früchte im November gepflückt werden würden.

Ein Hund bellte weiter unten im Tal. Sonst war es still, bis auf das Klirren der Gläser, wenn die Weinflasche beim Füllen gegen sie stieß. Bis auf das Brechen des Brotes, das zu hart geworden war. Bis auf ein gelegentliches Wort.

Dann hörten sie die Sirenen. Hastige Töne, die einander überschlugen. Sie kamen das Tal herauf. Auf Valesa zu. Doch sie verharrten dort nicht. Sie fuhren den Berg hoch über holprige Wege. Nahmen eine Wegbiegung und letzte steile hundert Meter. Ihre Scheinwerfer tauchten die Häuser des Dorfes in gleißendes Licht.

Arie wunderte sich, dass sie mit Berettas bewaffnet waren. Pistolen hielten sie in den Händen, um einen gesuchten Terroristen zu fangen. Keine Sturmgewehre.

Jos stand auf. «Da ist er», sagte er und ging zu Arie.

Er glaubte, in seinem eigenen Traum zu sein.

«*Ecco lui*», sagte Jos. Er konnte nicht anders.

Hanna stand starr, als sich die Handschellen um ihre Hände schlossen. Assalto a una banca, glaubten die fünf anderen zu hören. Hanna, eine Bankräuberin, die den Holzhändler mit registrierten Scheinen bezahlt hatte.

Vielleicht war es, weil Arie so laut und heftig lachen musste, dass es ihn schier schüttelte. Vielleicht war es, weil einer der Carabinieri so jung und unerfahren war und aufgeregt mit der Beretta fuchtelte, als Arie seinen Lachanfall bekam.

Der Schuss löste sich einfach. Ein Versehen. Ein Unglück.

Sie hatten nicht geahnt, wer er war. Sie fanden es erst später heraus. Da war Arie schon sechs Tage tot.

Bixio lebte noch zehn Jahre und starb, ohne zu erfahren, wer der Judas gewesen war. Damals.

Kains Brudermord nach 1. Mose 4, 1–16

Und Adam erkannte sein Weib Eva, und sie ward schwanger und gebar den Kain. Danach gebar sie Abel, seinen Bruder. Und Abel wurde ein Schäfer, Kain aber wurde ein Ackermann. Es begab sich aber nach etlicher Zeit, dass Kain dem HERRN Opfer brachte von den Früchten des Feldes.

Und auch Abel brachte von den Erstlingen seiner Herde und von ihrem Fett. Und der HERR sah gnädig an Abel und sein Opfer, aber Kain und sein Opfer sah er nicht gnädig an. Da ergrimmte Kain sehr und senkte finster seinen Blick.

Da sprach der HERR zu Kain: Warum ergrimmst du? Und warum senkst du deinen Blick? Ist's nicht also? Wenn du fromm bist, so kannst du frei den Blick erheben.

Bist du aber nicht fromm, so lauert die Sünde vor der Tür, und nach dir hat sie Verlangen; du aber herrsche über sie.

Da sprach Kain zu seinem Bruder Abel: Lass uns aufs Feld gehen! Und es begab sich, als sie auf dem Felde waren, erhob sich Kain wider seinen Bruder Abel und schlug ihn tot.

Da sprach der HERR zu Kain: Wo ist dein Bruder Abel? Er sprach: Ich weiß nicht; soll ich meines Bruder Hüter sein?

Er aber sprach: Was hast du getan? Die Stimme des Blutes deines Bruders schreit zu mir von der Erde.

Vgl. 1. Mose 4, 1–16; hier zit. in der Übersetzung D. Martin Luthers, a. a. O.

Steffen Hunder

Statt eines Nachworts:
Brief an Kain,
der seinen Hass nicht bezwingen konnte!

Lieber Kain, du hast eines der bittersten und traurigsten Kapitel der Weltgeschichte geschrieben!

Deine fast bösartige Frage: SOLL ICH MEINES BRUDERS HÜTER SEIN?, schallt noch heute millionenfach über die gesamte Erde.

Du, Kain, hast den brutalen Kreislauf von Gewalt und Zerstörung von Leben in Gang gebracht! Durch dich, Kain, wird uns allen in schrecklicher Weise vor Augen geführt, wozu wir Menschen fähig sind.

Wenn wir uns ungerecht behandelt fühlen, dann gehen oft die Gefühle mit uns durch! Nichts und niemand kann uns dann mehr aufhalten, um unserem Ärger, unserer Wut, ja unserem Hass Luft zu machen. Du, Kain, bist der Prototyp des Menschen, der seiner Wut, seinem Ärger, ja seinem Hass über eine ungerechte Behandlung ungezügelten freien Lauf lässt!

Schon lange gärte es in dir, wenn du an deinen Bruder Abel gedacht hast. Dieses Weichei, so hast du oft geschimpft, bekommt alles in den Schoß gelegt. Die Eltern nehmen immer Rücksicht auf ihn, weil er doch so zart ist, weil er nicht so viel Kraft und Power hat wie du. Deshalb, sagen die Eltern ständig, greifen wir Abel unter die Arme, deshalb braucht er unsere ganz besondere Hilfe und Zuwendung.

Er hat es doch so schwer – als Schäfer allein bei der Herde; so sagen sie oft.

Das musst du verstehen, Kain. Du bist stark und kräftig! Aber dein kleiner Bruder, der ist zart und schwach!

Das musstest du dir, lieber Kain, stets und ständig anhören.

Abel hier – Abel dort – Abel in einem fort! Und deine Wut – dein Ärger – wuchsen immer mehr. Du konntest es einfach nicht mehr ertragen, dass sie – eure Eltern – so taten, als ob nur ihr kleiner Abel ihre Zuwendung, Liebe und Fürsorge braucht.

Meinen die eigentlich, so ging es dir oft durch den Kopf, ich bin ein Stück Holz, ohne Gefühle, ohne Ängste, ohne Sehnsüchte?

Auch ich sehne mich danach, dass sie mich mit ihren liebevollen Gedanken umgeben, dass sie mir ihre Liebe und Fürsorge schenken.

Warum, so hast du dich oft verzweifelt gefragt, *warum* merken sie eigentlich nicht, wie weh mir das tut, wie sehr mich das verletzt, wenn sie mir Abel vorziehen und nur an ihn denken, nur ihn im Blick haben? Natürlich bin ich der Stärkere von uns beiden. Das ist keine Frage. Aber das heißt doch nicht, dass ich nicht auch ihre Zuwendung, ihre Liebe, ihre Fürsorge brauche. Wieso merken sie das eigentlich nicht! Wieso ignorieren sie einfach meine Bedürfnisse nach Anerkennung, nach Liebe, nach Geborgenheit? Was mache ich eigentlich falsch? Wieso nehmen sie meine Signale nicht auf?

Nur weil ich meinen Job gut und selbstständig erledige. Nur weil ich fest mit beiden Füßen im Leben stehe. Nur weil ich klar und deutlich weiß, was ich will und wo es lang geht. Aber das heißt doch noch lange nicht, dass ich nicht auch einmal ein Wort der Anerkennung brauche.

Gut gemacht, Kain! Wir sind stolz auf dich! Du machst uns wirklich Freude! Wir lieben dich, gerade weil du so stark, so selbstständig, so eigenständig bist! Doch solche Worte kommen euren Eltern Adam und Eva nie über die Lippen. Stattdessen hörst du nur: Nimm Rücksicht auf deinen Bruder Abel! Gib dem Kleinen doch eine Chance sich zu entwickeln. Du brauchst uns doch gar nicht mehr.

Nur mühsam kannst du, Kain, deine Wut, deinen Ärger über diese ungerechte Behandlung bezähmen. Immer häufiger ertappst du dich dabei, wie du in Gedanken deinem Bruder etwas Schlimmes antust, ja wie du dir wünschst, es würde ihn überhaupt nicht geben.

Wenn Abel nicht wäre, so denkst du oft, dann würden mich meine Eltern endlich wieder anerkennen, mich so lieben und annehmen wie ich bin! Manchmal ertappst du dich sogar dabei, wie du ihn erschlägst, einfach so! Ohne mit der Wimper zu zucken! Dann packt dich das nackte Entsetzen! Wozu bin ich fähig! Meinen eigenen Bruder zu erschlagen? Das kann nicht wahr sein. Das darf nicht wahr sein! Wenn du dann aus deinen Träumen schweißgebadet aufwachst, bist du froh, dass alles nur ein Traum war, ein böser Traum zwar, aber Gott sei Dank – nur ein Traum.

Doch das Undenkbare, das nicht Vorstellbare, das Schreckliche geschieht tatsächlich! Wie konnte das sein! Wie war das möglich!

Weil sogar Gott selbst mich ungerecht behandelt hat, so höre ich dich sagen. Wie Abel brachte ich meine Opfergaben dar, um ihm meine Ehrerbietung zu zeigen und ihn zu bitten, meine Arbeit und mich zu segnen. Doch was geschieht? Gott würdigt mein Opfer in keiner Weise! Stattdessen erlebe ich das gleiche wie bei den Eltern. Abels Opfer findet in den Augen Gottes Anerkennung und Würdigung.

Selbst bei Gott, dem Allmächtigen und Gerechten, werde ich übergangen, während mein ach so kleiner und schwacher Bruder Abel wieder volle Anerkennung und Zuwendung für sich einheimst.

Diese Ungerechtigkeit habe ich einfach nicht ertragen. Das war zu viel für mich. Ich schäumte vor Wut und tobte innerlich vor Ärger.

Ich spürte, wie der Hass in mir aufstieg. Ich konnte ihn nur noch ganz mühsam bezwingen. Mit starrem Blick zum Boden stand ich vor meiner Opfergabe; meine Gefühle tobten in mir wie ein Vulkan!

«Warum bist du so zornig?», hörte ich die Stimme Gottes. «Warum starrst du auf den Boden? Wenn du Gutes im Sinn hast, kannst du frei den Kopf erheben; aber wenn du Böses planst, lauert die Schuld vor der Tür deines Herzens und will dich verschlingen. Du musst Herr über sie sein!»

Das war leichter gesagt als getan! Erst behandeln mich alle ungerecht. Abel, der mich stets spüren lässt, dass er der Liebling aller ist; dann meine Eltern, die mir dauernd ganz unverhohlen zeigen, wie sie Abel vorziehen und ihn hofieren; und schließlich sogar Gott selbst, der mein Opfer links liegen lässt und Abels Opfer meinem vorzieht. Und jetzt, wo meine Gefühle der Wut, des Zorns, ja sogar des Hasses auf dem Höhepunkt sind, da sagt mir Gott:

Kain, bezähme deine Wut!

Kain, unterdrücke deinen Zorn!

Kain, zügle deinen Hass!

Aber – leider Gottes – war es zu spät für all diese Appelle an deine Vernunft. Dein Zorn, deine Wut, dein Hass waren so übermächtig geworden. Du konntest sie weder zügeln noch einräumen. Als ob jemand bei dir die Schleusen der Gewalt und Zerstörung geöffnet hätte, so fühltest du dich.

«Er muss weg!»

«Er muss weg!»

«Er muss weg!»

Abel muss endlich weg. Koste es, was es wolle! So schoss es dir in den Kopf, ins Herz, in die Hände! Dein Herz war von Hass ganz ausgefüllt.

«Komm, lass uns aufs Feld gehen», hast du zu deinem Bruder gesagt.

Er – Abel – ahnte noch nicht einmal, was du vorhattest. Ohne argwöhnisch zu werden, folgte er dir aufs Feld, an einen einsamen verschwiegenen Ort. Und als er sich dann auf einen großen Stein niederließ, da hast du ihn mit einem Stein erschlagen.

Einfach so! Ohne mit der Wimper zu zucken! So wie vielfach in deinem Albtraum! Nur diesmal war es kein Albtraum! Nein, es war die Realität, die brutale, ungeschminkte, gnadenlose und erbarmungslose Realität. Du – Kain – hast Abel, deinen Bruder, tot geschlagen! Einfach so! Ohne mit der Wimper zu zucken!

Wie im Rausch ist das Furchtbare, das Unvorstellbare geschehen.

Kain, du bist zum Brudermörder geworden!

Daran gibt es nichts zu beschönigen. Das kann und will ich auch nicht entschuldigen.

«Da sprach Gott der Herr zu Kain: Wo ist dein Bruder Abel? Er sprach: Ich weiß nicht; soll ich meines Bruders Hüter sein? Gott der Herr aber sprach: Was hast du getan?

Die Stimme des Blutes deines Bruder schreit zu mir von der Erde!»

Kain – Bruder Kain – du bist zu weit gegangen. Und du hast es gewusst!

«Soll ich meines Bruders Hüter sein?»

Mit dieser zynischen Frage hast du dich aus der Verantwortung stehlen wollen.

Aber das ist dir nicht gelungen. Das konnte dir auch gar

nicht gelingen. Dein Bruder lag tot da. Sein Blut tränkte die Erde.

Du hast mit deiner Tat, Kain, die Grenze überschritten, die niemand übertreten darf! Du hast ein Menschenleben ausgelöscht. Diese abscheuliche Tat kann und wird nicht verborgen bleiben. Nicht vor den Menschen und schon gar nicht vor Gott.

Schon deine Eltern, Kain, hatten ja eine Grenze überschritten. Davon erzählt uns die biblische Paradieserzählung. Auch Adam und Eva überschritten die Grenze, die Gott ihnen gesetzt hatte: nicht vom Baum der Erkenntnis zu essen. Und fortan wussten sie zu unterscheiden, was gut und was böse sei. Plötzlich empfanden sie so etwas wie Scham voreinander, was ihnen vorher vollkommen fremd gewesen war. Diese Grenzüberschreitung hatte zur Folge, dass sie nicht mehr im Paradies bleiben durften, sondern es unverzüglich verlassen mussten.

Damit wurden wir Menschen von Gott in die Freiheit entlassen, die es uns ermöglicht, nicht nur zwischen Gut und Böse zu unterscheiden, sondern auch, uns für Gut oder Böse zu entscheiden.

Und welche Folgen das hatte, das hast du am eigenen Leib erfahren, Kain. Gott der Herr sagte zu dir: «Verflucht seist du Kain auf der Erde, die ihr Maul aufgetan hat und deines Bruders Blut von deinen Händen empfangen hat. Wenn du den Acker bebauen wirst, soll er hinfort seinen Ertrag nicht geben. Unstet und flüchtig sollst du sein auf Erden.»

Erst als Gott dir vor Augen geführt hat, welch schreckliche Tat du begangen hast und dass du dafür zur Rechenschaft gezogen wirst, erst da bist du wieder zur Besinnung gekommen.

Die böse Tat, die du begangen hast, sie hat dich ganz

schnell eingeholt. Mit deinem Brudermord hast du dein Heimatrecht verwirkt.

Wie ein Ausgestoßener solltest du jetzt leben, nachdem du deinem Bruder das Leben genommen hast. Deine gewaltige Schuld, die du auf dich geladen hast, trennte dich jetzt von der menschlichen Gemeinschaft. Aber auch von Gott! Als dir das bewusst wurde, da packte dich die nackte Angst und das blanke Entsetzen.

«Kain aber sprach zum Herrn: Meine Strafe ist zu schwer als dass ich sie tragen könnte. Siehe, du treibst mich heute vom Acker und ich muss mich vor deinem Angesicht verbergen und muss unstet und flüchtig sein auf Erden. So wird mir's gehen, dass mich totschlägt, wer mich findet.»

Aber der Herr sprach zu ihm:

«Nein, sondern wer Kain totschlägt, das soll siebenfach gerächt werden.» Und der Herr machte ein Zeichen an Kain, das niemand ihn erschlüge, der ihn fände. So ging Kain hinweg vor dem Angesicht des Herrn und wohnte im Lande Nod, jenseits von Eden, gegen Osten. Nein, Kain, erschlagen durft dich keiner! Das wäre in den Augen Gottes zu einfach gewesen. Auge um Auge, Zahn um Zahn!

Eigentlich hätte Gott kurze Fuffzehn mit dir machen lassen können. Aber damit hätte er dir – Kain – jede Möglichkeit genommen, dich mit deiner Schuld, die du auf dich geladen hast, auseinander zu setzen! Niemand konnte diese furchtbare Tat – den Mord an deinem Bruder – wieder rückgängig machen. Er war geschehen. Du musstest jetzt lernen, mit dieser schrecklichen Tat zu leben.

Wir hatten gehört, was dich zu dieser Tat getrieben hat: Verletzte Eitelkeit, erlittene Ungerechtigkeit, mangelnde Liebe und Zuwendung. All das haben wir – lieber Kain – gehört! Möglicherweise können wir dich auch bis zu einem gewissen Grade verstehen. Deine Wut über erlittene Ungerechtigkeit, deinen Zorn darüber, dass du immer zurückgesetzt wurdest und vielleicht sogar deinen Hass auf deinen kleinen Bruder.

Aber – lieber Kain –, und das sage ich mit allem Nachdruck: Wir können, wollen und werden deine Tat nicht rechtfertigen.

Nichts und niemand gibt uns das Recht, einem anderen Menschen das Leben zu nehmen. Wenn wir das tun – so wie du es getan hast, Kain –, dann überschreiten wir eine Grenze, die wir nicht überschreiten dürfen. Wir laden damit eine so große und gewaltige Schuld auf uns, dass wir unser Leben lang daran zu tragen haben werden.

Aber – leider Gottes, Kain! – hat deine Geschichte uns Nachfolgende nicht davor bewahrt, immer und immer wieder die Ehrfurcht vor dem Leben in gröblichster Weise zu verletzen. Auch heute noch treiben Wut, Zorn und Hass Menschen dazu, andere zu verletzen, zu misshandeln, ja sogar zu erschlagen.

Und leider Gottes geschehen noch immer Brudermorde, in Nordirland oder in Spanien oder in Afrika.

Deine Geschichte – lieber Kain –, sie könnte uns eigentlich die Augen, die Herzen und unseren Verstand öffnen für ein Leben in Ehrfurcht vor dem Leben. Doch tagtäglich erleben wir genau das Gegenteil!

Wir hören in allen Sprachen dieser Erde deine zynische Frage:

SOLL ICH MEINES BRUDERS HÜTER SEIN?

Aber wir hören diese Frage auch, um die Antwort zu begreifen.

Gott hat dich – Kain – am Leben gelassen, damit du mit deiner Schuld zu leben lernst. Gott hat dir – Kain – eine zweite Chance gegeben.

Du hast sie genutzt. Du hast eine Familie gegründet und

damit neues Leben geschaffen. Du – Kain – musstest noch einmal neu lernen, was Ehrfurcht vor dem Leben bedeutet.

Ehrfurcht vor dem Leben bedeutet: dass ich meiner Wut und meinem Zorn nicht freien Lauf lasse und mich nicht von der Welle des Hasses hinwegreißen lasse.

Soll ich meines Bruders Hüter sein?

Ja, Kain. Lieber Kain.

Über die AutorInnen

Jürgen Alberts

geboren 1946 in Kirchen/Sieg, Studium in Tübingen und Bremen, Promotion über die BILD-Zeitung, hat 30 Romane (historische, kriminalistische, touristische – zusammen mit seiner Frau Marita) geschrieben. Er ist wegen einer Dose Ananas aus der Kirche ausgetreten, was aber eine sehr lange Geschichte ist.

Eine Veröffentlichung, die mit dem Thema dieser Anthologie zu tun hat: «Fatima. Ein katholischer Schelmenroman» – darin auch mehr über das Judas-Evangelium.

Sabine Deitmer

wuchs im katholischen Rheinland auf. Im Kindergartenalter erfolgreiche Marien-Darstellerin im Krippenspiel, später Architektin eigener Marien-Hausaltäre, stellt heute noch an Altären jedweder Konfession brennende Kerzen auf. Frühe Kritikerin der mangelnden Frauen-Präsenz in der katholischen Kirche, konnte keine Messdienerin werden. Austritt aus der Kirche wegen der Haltung zum Schwangerschaftsabbruch.

Erste Veröffentlichung «Bye-bye Bruno, wie Frauen morden», Kriminalgeschichten (1988). Seither ca. 50 Männer und 3 Frauen literarisch ins Jenseits befördert. Sabine Deitmers Werke wurden in mehrere Sprachen übersetzt, für den Hörfunk bearbeitet und verfilmt.

Annette Döbrich

geboren 1949, aufgewachsen in einem evangelischen, aber nicht kirchlichen Elternhaus, in dem der freie protestantische Geist gepflegt wurde. Im musischen Gymnasium in Neuendettelsau lernte sie evangelische Spiritualität kennen. 1969 heiratete sie einen Pfarrer, nach dessen 2. Examen die drei großen K kamen: Kinder (3), Küche (sie hängte ihren Beruf – Buchhändlerin – an den Nagel) und Kirche (Frauenkreis, Seniorenkreis und die Führung eines Pfarrhaushaltes).

Seit 1995 schrieb sie 6 Romane, von denen «Die Last der Engel» verfilmt wird, und zahlreiche Erzählungen. «Modell Venus» wurde als beste deutschsprachige Kurzgeschichte mit dem «Marlowe 2000» ausgezeichnet. Sie lebt als freie Schriftstellerin in München.

Gunter Gerlach

wurde in Leipzig geboren und dem «Führer» gewidmet. Erst die wilden Spiele der Christlichen Pfadfinder und ihre Vorbilder brachten ihn in die Kirche und zur Lektüre der spannendsten Stellen der Bibel.

Er lebt in Hamburg am Rande einer Bahnlinie. Obwohl das Haus bei jedem vorbeifahrenden Zug erzittert, ist es ihm gelungen, einige Bücher zu schreiben (Deutscher Krimipreis), literarische Regeln (Hamburger Dogma) ins Leben zu rufen, nach denen er sich nicht richtet und Parklandschaften (Garten der Bedeutungen) zu gestalten.

Gisbert Haefs

geboren 1950, lebt in Bonn. Als Übersetzer ist er zuständig u. a. für Borges, Brassens und Kipling, als Autor haftbar für Krimis (z. B. die Matzbach-Krimis), historische Romane (zuletzt «Roma – der erste Tod des Mark Aurel») und Erzählungen.

Seine metaphysischen Bedürfnisse wurden auf einem Jesuitengymnasium so gründlich befriedigt, dass er nach der Abkehr vom vatikanischen Schamanismus keine Lust verspürte, sich zum Beginn des Studiums anno '68 den Ersatz-Scharlatanerien von Sigmund Freud oder Karl Marx zuzuwenden, sondern lieber der Seriosität von Groucho Marx: «Whatever it is, I'm against it.»

Steffen Hunder

geboren 1957 in Waldheim/Sachsen, aufgewachsen in Erkrath bei Düsseldorf, studierte evangelische Theologie und Geschichte in Bonn und Göttingen, wo er von 1982–84 sein Vikariat leistete. Seit 1985 ist der Vater von sechs Kindern Pfarrer in der Essener Innenstadt. An seinem Beruf fasziniert ihn die Begegnung mit Menschen aller Altersgruppen an den Knotenpunkten des Lebens: Geburt, Schulbeginn, Jugendzeit, Eheschließung, Lebensende. Die Leitlinie dabei lautet: «Gott ist die Liebe und wer in der Liebe bleibt, bleibt in Gott und Gott in ihm.»

1999 erschien sein erster Kriminalroman «Ritual des 11. Gebotes»; außerdem hat er Beiträge für theologische Fachzeitschriften und Andachtsbücher verfasst sowie Erzählungen und Gedichte.

Faye Kellerman

geboren 1952 in St. Louis, lebt mit ihrer Familie in Los Angeles. Ihren Mann, den Psychologen und Autor Jonathan Kellerman, lernte sie in einem jüdischen Gemeindezentrum kennen. Ihren ersten Kriminalroman veröffentlichte die ausgebildete, jedoch nicht praktizierende Zahnärztin 1986. Seitdem genießt ihre Serie um Peter Decker und Rina Lazarus Kultstatus. Zu den Schauplätzen vieler ihrer Romane zählt immer auch orthodoxes, d. h. streng religiöses jüdisches Milieu in Amerika. Biblische Weisheiten und talmudische Logik spielen bei der Aufklärung der Fälle immer wieder eine zentrale Rolle.

Faye Kellerman ist eine modern-orthodoxe Jüdin, d. h., sie versucht die Gebote und Traditionen der jüdischen Religion mit einem zeitgemäßen Leben in Einklang zu bringen. Dazu gehören unbedingt die Einhaltung des Schabbat als jüdischem Ruhetag, die Feiertage und die Reinheitsgebote. Letztere beziehen sich auf erlaubte bzw. verbotene Speisen (Kaschrut), ebenso aber auf den ehelichen Umgang.

Carmen Korn

geboren 1952, Journalistin und Schriftstellerin, lebt mit ihrem Mann und ihren beiden Kindern in Hamburg. Redakteurin beim STERN, Mitarbeiterin bei BRIGITTE und DIE ZEIT. Ihr erster Roman «Thea und Nat» wurde 1991 verfilmt. Es folgte 1992 «Das singende Kind». 1999 erhielt sie den Marlowe-Preis für «Der Tod in Harvestehude». Zuletzt erschienen «Der Mann auf der Treppe», ein Kriminalroman für Kinder, «Schlafende Ratten» und «Tod eines Pianisten» (Scherz Verlag, Herbst 2003).

Carmen Korn erlebte eine rheinisch-katholische Kindheit. Trotz der familiären Leichtigkeit im Umgang mit dem Katholizismus trat sie mit einundzwanzig Jahren aus der Kirche aus. Heute gehören sie und ihre Kinder der evangelischen Kirche an; eine gewisse Sehnsucht nach Weihrauch und Wandlungsgebimmel bleibt.

Anne Perry

geboren 1938 in London, wo sie auch ihre frühe Kindheit verbrachte. Unregelmäßige Schulbildung infolge von Krankheit und häufigen Umzügen, Jugendjahre auf den Bahamas und Neuseeland, seit 1959 Lehr- und Wanderjahre in Kalifornien, wo sie sich mit Gelegenheitsjobs u. a. als Stewardess, Verkäuferin und Sekretärin durchschlug. Erste Buchveröffentlichung mit Mitte dreißig. In ihren Kriminalromanen um Inspektor Thomas Pitt und seine Frau Charlotte, die im viktorianischen London spielen, behandelt sie mit Vorliebe ethische, moralische und religiöse Konflikte.

Anne Perry lebt in Schottland und ist aktives Mitglied der Kirche Jesu Christi der Heiligen der Letzten Tage (Mormonen).

Hamid Skif

geboren 1951 in Oran, Algerien, Journalist, Dichter und Schriftsteller. Lebt seit 1997 im Exil in Hamburg, seit 1999 als Stipendiat des «Writers in Exile»-Programm des deutschen P.E.N. Sein Werk umfasst zahlreiche Veröffentlichungen, z. B. «Nouvelles de la maison du silence», «Poèmes d'el-Asnam et d'autres lieux», «Poèmes de l'adieu», «Citrouille fêlée» (Kurzgeschichten), «La Princesse et le clown», «Serment du scorpion» (Gedichte), «Monsieur le Président» (Briefroman), demnächst bei Edition Köln auf Deutsch erhältlich. In Vorbereitung ist ein neuer Gedichtband sowie Kurzgeschichten für Kinder und Erwachsene. «Propheten in St. Pauli» ist seine erste Kriminalgeschichte.

In Hamid Skifs Familie gab es immer Religionsgelehrte und Imame, solide Kenntnisse der Religion waren selbstverständlich. Bereits in seiner Jugend kam seine rebellische Ader gegen Dogmatismus und allzu starre Formen der Religion zum Vorschein. Mit Ironie und Sarkasmus rückt er in seinen ersten Gedichten Frömmelei und moralisierenden Zeigefingern zu Leibe. Das Misstrauen gegen politisierte Religion oder religiös verbrämte Politik zieht sich wie ein roter Faden durch sein Werk. Und auch auf den internationalen Kongressen und anderen wichtigen literarischen Ereignissen, an denen er häufig teilnimmt, engagiert sich Hamid Skif für die Verteidigung der Meinungsfreiheit und für die Freiheit des Wortes.

Regula Venske

geboren 1955, Dr. phil., für ihre wissenschaftlichen Arbeiten, ihre Kriminalromane und ihre experimentelle Prosa u. a. mit dem Oldenburger Jugendbuchpreis, dem Deutschen Krimipreis und dem Lessing-Stipendium des Hamburger Senats ausgezeichnet, lebt als freie Schriftstellerin in Hamburg. Zuletzt erschienen ihre Kinderbücher «Ein Haus auf Reisen» und «Lale und der goldene Brief» (Gerstenberg) sowie im Scherz Verlag die Kurzgeschichtensammlung «Herzschlag auf Maiglöckchensauce» und das Lesebuch «Warum leben?».

Mit Weser-Wasser evangelisch-lutherisch imprägniert, wuchs Regula Venske im katholischen Münster auf, wo sie als Vierjährige anhören musste, dass sie eine «schwarze Seele» hätte. Sie ist heimliche Kirchgängerin, obwohl sie infolge früher Sartre-Lektüre und wegen Differenzen mit dem Bodenpersonal bereits zum zweiten Mal aus der evangelischen Kirche ausgetreten ist.

Janwillem van de Wetering

1931 in Rotterdam geboren, fälschlicherweise, wie er seinem Vater sagte, da er nicht mit dem holländischen Sumpfklima einverstanden war. Die Zerstörung seiner Heimatstadt durch die deutsche Luftwaffe machte das positive Denken, das ihm der Protestantismus eingeimpft hatte, zunichte, und die Deportation und Ermordung seiner jüdischen Klassenkameraden 1942–44 trugen nicht dazu bei, ihn von Gottes Güte zu überzeugen. Nietzsches Essay «Über Wahrheit und Lüge im außermoralischen Sinn», den er als

Jugendlicher las, regte zu weiteren philosophischen Studien, u. a. des Existentialismus, an, bis er sich als Zen-Student in einem japanischen Zen-Kloster wieder fand (Kioto 1957–59). Nachdem er für holländische multinationale Konzerne in Südafrika, Australien und Südamerika gearbeitet hatte, kehrte er als Geschäftsmann nach Amsterdam zurück; außerdem ging er dort sieben Jahre lang als Hilfspolizist auf Streife.

Seine Kriminalromane um das Ermittlerteam Henk Grijpstra und Rinus de Gier sind in fünfzehn Sprachen übersetzt, außerdem hat er drei Bücher über Zen veröffentlicht, von denen «The Empty Mirror» das bekannteste ist. Zuletzt erschienen «Reine Leere» (Rowohlt, 1999) und «Eugen Eule und der Fall des verschwundenen Flohs» (Hanser, 2001).

Janwillem van de Wetering lebt an der Küste von Maine, USA, wo er sich unter der Leitung seiner Frau Juanita und seines Hundes Tillie in liebevoller Gelassenheit übt.

Feinbehaart, federleicht und absolut tödlich

Sophie Schallingher
Die Spinne und das Mädchen

Die fünfjährige Amélie entdeckt im Garten eine tödliche Spinne, so giftig wie eine Schwarze Mamba. Nach und nach gelingt es Amélie, ihre neue Spielgefährtin zu zähmen. Das kleine Mädchen ist sich der tödlichen Gefahr nicht bewusst – bis die Spinne ihr erstes Opfer findet.

Schlafende Hunde soll man nicht wecken

Anke Gebert
Das Treiben

Nora ist felsenfest davon überzeugt, dass ihr Vater
nicht der Mörder ihrer Mutter ist. Um den
wahren Täter zu finden, kehrt sie in ihr Heimat-
dorf zurück – den Ort, an dem alles geschah.
Es beginnt eine Treibjagd – und der Mörder wartet
schon auf sie.

scherz
www.scherzverlag.de